Segunda vista

SEGUNDA VISTA

A Concise Grammar Review with Contemporary Readings

SHIRLEY A. WILLIAMS
THE OHIO STATE UNIVERSITY AT LIMA

McGraw-Hill, Inc.
New York St. Louis San Francisco Auckland Bogotá
Caracas Lisbon London Madrid Mexico City Milan
Montreal New Delhi San Juan Singapore
Sydney Tokyo Toronto

This is an  book.

Segunda Vista
A Concise Grammar Review with Contemporary Readings

Copyright © 1991 by McGraw-Hill, Inc. All rights reserved. Printed in the United States
of America. Except as permitted under the United States Copyright Act of 1976, no part of
this publication may be reproduced or distributed in any form or by any means, or stored in
a data base or retrieval system, without the prior written permission of the publisher.

9 10 11 12 13 14 BKMBKM 9 9 8

ISBN 0-07-554489-X

Illustrations were by Jane McCreary.
The text designer was Randall Goodall.
The cover was designed by Susan Colton.

Library of Congress Cataloging-in-Publication Data:

Williams, Shirley A.
Segunda vista

ISBN 0-07-554489-X

Includes index.
1. Spanish language—Grammar—1950–   I. Title
PC4112.W54 1984   468.2′421   83-21107
                                          CIP

Preface

Segunda vista is a grammar review intended for use by students who have completed a basic introductory Spanish course. It provides a comprehensive review in which each chapter, with the exception of an initial preliminary lesson, is devoted basically to one verbal tense or mood or to one part of speech. This approach has many advantages over texts that deal with several different parts of speech or constructions in each chapter. First, it makes the text extremely useful as a reference manual, since all related material is grouped together. Students need not hunt through the text, finding direct object pronouns in one chapter, prepositional pronouns in another and so on, but will find all pronouns in one chapter. Grouping by verb concepts and parts of speech also has a sound pedagogical justification. First-year texts must, of necessity, present related concepts in a piecemeal fashion; it is unthinkable, for example, to present all pronouns simultaneously in a first-year text. But after the introductory grammar course, students need to see similar material grouped together so that they can compare and contrast it, integrating the concepts of parts of speech as units of meaning having similar functions within the grammatical system. The organization of this text encourages this type of synthesis.

Each chapter begins with a review chart that gives a schematic summary of the grammar point featured in that chapter. A brief reading by a contemporary author follows. The readings have been chosen both for their literary merit *and* because they illustrate chapter grammar. The readings are glossed, but they have not been edited (exception: "Celestina" is abridged). In the traditional sequence of college Spanish courses, second-year review grammar courses are usually followed by an introduction to literature. This shift from grammar to literature is a difficult transition for many students. *Segunda vista* attempts to facilitate this transition by presenting extremely short but representative and authentic readings by some of the best contemporary authors. Students thus have the opportunity to master short literary readings within the context of a grammar review.

The readings are followed by grammar explanations in English that emphasize contrasts between English and Spanish usages; an attempt is made to present more subtle distinctions than those encountered in introductory courses.

The next section presents exercises to be used as homework assignments or for in-class drill. These exercises are deliberately simple and brief, and would be excellent for oral practice in class. They use only vocabulary assumed to be common knowledge and stress only the particular grammar point being reviewed. The last exercise in this section reviews grammar points practiced in previous chapters as well. This section can be used for guided conversation practice in class or for guided composition outside of class.

The *Temas para libre expresión* section provides students with an opportunity for self-expression on a variety of topics thematically linked to the initial readings. Some of the topics encourage personal reaction; others introduce the discussion of literary concepts and devices such as similes, metaphors, irony, and so on, that appear in the initial reading.

Each chapter concludes with a word study section focusing on vocabulary that is troublesome for English-speaking students.

If instructors want students to have more extensive written and oral practice, a combined workbook-lab manual, coordinated with the review text, is available. Each chapter of the ancillary is divided into three sections: Written Exercises, Oral Exercises, and Activities. The written section presents a variety of lively exercises—many visually based—that could be used for additional in-class conversation practice. The written section also features carefully structured guided composition topics designed to help students systematically develop writing skills. The oral section is keyed to accompanying tapes. Exercises are carefully graded for increasing difficulty; they include sound discrimination and pronunciation exercises, listening comprehension practice, and dictations as well as oral drills based on chapter grammar. Each workbook chapter concludes with an activities section that offers a variety of visuals and suggestions for classroom interaction.

The text and workbook fill many instructional needs. The text can be used alone as a handy grammar/reference manual or in conjunction with another reader or conversation text. Students in any intermediate-to-advanced course can also use the text for independent review of any specific grammar points they still find troublesome. Instructors who use the text-workbook combination will find that it offers a solid grammar review with abundant written and oral exercises and activities that can easily serve as the basis for a full academic year at the second-year level.

Acknowledgments

Grateful acknowledgment is made for use of the following material:

Julio Camba, "Normas del perfecto invitado," excerpted from *La casa de Lúculo o el arte de comer*, Espasa-Calpe, S.A., Madrid.

Silvina Ocampo, "Celestina," excerpted from *36 cuentos argentinos con humor*, Editorial Plus Ultra, Buenos Aires. Reprinted by permission of the publisher.

Ramón Gómez de la Serna, selections from *Greguerías: Selección 1910–1960*, Espasa-Calpe, S.A., Madrid.

Pedro Prado, "El guijarro" and "La despedida," from *Antología: Pedro Prado*, Editora Nacional Gabriela Mistral, Santiago.

Enrique Anderson Imbert, "¡Para que ella vea!," "La pierna dormida," "La araña," "Novela en nuez," and "La lluvia," from *La sandía*, Editorial Galerna, Buenos Aires, 1969; and *El mentir de las estrellas*, Emecé Editores, Buenos Aires, 1979. Reprinted by permission of the author.

Marco Denevi, "Génesis." "La inmolación por la belleza," from *El emperador de la China*, Librería Huemul, Buenos Aires. "Los animales en el arca" and "Origen de la risa según Nietzsche," from *Falsificaciones*, Ediciones Corregidor, Buenos Aires.

Salvador Elizondo, "Aviso" and "Sistema de Babel," from *El grafógrafo*, Editorial Joaquín Mortiz, S.A., Mexico City, 1972. Reprinted by permission of the publisher.

Ana María Matute, "El tiovivo," from *Los niños tontos*, Ediciones Destino S.L., Barcelona. Reprinted by permission of the publisher.

Luis Britto García, "Los juegos de la infancia," from Rene Marqués, Antonio Skármeta, and Luis Britto García, *Tres cuentistas*. Reprinted by permission of the author.

Lilia Martínez, "Rafael la vio entrando al café," from Alberto Huerta, David Ojeda, and Lilia Martínez, *6 × 3 = 18*, Editorial Extemporáneos, Mexico City. Reprinted by permission of the publisher.

In addition, grateful acknowledgment is made to Ruth Haglund Ordás, whose work on the *Ejercicios* sections contributed greatly to the success of this project, and to editors Thalia Dorwick, Laura Chastain, and Pamela Evans, whose careful direction and attention to detail has strengthened the text in countless ways. And finally, thanks to Jane McCreary, whose drawings made *Segunda vista* come alive.

Contents

Estructuras básicas

Capítulo 1

Capítulo 2

Capítulo 3

Capítulo 4

Capítulo 5

Capítulo 6

Capítulo 7

Capítulo 8

Capítulo 9

Capítulo 10

Capítulo 11

Capítulo 12

Capítulo 13

Capítulo 14

Capítulo 15

Capítulo 16

Appendix: Syllabication and Accentuation

Vocabulario

Index

ESTRUCTURAS
BASICAS

GRAMATICA

- The Present
  Indicative
- Gender and
  Number of
  Nouns
- Agreement and
  Position of
  Adjectives
- Nominalization
  of Adjectives

1

Resumen de estructuras

■ *Present Indicative*

Regular Verbs

HABLAR		COMER		VIVIR	
hablo	hablamos	como	comemos	vivo	vivimos
hablas	habláis	comes	coméis	vives	vivís
habla	hablan	come	comen	vive	viven

Stem-changing Verbs

CERRAR (E → IE)		VOLVER (O → UE)		PEDIR (E → I)	
cierro	cerramos	vuelvo	volvemos	pido	pedimos
cierras	cerráis	vuelves	volvéis	pides	pedís
cierra	cierran	vuelve	vuelven	pide	piden

Other common stem-changing verbs include:

(E → IE)			(O → UE)			(E → I)	
comenzar	empezar	perder	almorzar	encontrar	recordar	conseguir	servir
convertir	entender	querer	contar	morir	volver	repetir	vestir
despertar	mentir	sentir	costar	mostrar			

Irregular Verbs

1. **Irregularities in the First Person Singular**

IRREGULAR FIRST PERSON SINGULAR

caber:	**quepo**	poner:	**pongo**	traer:	**traigo**
caer:	**caigo**	saber:	**sé**	valer:	**valgo**
hacer:	**hago**	salir:	**salgo**	ver:	**veo**

FIRST PERSON SINGULAR SPELLING CHANGES

- Verbs ending **-cer, -cir**: **c → zc** in first person singular

conducir:	conduzco	ofrecer:	ofrezco
conocer:	conozco	producir:	produzco
obedecer:	obedezco	traducir:	traduzco

- Verbs ending **-ger, -gir**: **g → j** in first person singular
  coger: cojo   corregir (i): corrijo   dirigir: dirijo

- Verbs ending **-guir**: **gu → g**
  conseguir (i): consigo   distinguir: distingo   seguir (i): sigo

2. Other Irregularities

decir: digo, dices, dice, decimos, decís, dicen

estar: estoy, estás, está, estamos, estáis, están

haber: he, has, ha, hemos, habéis, han

ir: voy, vas, va, vamos, vais, van

jugar: juego, juegas, juega, jugamos, jugáis, juegan

oír: oigo, oyes, oye, oímos, oís, oyen

oler: huelo, hueles, huele, olemos, oléis, huelen

ser: soy, eres, es, somos, sois, son

tener: tengo, tienes, tiene, tenemos, tenéis, tienen

venir: vengo, vienes, viene, venimos, venís, vienen

- Verbs ending in **-uir** (except those ending in **-guir**) add **y** before any vowel ending (except **i**):

  construir: construyo, construyes, construye, construimos, construís, construyen
  also: destruir

3. Additional Written Accents

Some verbs ending in **-iar** and **-uar** require additional written accents.

confiar: confío, confías, confía,
      confiamos, confiáis, confían
also: criar, enviar, fiar, guiar, variar

acentuar: acentúo, acentúas, acentúa,
      acentuamos, acentuáis, acentúan
also: continuar, efectuar, situar

■ *Gender and Number of Nouns; Agreement of Adjectives*

		MASCULINE		FEMININE	
SINGULAR	el amigo	{ simpático triste cortés español		la amiga	{ simpática triste cortés española
PLURAL	los amigos	{ simpáticos tristes corteses españoles		las amigas	{ simpáticas tristes corteses españolas

Gramática

■ *The Present Indicative*

A. The Spanish present tense reports actions, states of being, or events that occur in the present. In addition, the Spanish present tense is in many cases the equivalent of the English present progressive tense (*be* + _____ *-ing*); it is also the equivalent of the English emphatic construction (*do* _____ or *does* _____). (See **Capítulo 14.**)

yo hablo $\begin{cases} \text{\textit{I speak}} \\ \text{\textit{I am speaking}} \\ \text{\textit{I do speak}} \end{cases}$ él vive $\begin{cases} \text{\textit{he lives}} \\ \text{\textit{he is living}} \\ \text{\textit{he does live}} \end{cases}$

B. The Spanish present tense may be used in place of the Spanish future (see **Capítulo 11**). When future meaning is intended, other words within the sentence will usually indicate a future time reference.

Mañana hablo con ella.   *I'll talk with her tomorrow.*
Juan sale **el lunes.**   *John leaves (will leave) on Monday.*

The present tense of the verb **ir** + **a** + *infinitive* is also used to express future time. The preceding examples could also be stated in this way:

Mañana **voy a hablar** con ella.
I'll talk (I'm going to talk) with her tomorrow.

Juan **va a salir** el lunes.
John will leave (is going to leave) on Monday.

[Ejercicios A–F][1]

■ *Gender and Number of Nouns*[2]

All Spanish nouns are either masculine or feminine.

A. Nouns ending in **-o** are usually masculine, while nouns ending in **-a** are usually feminine.

MASCULINE	FEMININE
el río *the river*	la casa *the house*
el escritorio *the desk*	la montaña *the mountain*
el gobierno *the government*	la playa *the beach*

Common exceptions: **el día** (*the day*), **la mano** (*the hand*)

---

[1]Notations of this kind in **Segunda vista** tell you that you are now prepared to do Exercises A–F in the exercise section (**Ejercicios**).
[2]See **Capítulo 9.**

B. Nouns ending in **-ión, -tad, -dad, -tud, -ie,** and **-umbre** are usually feminine.

la nación   *the nation*   la actitud   *the attitude*
la dificultad   *the difficulty*   la serie   *the series*
la ciudad   *the city*   la costumbre   *the custom*

C. The gender of nouns with other endings must be learned. (In dictionary entries and vocabulary lists, gender is indicated by *m.* for masculine, *f.* for feminine.)

clase *(f.)   class*   nariz *(f.)   nose*   mes *(m.)   month*
paisaje *(m.)   countryside* maíz *(m.)   corn*   árbol *(m.)   tree*

The plural of most nouns is formed according to three basic rules.

1. Nouns ending in a vowel are made plural by adding **-s.**
   el río   →   los río**s**
   la clase   →   las clase**s**

2. Nouns ending in a consonant are made plural by adding **-es.**
   el árbol   →   los árbol**es**
   el mes   →   los mes**es**
   la nació**n**   →   las nacio**nes**
   la dificulta**d**   →   las dificulta**des**

3. Nouns ending in **-z** change the **z** to **c** before adding **-es.**
   el lápi**z**   →   los lápi**ces**
   la ve**z**   →   las ve**ces**

■ *Agreement and Position of Adjectives*[3]

A. Adjectives agree with the nouns they modify in number and gender.

el profesor simpátic**o**   **los** profesores simpátic**os**
la profesora simpátic**a**   **las** profesoras simpátic**as**

B. When an adjective modifies both a masculine and a feminine noun, the adjective is masculine plural.

El médico y su mujer son colombian**os**.   *The doctor and his wife are Colombian.*

C. Adjectives whose masculine singular ends in **-o** form the feminine singular by changing the final **o** to **a**. Both masculine and feminine forms add an **-s** to form the plural.

el libro buen**o**   los libros buen**os**
la revista buen**a**   las revistas buen**as**

D. Most adjectives whose masculine singular does not end in **-o** have the same form

---

[3]See **Capítulo 3.**

for both the masculine and feminine. Their plural is formed by adding **-s** if the adjective ends in a vowel, or by adding **-es** if it ends in a consonant.

el libro
la revista } excelent**e**   los libros
las revistas } excelent**es**

el trabajo
la pregunta } difícil   los trabajos
las preguntas } difíc**iles**

un señor
una señora } egoísta   unos señores
unas señoras } egoísta**s**

Adjectives ending in **-z** change **z** to **c** before adding **-es.**

el hijo
la hija } feli**z**   los hijos
las hijas } feli**ces**

E. Adjectives ending in **-dor, -ón, -án,** and **-ín** form the feminine by adding **-a.** Plurals add **-s** if the word ends in a vowel, **-es** if it ends in a consonant.

el hombre pregunt**ón** (*inquisitive*)   los hombres pregunt**ones**
la mujer pregunt**ona**   las mujeres pregunt**onas**

Other adjectives of this kind include: **trabajador** (*hard working*), **hablador** (*talkative*), **holgazán** (*lazy*), and **chiquitín** (*baby, little*).

F. Adjectives of nationality whose masculine singular ends in a consonant form the feminine by adding **-a.** To form plurals, add **-s** if the adjective ends in a vowel, **-es** if it ends in a consonant.

el hombre { francés
español   los hombres { france**ses**
español**es**

la mujer { france**sa**
español**a**   las mujeres { france**sas**
español**as**

[Ejercicio G]

G. Descriptive adjectives indicate a characteristic of the noun they modify, such as color, nationality, or condition: *the brown hat, a Spanish fan, an old dog,* and so on. They distinguish one noun from others of its class: *the **brown** hat* versus *the **red** hat,* and so on.

In Spanish, descriptive adjectives usually follow the noun they modify.

una comida excelente   el edificio nuevo
an excellent meal   *the new building*

H. When two or more adjectives follow a single noun, the word **y** is usually inserted between the last two adjectives.

El niño alto, delgado **y** rubio es mi hermano.
The tall, slim, blond boy is my brother.

I. When descriptive adjectives precede the noun they modify, they lose much of their descriptive value. Instead, they allude to qualities that are inherent or taken for granted in the context in which they are used. In this case, the adjective merely embellishes the noun, rather than distinguishing it from other nouns of its class.

La blanca nieve cae sobre el lago.
*The white snow (falling snow is **always** white) is falling on the lake.*

Juana es muy buena persona.
Juana is a very good person (we all know that).

J.   With certain adjectives, a change in position is accompanied by a change in meaning. In general, the adjective has its literal meaning when it follows the noun, and acquires a related but more figurative meaning when it precedes the noun.

MEANING WHEN PRECEDING	ADJECTIVE	MEANING WHEN FOLLOWING
former	antiguo	*ancient, old*
different (various)	diferente	*different (not alike)*
same	mismo	*-self (myself, yourself, etc.)*
new (different)	nuevo	*new (brand new)*
poor (to be pitied)	pobre	*poor (without money)*
sheer	puro	*pure*
only	único	*unique*

Mi antiguo profesor está jubilado ahora.   *My former professor is now retired.*
La ciudad antigua de Toledo es muy famosa.   *The old city of Toledo is very famous.*

En la farmacia tienen diferentes medicinas.   *At the pharmacy they have different (various) medicines.*
Tiene un coche diferente hoy.   *He has a different car today.*

Es el mismo libro que tengo.   *It is the same book (that) I have.*
¡Es el rey mismo!   *It's the king himself!*

Ahora tiene una nueva actitud hacia el problema.   *Now he has a new (different) attitude toward the problem.*
Carlos acaba de comprar un traje nuevo para el baile.   *Carlos just bought a new suit for the dance.*

La pobre mujer todavía lamenta la muerte de su esposo.   *The poor woman still mourns the death of her husband.*
Una mujer pobre pide limosna en la esquina.   *A poor woman is begging on the street corner.*

Por pura suerte salvó su vida durante la inundación.   *Out of pure (sheer) luck he saved his life during the flood.*
El reloj es de oro puro.   *The watch is (made) of pure gold.*

Pablo es su único hijo.   *Pablo is his only son.*
Picasso tiene un estilo único.   *Picasso has a unique style.*

K.   Certain adjectives ending in **-o** drop the final **-o** when they precede a masculine singular noun. (The feminine and plural forms do not change in this position.)

There is no apocopation (shortening) if these adjectives follow the noun. Adjectives of this type include **buen(o)** and **mal(o)**.

Juan es un buen vecino *(neighbor)*. Juan es un vecino bueno.
Juana es una buena vecina. Juana es una vecina buena.

The adjective **grande** is shortened to **gran** before a singular noun of either gender. It is not apocopated when it follows the noun, and is never shortened in the plural. The positioning of **grande** determines its meaning. When it precedes a noun, **grande** means *great;* when it follows, it usually means *big.*

El presidente es un gran hombre y su esposa es una gran mujer.
The president is a great man and his wife is a great woman.

Los hombres grandes juegan bien al fútbol.
Big men play football well.

En ese libro hay fotos de las grandes figuras de la historia de Venezuela.
In that book there are photos of the great figures of Venezuelan history.

■ *Nominalization of Adjectives*[4]

When reference to a particular noun is clearly understood, the noun itself may be deleted. The adjective previously used to describe the noun is then nominalized (used in place of the noun: *the new car → the new one*). Note that English usually needs a word such as *one* to express a nominalized adjective.

Quiero el suéter verde. →
Quiero **el verde**. *I want the green one.*

¿Prefieres la chaqueta negra o **la azul?** →
¿Prefieres **la negra** o la azul? *Do you prefer the black one or the blue one?*

Los hombres viejos saben cuentos tradicionales. →
Los viejos saben cuentos tradicionales. *The old (men) know traditional stories.*

[Ejercicios H–L]

Ejercicios

A. Dé oraciones nuevas según las palabras entre paréntesis.

1. *Yo* siempre preparo el desayuno. *(mamá, mis hermanos, tú, nosotros, María, Jorge y yo)*
2. *El estudiante* promete hacer la tarea. *(Raúl y Pepe, ella, yo, Uds., nosotras, tú)*
3. *Ellos* abren las ventanas. *(nosotros, la criada, tú, Ud., yo, los alumnos)*

B. Cambie los verbos en plural por verbos en singular.

1. Vamos a dar una fiesta.

---

[4]See **Capítulo 3.**

2. Venimos temprano para decorar la sala.
3. Hacemos todas las preparaciones.
4. Salimos para el mercado y traemos comida y cerveza.
5. Sabemos preparar unos platos típicos españoles.
6. Olemos el aroma sabroso de la paella.
7. No cabemos todos en la cocina. ¡Hay tanta gente que quiere ayudar!
8. Ponemos los platos en la mesa del comedor.
9. ¿Por qué no le decimos a Jorge que él debe traer los discos?
10. Vemos el tocadiscos, pero no oímos nada todavía. ¿Qué pasa?

C. Complete las oraciones con la forma correcta del verbo entre paréntesis.

1. Todos los miércoles mis amigos _____ (*jugar*) al golf.
2. El jardinero _____ (*criar*) unos conejos en la cancha de golf.
3. Yo no _____ (*conocer*) al jardinero, pero Juan sí.
4. Juan practicó muchos años y ahora _____ (*ser*) un golfista profesional.
5. (Nosotros) _____ (*ir*) a salir a las cinco de la mañana.
6. Cada vez que llamo a último momento, no _____ (*conseguir*) una buena hora de partida (*starting time*).
7. (Nosotros) _____ (*estar*) muy preocupados por llegar a tiempo.
8. Como siempre, (yo) _____ (*manejar*) muy rápido y no _____ (*obedecer*) todas las leyes del tráfico.
9. Como siempre, Juan me _____ (*dar*) consejos.
10. ¿No _____ (*ver*) (tú) al policía que acaba de entrar a la autopista?

D. Conteste las siguientes preguntas.

1. ¿Quieren Uds. aprender bien el español?
2. ¿Recuerda Ud. todas las formas irregulares de los verbos?
3. ¿Entiende Ud. la gramática?
4. ¿Repiten Uds. los ejercicios varias veces?
5. ¿Tienen Uds. problemas a veces con los acentos?

E. Conteste las siguientes preguntas empleando **ir** + **a** + *infinitivo*.

1. ¿Corre Alfredo en el maratón mañana?
2. ¿Promete hacerlo lo más rápido posible?
3. ¿Compran todos zapatos nuevos para el maratón?
4. ¿Invitan a las mujeres a correr también?
5. ¿A qué hora empiezan las carreras (*races*)?

F. Con otro estudiante, haga y conteste las siguientes preguntas sobre los viajes.

1. ¿Adónde quieres ir a pasar las vacaciones?
2. ¿Cuánto cuesta un pasaje de ida y vuelta (*round-trip ticket*)?
3. Cuando estás de vacaciones, ¿les envías tarjetas postales a tus amigos?
4. Cuando estás en un país extranjero, ¿sabes usar el teléfono?
5. ¿Quién te explica las cosas que no entiendes?
6. Cuando almuerzas en un restaurante nuevo, ¿qué pides?
7. ¿Bebes café con el desayuno? ¿Tomas vino con la cena?
8. ¿Siempre sigues un horario fijo?

9. ¿Prefieres caminar o conducir?
10. Al regresar del viaje, ¿continúas tus estudios?

G. **El barrio.** Cambie todos los elementos posibles al plural.

1. Prefiero mirar el barrio desde mi balcón.
2. Esa muchacha rubia es muy bonita.
3. El perro callejero está muy flaco; no obedece a nadie.
4. Mi amigo español siempre habla con las manos.
5. Nuestra abuelita es muy simpática.

Cambie todos los elementos posibles al femenino.

6. El joven francés parece muy cortés.
7. Nuestro vecino es un hombre muy trabajador.
8. Mis primos menores son muy preguntones.
9. Todos los niños juegan en la calle.
10. El señor enfermo todavía está en la clínica.

Cambie todos los elementos posibles al singular.

11. Confiamos en nuestros buenos compañeros.
12. Nadie cocina tan bien como unas mujeres de este barrio.
13. Los últimos cuentos del abuelo son los mejores.
14. A veces unas grandes tempestades destruyen muchas casas.
15. Los muchachos grandes cuidan de los pequeños.

H. Complete las oraciones con la forma correcta del adjetivo entre paréntesis.

1. Las playas ＿＿＿ (*italiano*) son muy ＿＿＿ (*agradable*).
2. En las películas del oeste el hombre ＿＿＿ (*bueno*) siempre lleva un sombrero
   ＿＿＿ (*blanco*); el ＿＿＿ (*malo*) lleva uno ＿＿＿ (*negro*).
3. Esa mujer ＿＿＿ (*gordo*) es muy ＿＿＿ (*grande*) y ＿＿＿ (*jovial*).
4. Los coches ＿＿＿ (*americano*) son muy ＿＿＿ (*caro*), pero los ＿＿＿ (*extranjero*)
   tampoco son ＿＿＿ (*barato*).
5. No hay artículos ＿＿＿ (*fácil*) en esa revista ＿＿＿ (*alemán*).

I. Complete la siguiente narración con la forma correcta de los siguientes adjetivos:
**moreno / popular / atlético / listo / bonito / difícil / magnífico/
profesional / rubio / hermoso / maduro / azul / joven / inteligente /
bueno.** Se puede usar cada adjetivo más de una vez.

Estela es muy ＿＿＿ ; tiene el pelo ＿＿＿ y los ojos ＿＿＿ . Todos dicen que se
parece mucho a Farrah Fawcett. Pero tambien es ＿＿＿ . Recibe ＿＿＿ notas aunque toma clases ＿＿＿ . Es una mujer muy ＿＿＿ .

Estela es también muy ＿＿＿ y juega bien al tenis. Su hermano Felipe también es ＿＿＿ atleta y le gusta mucho jugar al tenis. A veces los dos compiten en
partidos de tenis y siempre ganan.

Aunque Felipe es ＿＿＿ estudiante, quiere dejar la universidad y dedicarse al
tenis ＿＿＿ . Estela le dice que el tenis es un deporte ＿＿＿ para los hombres ＿＿＿ , pero también cree que para los hombres ＿＿＿ es mejor tener una
＿＿＿ carrera (*career*) como la medicina o el derecho.

J. Exprese en español.

1. the former neighbor
2. my only sister
3. the brand new tie
4. his own house
5. the unique story

6. the author himself
7. sheer terror
8. the same idea
9. the poor (indigent) woman
10. pure wool

K. Complete las siguientes oraciones para indicar qué va Ud. a comprar en cada caso. Use adjetivos nominalizados.

1. Me gusta la blusa blanca y también esa blusa amarilla. Debo comprar la _____ .

2. —Aquí tenemos un diccionario grande y otro diccionario más pequeño.
    —Creo que voy a comprar el _____ , por favor.

3. —¿Prefiere Ud. este coche italiano o un coche japonés?
    —Prefiero el _____ .

4. Busco un abrigo nuevo. Estos abrigos son muy caros, pero ayer vi uno más barato. Voy a comprar el _____ .

5. ¿Qué le parece? El traje gris le queda muy bien (*looks good on you*), lo mismo que el traje azul.
    —Me gusta más el _____ .

L. **Ensayo/Conversación.** Escriba Ud. un ensayo o dé un discurso sobre un día típico de su propia vida estudiantil. Use las siguientes preguntas como guía.

PRIMER PARRAFO

¿Qué hace Ud. por la mañana? ¿Desayuna? ¿Bebe café o té con el desayuno? ¿Toma Ud. el café (té) solo o con leche? ¿con azúcar? ¿Es Ud. muy agradable por la mañana? ¿o se levanta malhumorado/a? Y su(s) compañero(s) de cuarto (su esposo/a), ¿es (son) agradable(s) o se levanta(n) malhumorado(s) por la mañana?

SEGUNDO PARRAFO

¿A qué hora sale Ud. para la universidad? ¿A qué hora empieza su primera clase? ¿Viene a la universidad con otra persona? ¿en coche? ¿en autobús? ¿en bicicleta? ¿a pie? Si viene Ud. en coche, ¿quién maneja? ¿Confía Ud. en el conductor (la conductora)? ¿Hay siempre mucho tráfico? ¿Encuentra Ud. otros obstáculos en llegar a la universidad? ¿Llega siempre a tiempo?

TERCER PARRAFO

¿Cuántas clases tiene Ud.? ¿Sigue Ud. un curso (*course of studies*) especial? ¿Toma clases en áreas generales de educación? ¿Qué clase le gusta más? ¿Cuál le gusta menos? ¿Prefiere Ud. las clases fáciles o las difíciles? ¿Cuál es la más fácil para Ud.? ¿y la más difícil? ¿Cómo son los profesores? ¿Son simpáticos? ¿exigentes (*demanding*)? ¿inteligentes? ¿egoístas? Para Ud., ¿en qué consiste una buena clase? ¿y cómo es un buen profesor (una buena profesora)?

CUARTO PARRAFO

¿Almuerza Ud. en la cafetería? Si no, ¿dónde almuerza? ¿Con quién? ¿Qué sirven en la cafetería (el sitio donde Ud. come)? ¿Es buena o mala la comida?

¿Qué pide Ud. para tomar? ¿Hay muchos restaurantes cerca de la universidad? ¿Se puede encontrar comida extranjera? ¿Le gusta a Ud. la comida mexicana? ¿la china? ¿la francesa? ¿la italiana?

QUINTO PARRAFO

¿Qué hace Ud. por la tarde? ¿Tiene más clases? ¿A qué hora llega a casa? ¿A qué hora cena? ¿Qué va Ud. a comer esta noche? Y después de cenar, ¿va a estudiar un rato (*a little while*)? ¿Qué va a estudiar? ¿Cuántas horas estudia Ud. todos los días? ¿Dónde estudia, generalmente? ¿Estudia Ud. en el mismo sitio cada noche o cambia de lugar (*do you move around*)?

LECTURA

**Normas del
perfecto invitado**
Julio Camba

GRAMATICA

- The Imperative
- Indirect
  Commands
- The Subjunctive
  Mood: Concept
  and Syntax
- The Subjunctive
  in Noun Clauses

Resumen de estructuras

■ The Imperative: Direct Commands of Regular Verbs

Stem: First person singular of the present indicative: **hablar** → **habló; comer** → **comó; vivir** → **vivó**

	FORMAL		INFORMAL		NOSOTROS (*LET'S*)
	SING. (UD.)	PLURAL (UDS.)	SING. (TU)	PLURAL (VOSOTROS)	PLURAL
hablar:	(no) hable	(no) hablen	habla / no hables	hablad / no habléis	(no) hablemos
comer:	(no) coma	(no) coman	come / no comas	comed / no comáis	(no) comamos
vivir:	(no) viva	(no) vivan	vive / no vivas	vivid / no viváis	(no) vivamos

■ The Imperative: Direct Commands of Stem-changing Verbs

	FORMAL		INFORMAL		NOSOTROS (*LET'S*)
	SING. (UDS.)	PLURAL (UDS.)	SING. (TU)	PLURAL (VOSOTROS)	PLURAL
e → ie: cerrar	(no) cierre	(no) cierren	cierra / no cierres	cerrad / no cerréis	(no) cerremos
o → ue: volver	(no) vuelva	(no) vuelvan	vuelve / no vuelvas	volved / no volváis	(no) volvamos
e → i: pedir	(no) pida	(no) pidan	pide / no pidas	pedid / no pidáis	(no) pidamos
e → ie, i: sentir	(no) sienta	(no) sientan	siente / no sientas	sentid / no sintáis	(no) sintamos
o → ue, u: dormir	(no) duerma	(no) duerman	duerme / no duermas	dormid / no durmáis	(no) durmamos

Note: Only **-ir** stem-changing verbs have a stem change in the negative **vosotros** and in all **nosotros** forms.

■ The Imperative: Direct Commands of Spelling Change Verbs

	INFORMAL AFFIRMATIVE	ALL OTHERS
-car: c → qu + -e: bus**car**	busca (tú), buscad	(no) bus**que**(n), no bus**que**s, no bus**qué**is, (no) bus**que**mos
-gar: g → gu + -e: lle**gar**	llega (tú), llegad	(no) lle**gue**(n), no lle**gue**s, no lle**gué**is, (no) lle**gue**mos
-zar: z → c + -e: cru**zar**	cruza (tú), cruzad	(no) cru**ce**(n), no cru**ce**s, no cru**cé**is, (no) cru**ce**mos
-cer, -cir: c → zc + -a: condu**cir**	conduce (tú), conducid	(no) condu**zca**(n), no condu**zca**s, no condu**zcá**is, (no) condu**zca**mos
-ger, -gir: g → j + -a: co**ger**	coge (tú), coged	(no) co**ja**(n), no co**ja**s, no co**já**is, (no) co**ja**mos
-guir: gu → g + -a: se**guir**	sigue (tú), siguid	(no) si**ga**(n), no si**ga**s, no si**gá**is, (no) si**ga**mos

Note: Verbs that end in **-uir** (except **-guir**) add a **y** before all endings except in the affirmative **vosotros** command: construid, *but*: (no) constru**ya**(n), constru**ye** (tú), no constru**ya**s, no constru**yá**is, (no) constru**ya**mos.

■ *The Imperative: Direct Commands of Irregular Verbs*

Stem for most forms: First person singular of the present indicative: **poner: pongǿ** → **(no) ponga(n), no pongas, no pongáis, (no) pongamos**

1. Irregular Formal Commands:
   ir: (no) vaya(n)   saber: (no) sepa(n)   ser: (no) sea(n)   dar: (no) dé, (no) den   estar: (no) esté(n)
2. Irregular Affirmative Familiar Commands:
   decir: di   ir: ve   salir: sal   tener: ten   venir: ven   hacer: haz   poner: pon   ser: sé   valer: val
3. Irregular Nosotros Commands: based on irregular formal command forms: vayamos, sepamos, seamos, demos, estemos

■ *Indirect Commands*

hablar: que (no) hable	comer: que (no) coma	vivir: que (no) viva
que (no) hablen	que (no) coman	que (no) vivan

■ *The Subjunctive: Regular Verbs*

Stem: First person singular of the present indicative: **hablar** → **hablǿ; comer** → **comǿ; vivir** → **vivǿ**

HABLAR		COMER		VIVIR	
hable	hablemos	coma	comamos	viva	vivamos
hables	habléis	comas	comáis	vivas	viváis
hable	hablen	coma	coman	viva	vivan

Lectura

Julio Camba (1882–1962) is Spain's most celebrated master of the short, humorous essay. He began writing comic sketches about the people and places of his native Galicia. His insatiable curiosity, however, soon lead him abroad in search of new subjects, and he embarked on a life-long pilgrimage through both the Old and New Worlds. Some of his collected essays record his impressions of Europe (**Alemania**; **Londres**; **Playas, ciudades y montañas**; **Aventuras de una peseta**) and the United States (**Un año en el otro mundo**). Other collections contain his humorous observations on almost everything (**Sobre casi todo**; **Sobre casi nada**; **Esto, lo otro y lo de más allá...**; **Etc., Etc...**).

   "Normas del perfecto invitado" appears in the collection **La casa de Lúculo; o, El arte de comer**. Always a lover of fine food and drink, Julio Camba gives comic attention in these stories to gastronomical questions, focusing his ironic wit on everything from Limburger cheese to the proper conduct of dinner guests.

Normas del perfecto invitado

Cuando aparezca en la mesa un plato notoriamente inferior a todos los otros, elógiese° sin reservas. Indudablemente, ese plato es obra de la dueña de casa.° — praise it / **dueña...** lady of the house

No se lleve usted nunca, durante la comida, el cuchillo a la boca y reserve para mejor ocasión sus habilidades de tragasables.° — sword swallower

No limpie usted nunca con la servilleta los platos ni los tenedores en un domicilio particular.° Ese ejercicio, con el que algunos invitados pretenden demostrar sus hábitos de limpieza, suele producirles—ignoramos por qué°— muy mal efecto a las dueñas de casa. — **domicilio...** private home / **ignoramos...** we don't know why

El agua del aguamanil,° con su rajita flotante° de limón, es para limpiarse los dedos. No vaya usted a confundirla con una taza de té a la rusa° y se crea° obligado a tomarla por cortesía. — fingerbowl / **rajita...** little floating slice / **taza...** cup of Russian tea / **se...** think that you are

   Cuando en el restaurante le pase a usted el anfitrión° la lista de vinos con el designio° evidente de que elija usted el más barato, elija usted el más caro. Así los anfitriones irán aprendiendo a elegir por sí mismos unos vinos pasables. — host / intention

   Tenga usted siempre un régimen alimenticio, un régimen contra la obesidad, contra la arterioesclerosis o contra cualquier otra cosa, y cuando le den a usted una mala comida, apóyese° en el régimen. Es la mejor política.° — lean on (use as an excuse) / policy

   Cuando, en cambio, le ofrezcan a usted una comida excelente, mande el régimen a paseo.° Lo mejor de cualquier régimen es el placer de quebrantarlo.° — **mande...** send the diet for a walk (break it) / breaking it

Comprensión

¿Cierto o falso? Corrija las oraciones falsas.

1. El perfecto invitado debe elogiar los platos inferiores.
2. Debe comer con el cuchillo.
3. Es importante que el invitado limpie su tenedor con la servilleta.
4. El invitado no debe tomar el agua del aguamanil.
5. Debe elegir el vino más barato.
6. Cuando le den una mala comida, el invitado debe decir que su régimen le prohíbe comerla.
7. Puede ignorar el régimen cuando le ofrezcan una comida excelente.

ANSWERS: 1. Cierto 2. Falso 3. Falso 4. Cierto 5. Falso 6. Cierto 7. Cierto

Vocabulario

el **anfitrión,** la **anfitriona**
  host, hostess
la **comida** *meal*
el **consejo** *advice*
el **cuchillo** *knife*
  elegir (i, i) *to select, choose*

el **invitado,** la **invitada** *guest*
  limpiar *to clean*
  mandar *to send; to order, command*
el **plato** *dish; plate*

el **régimen** *diet*
la **servilleta** *napkin*
el **tenedor** *fork*
  tomar *to drink*
el **vino** *wine*

Gramática

■ *The Imperative*

The imperative expresses *will* or *desire*.

A. Direct commands are used to give an order directly to another person or persons.

	SINGULAR	PLURAL
FORMAL	Mande (Ud.) el paquete por correo aéreo. *Send the package air mail.*	Manden (Uds.)...
	No invite (Ud.) a los García. *Don't invite the Garcias.*	No inviten (Uds.)...
FAMILIAR	Cierra (tú) la ventana. *Close the window.*	Cierren (Uds.)...
	No abras (tú) la puerta. *Don't open the door.*	No abran (Uds.)...

The pronouns **usted, tú** and **ustedes** may be expressed or omitted. If used, they follow the command. The pronouns are frequently omitted in contemporary speech.

[Ejercicios A–C]

B. The first person plural (*let's*) imperative is used when the speaker includes himself or herself in the command.

Comamos ahora.   *Let's eat now.*
No tomemos vino.   *Let's not drink wine.*

The affirmative command for **ir** is irregular in the first person plural.

Vamos al baile.   *Let's go to the dance.*

But:

No vayamos al concierto.   *Let's not go to the concert.*

The *let's* imperative is also expressed in Spanish by **vamos + a +** *infinitive.* In this case, exclamation marks convey the sense of the imperative and distinguish it from the same form without exclamation marks, which means *We are going to . . .*

¡Vamos a bailar!   *Let's dance.*
Vamos a bailar.   *We are going to dance.*

[Ejercicio D]

■ *Indirect Commands*

Indirect commands (**Que** + *third person singular or plural subjunctive*) express the speaker's desire that another person or persons do something, without directly addressing the individual(s) involved.

El anfitrión quiere hablar. Pues, que hable.
The host wants to talk. Well, let him talk.

Que no canten los músicos.
Don't let the musicians sing.

¡Que se diviertan todos!
Let everyone have a good time!

Que salga si quiere.
Let him leave if he wants to.

Note that the subject usually follows the verb in this structure.

[Ejercicio E]

■ *The Subjunctive Mood: Concept and Syntax*

A. Indicative and Subjunctive Moods

The indicative mood reports objective facts. The subjunctive mood conveys the speaker's attitude toward objective facts. Spanish speakers use the subjunctive to express their emotions, beliefs, or desires with regard to other people, states, or events. They also use the subjunctive to express doubt, uncertainty, or ambiguity.

B. The Imperative and Subjunctive

The subjunctive and imperative are closely related in structure and function. All forms of the imperative *except* the affirmative familiar commands are actually forms of the present subjunctive. (See **Resumen de estructuras.**)

Compare:

DIRECT COMMAND	Coma menos.	*Eat less.*
INDIRECT COMMAND	Que coma menos.	*Let him eat less.*
SUBJUNCTIVE	Prefiero que coma menos.	*I prefer that he eat less.*

Note that the present subjunctive and the imperative are the same verb form and that here the subjunctive, like the imperative, is used to express will or desire.

[Ejercicio F]

C. **Subjunctive Syntax**

The subjunctive usually occurs in the dependent clause of a complex sentence. A clause is any group of words that contains a subject and predicate and makes a complete statement. An independent clause can stand alone as a complete sentence: *We will leave* is an independent clause. A dependent clause does not make an independent statement: *when Marta returns* is a dependent clause. It has a subject and predicate, but it can not stand alone because the subordinating word *when* creates a condition of incompleteness or dependency. A person hearing or reading this clause will expect more information. He will expect to be told what will happen *when Marta returns*. Adding this information creates a complex sentence.

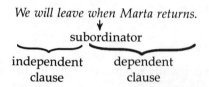

A complex sentence contains both an independent and a dependent clause and expresses a complete idea. A subordinator (a subordinating conjunction or relative pronoun) introduces the dependent clause. The term *subordinator* will remind you that the dependent clause is not self-sufficient, but rather is subordinate or related to the main clause.

Most uses of the Spanish subjunctive occur in dependent clauses. Within complex sentences, dependent clauses function as parts of speech: nouns, adjectives, or adverbs. Uses of the Spanish subjunctive may be classified according to their function in noun (this chapter), adjective, and adverbial clauses (see **Capítulo 2**).

■ *The Subjunctive in Noun Clauses*

The subjunctive is often used in dependent noun clauses. The dependent clause is always introduced by the subordinator **que.** Since the clause introduced by **que** functions as a noun, the clause is classified as a noun clause. The entire clause acts as the direct object of the main verb.

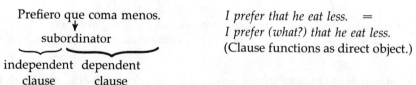

When the subjunctive is used in a dependent clause, that clause must have an expressed subject that is different from the subject of the independent clause. If there is no subject change, the infinitive is used.

(Yo) Prefiero que (él) coma menos.   *I prefer that he eat less.*

But:

(Yo) Prefiero comer menos.   *I prefer to eat less.*

In addition, the independent clause must convey one of the following concepts.

A. The subjunctive is used in dependent noun clauses after main clause verbs that express the subject's *desire, will,* or *preference* concerning the action, event, or state described in the dependent clause. The subjunctive is used after verbs like the following:

exigir   *to demand*   preferir (ie, i)   *to prefer*
insistir (en)   *to insist*   querer (ie)   *to want*
invitar   *to invite*   sugerir (i, i)   *to suggest*
pedir (i, i)   *to ask*

Quiero que hables a Manuel. }
I want you to talk to Manuel. } *(subject change)*

Quiero hablar a Manuel. }
I want to talk to Manuel. } *(no subject change)*

Insiste en que elijamos el vino. }
He insists that we choose the wine. } *(subject change)*

Insiste en elegir el vino. }
He insists on choosing the wine. } *(no subject change)*

Preferimos que duerma aquí. }
We prefer that you sleep here. } *(subject change)*

Preferimos dormir aquí. }
We prefer to sleep here. } *(no subject change)*

[Ejercicio G]

B. The subjunctive is used in dependent noun clauses after main clause verbs of *feeling* or *emotion* that express the speaker's attitude toward the action, event or state described in the dependent clause. The subjunctive is used after verbs and expressions like the following:

alegrarse (de)   *to be glad*   sentir (ie, i)   *to regret; to be sorry*
esperar   *to hope*   tener miedo   *to be afraid*
gustar   *to like*

Me alegro de que esté aquí. }
I'm glad that she is here. } *(subject change)*

Me alegro de estar aquí. }
I'm glad to be here. } *(no subject change)*

Espera que lleguen pronto. }
She hopes that they arrive soon. } *(subject change)*

Espera llegar pronto. } (*no subject change*)
She hopes to arrive soon.

Siento que no vayan a la fiesta. } (*subject change*)
I'm sorry that they aren't going to the party.

Siento no ir a la fiesta. } (*no subject change*)
I'm sorry I'm not going to the party.

C. The subjunctive is used in dependent noun clauses after main clause verbs that express *doubt, uncertainty,* or *disbelief.* The subjunctive is used after verbs like the following:

(no) creer	(*not*) *to believe*
(no) decir	(*not*) *to say*
dudar	*to doubt*
(no) pensar (ie)	(*not*) *to think*
(no) saber	(*not*) *to know*

Creer, decir, pensar, and **saber** are usually followed by the subjunctive when used negatively; when used affirmatively, they are usually followed by the indicative. **Dudar** is followed by the subjunctive when it is used affirmatively; when used negatively, it may be followed by either the subjunctive or the indicative, depending on the meaning the speaker wishes to convey.

No creo que él sepa tu dirección. } (*doubt*)
I don't believe he knows your address.

Creo que él sabe tu dirección. } (*affirmation*)
I believe he knows your address.

El anfitrión no piensa que puedan tomar tanto vino. } (*doubt*)
The host doesn't think they can drink that much wine.

El anfitrión piensa que pueden tomar mucho vino. } (*affirmation*)
The host thinks they can (possibly) drink a lot of wine.

No te digo que sea la verdad, ni mucho menos. } (*negation*)
I'm not telling you that it is (may be) the truth, far from it.

Te digo que es la verdad. } (*affirmation*)
I'm telling you that it is the truth.

Dudo que todos los invitados vengan. } (*doubt*)
I doubt that all of the guests will come.

No dudo que todos los invitados { vengan. / vienen. } (*lack of doubt*)

I don't doubt that all the guests { may / will } come.

In questions, verbs of believing are followed by the subjunctive when the speaker is in doubt. If the speaker accepts the information as true, the indicative is used.

¿Cree que esté tan enfermo? Yo no.
Do you believe that he is (can possibly be) that sick? I don't. } *(speaker is doubtful)*

¿Cree que está tan enfermo? }
Do you believe he is that sick? *(speaker accepts information as true)*

D. The subjunctive may be used in dependent noun clauses after main clause verbs of *commanding, advising, allowing,* or *forbidding.* However, these verbs are more frequently followed by the infinitive. The subjunctive *may* be used after verbs such as the following:

aconsejar *to advise*	mandar *to order*
dejar *to allow*	permitir *to permit*
hacer *to make*	prohibir[1] *to prohibit*
impedir (i, i) *to impede*	

Me aconseja que mande las invitaciones pronto.
Me aconseja mandar las invitaciones pronto.
He advises me to send the invitations soon.

La ley prohíbe que la gente lleve armas en un avión.
La ley prohíbe a la gente llevar armas en un avión.
The law prohibits people from carrying arms in a plane.

El jefe manda que la secretaria escriba las cartas.
El jefe manda a la secretaria escribir las cartas.
The boss orders the secretary to write the letters.

[Ejercicios H–K]

E. The subjunctive is used in dependent noun clauses after certain impersonal expressions. These expressions convey the same concepts of *doubt, preference,* or *attitude* as the main clause verbs that frequently precede the subjunctive; they simply express these same concepts impersonally. Compare:

Yo dudo que Carlos llegue a tiempo. }
I doubt that Carlos will arrive on time. *(expressed subject)*

Es dudoso que Carlos llegue a tiempo. }
It's doubtful that Carlos will arrive on time. *(impersonal subject)*

Elena prefiere que tomemos café. }
Elena prefers that we drink coffee. *(expressed subject)*

Es preferible que tomemos café. }
It is preferable that we drink coffee. *(impersonal subject)*

---

[1]Note the use of a written accent mark on present forms of **prohibir: prohíbo, prohíbes,... ; prohíba, prohíbas,... .**

The subjunctive is almost always used after the following expressions if the dependent clause has an expressed subject:

es bueno	*it is good*	es natural	*it is natural*
es dudoso	*it is doubtful*	es necesario	*it is necessary*
es extraño	*it is strange*	es posible	*it is possible*
es importante	*it is important*	es preciso	*it is necessary*
es imposible	*it is impossible*	es preferible	*it is preferable*
es justo	*it is just (right)*	es probable	*it is probable*
es lástima	*it is a pity*	es raro	*it is rare (strange)*
es mejor	*it is better*		

When there is no expressed subject, the infinitive is used.

Es preciso que él compre comestibles.
It is necessary that he buy food. } *(expressed subject)*

Es preciso comprar comestibles.
It is necessary to buy food. } *(infinitive)*

Es bueno que ella estudie mucho.
It is good that she studies a lot. } *(expressed subject)*

Es bueno estudiar mucho.
It is good to study a lot. } *(infinitive)*

Es mejor que Paco lo haga mañana.
It is better that Paco do it tomorrow. } *(expressed subject)*

Es mejor hacerlo mañana.
It is better to do it tomorrow. } *(infinitive)*

Impersonal expressions conveying certainty are usually not followed by the subjunctive.

es cierto	*it is certain*	es seguro	*it is certain*
es claro	*it is clear*	es verdad	*it is true*
es evidente	*it is evident*		

When used negatively, however, these expressions may be followed by the subjunctive.

Es verdad que Tomás es muy egoísta.
It is true that Tom is very selfish.

No es verdad que Tomás { es / sea } muy egoísta.

It is not true that Tom { is / may be } very selfish.

[Ejercicios L–O]

Ejercicios

A. ¡Qué groseros son los invitados de la señora Alvarez! Ayude a la pobre anfitriona a mejorar el comportamiento de sus invitados, cambiando las siguientes oraciones a mandatos formales.

MODELO   El señor García come con el cuchillo.   →
Señor García, no coma (Ud.) con el cuchillo.

1. La señora Hernández limpia los vasos con la servilleta.   .
2. Los García explican su cirugía en gran detalle.
3. El señor López bebe del aguamanil.
4. El señor Smith elige un vino carísimo.
5. El señor Delgado mantiene su régimen; no come nada.
6. El joven Marcos contradice al profesor Sabelotodo.
7. El inspector destruye el ramo de rosas y claveles.
8. La señorita Lila pone sal en el pastel.
9. Carlos duerme en la mesa.
10. Los invitados no aplauden a los músicos.
11. Los invitados no elogian la comida.

B. Para recordarles a los hijos de los Pérez qué deben hacer hoy, cambie las siguientes oraciones a mandatos familiares afirmativos.

MODELO   Pablo debe _tener_ cuidado.   →
Pablo, ¡ten cuidado!

1. Tomás tiene que _sacar_ la basura.
2. Raúl debe _ayudar_ a lavar los platos.
3. Estela necesita _poner_ en orden su cuarto.
4. Marta debe _ser_ más cortés.
5. Pablo debe _venir_ a tiempo.
6. Paco tiene que _decir_ la verdad.
7. Raúl y Paco quieren _buscar_ el periódico.
8. Estela promete _hacer_ todas las camas.
9. Paco quiere _ir_ al mercado.
10. Marta debe _cuidar_ al bebé.

C. Ahora, con otro estudiante, invente diez mandatos familiares negativos para decirle a un amigo (una amiga) lo que él (ella) no debe hacer nunca.

MODELO   No fumes. No llegues tarde a clase.

D. ¿Qué vamos a hacer? Conteste las siguientes preguntas de dos maneras.

MODELO   ¿Bailamos?   →   ¡Sí, vamos a bailar! Sí, bailemos.

1. ¿Vamos a Madrid este verano?
2. ¿Volvemos al Hotel Fénix?
3. ¿Salimos de Nueva York?
4. ¿Hacemos las reservaciones hoy?
5. ¿Damos una fiesta antes de salir?

E. Juan es un tipo muy rebelde; nunca quiere hacer nada. Cambie el verbo indicado para formar mandatos indirectos, como siempre lo hace Juan para indicar que otra persona lo haga todo.

MODELO   No quiero *preparar* la comida; que la *preparen* ellos.

1. Prefiero no *seguir* su consejo; que lo _____ otro.
2. Yo no necesito *hacer* los ejercicios; que los _____ Uds.
3. No me gusta *sacar* la basura; que la _____ Tomás.
4. No voy a *cerrar* las ventanas; que las _____ Ud.
5. Yo no puedo *decir* eso en serio; que lo _____ ellos.

F. Las madres a veces son muy exigentes, pero quieren lo mejor para sus hijos. ¿Qué quiere esta madre? Para indicar a los hijos qué quiere su madre, cambie las siguientes oraciones a mandatos directos.

MODELOS   Quiere que llegues a tiempo.   →   Llega a tiempo.
          No quiere que Uds. beban cerveza.   →   No beban cerveza.

1. Quiere que hagas el trabajo.
2. No quiere que Ud. vaya a vivir a otro país.
3. Quiere que tengas cuidado.
4. Quiere que Uds. sigan sus consejos.
5. No quiere que sirvas vino en las fiestas.
6. No quiere que fumemos.
7. Quiere que escribamos al abuelo.

G. Dé oraciones nuevas según las palabras entre paréntesis.

1. María necesita ayuda en sus estudios. ¿Quieres que *Juan* la ayude?
   (*yo, sus amigas, el profesor, nosotras, ellos*)
2. *Yo* prefiero que los estudiantes vivan cerca de la universidad.
   (*el profesor, Marta y yo, tú, mis amigos, nosotros*)
3. El profesor quiere que seamos buenos estudiantes. Sugiere que *nosotros* hagamos todos los ejercicios.
   (*Pablo, tú, Marcos y Esteban, yo, Consuelo y yo*)

H. **La boda de Julio y María.** Complete las oraciones con la forma correcta del verbo entre paréntesis.

1. Nos alegramos de que Julio y María _____ (*casarse*).
2. Los padres de María piden a los invitados que no _____ (*mandar*) flores a la iglesia.
3. El cura manda que (nosotros) no _____ (*hablar*) durante la ceremonia.
4. La mamá de Julio insiste en que sus hijos siempre _____ (*vivir*) cerca de ella.
5. Julio y María prefieren _____ (*vivir*) en el campo.
6. ¿Crees que los dos _____ (*escuchar*) la petición de la madre? Yo no.
7. El cura les aconseja que _____ (*asistir*) a misa con más frecuencia.
8. Julio prohíbe a su novia que _____ (*trabajar*) después de la boda.
9. María cree que Julio _____ (*ir*) a ser un esposo modelo.
10. Dudo que Julio _____ (*lavar*) los platos todas las noches.

I. ¿Están todos de acuerdo sobre las reglas de etiqueta? Cambie las siguientes oraciones según las indicaciones.

1. El Sr. Alvarez insiste en mandarle flores a la anfitriona. (*que los invitados*)
2. A los invitados les gusta la comida. (*Yo dudo que*)
3. Yo elogio todos los platos. (*Mi novio prefiere que*)
4. Arturo ignora todas las reglas de etiqueta. (*¿Crees tú que... ?*)
5. El libro de etiqueta nos aconseja escribirle a la anfitriona después de una fiesta. (*que nosotros*)

J. Diga cuál es la actitud de las personas que dicen lo siguiente.

1. No dudo que Ud. es la mejor persona para hacerlo.
2. ¿Crees que él es millonario?
3. ¿Crees que él sea millonario?
4. Ana piensa que su hermano llegue mañana.
5. Creo que él tiene la invitación.

K. Conteste las siguientes preguntas.

1. ¿Esperas que el semestre (trimestre) termine pronto?
2. ¿Crees que todos necesiten un día libre?
3. ¿No piensan que yo necesito un día libre también?
4. ¿Me aconsejan que tome otra clase de español?
5. ¿Por qué insisten en darnos tanto trabajo?

L. Cambie las siguientes oraciones según las indicaciones.

MODELO   Es imposible viajar por esa ruta. (*que el conductor*)   →
         Es imposible que el conductor viaje por esa ruta.

1. Es importante ayudar a los pobres. (*que la Cruz Roja*)
2. Es preciso ganar una beca para poder asistir a la universidad. (*que tú*)
3. Es mejor no hablar en broma. (*que nosotros*)
4. Es preferible terminar antes de las once. (*que la cena*)
5. Es raro no permitir traer el libro a clase. (*que el profesor*)

M. ¿Cuáles son los ingredientes de una fiesta perfecta? ¿o de una fiesta desastrosa? Conteste, formando oraciones completas combinando las palabras o frases de cada columna. Haga los cambios necesarios.

MODELO   Es preciso que yo no quebrante el régimen.

es preciso	yo		mandar las invitaciones
es necesario	el anfitrión		llamar por teléfono
es natural	que	mis amigos	(no)	limpiar la casa de antemano
es evidente	los invitados		mandar flores/dulces
es preferible	nosotros		preparar una buena comida
es cierto			invitar a gente agradable
es raro			tomar un vino excelente/
es lástima			mucha cerveza
es dudoso			bailar toda la noche
			quebrantar el régimen

N. Exprese en español.

1. I don't believe he intends to invite Graciela.
2. We insist that you prepare a paella!
3. Do you want me to buy some new records?
4. She's glad that he isn't working tonight.
5. Is it important that the men wear ties?
6. I hope to send the invitations tonight.
7. The host demands that everyone treat him with respect.
8. They're afraid that he may not like the wine.

O. **Ensayo/Conversación.** Escriba un párrafo o dé un discurso explicándole a un amigo (una amiga) qué hay que hacer para sacar mejores notas. Use las siguientes expresiones como guía: **es preferible** / **es cierto** / **es bueno** / **es mejor** / **no dudo que** / **siento que** / **espero que** / **pienso que**.

MODELO   Es necesario que estudies más.

Su amigo (amiga) le agradece mucho sus consejos y está totalmente de acuerdo. Ahora quiere venir a estudiar con Ud. Explíquele cómo se llega a su casa (o a la biblioteca) desde la sala de clase. Use estas preguntas como guía.

¿A qué hora va a llegar su amigo (amiga)? ¿Qué cree Ud. que debe traer? ¿Dónde debe doblar (*to turn*) al salir de la sala de clase? ¿Adónde va luego? ¿Qué señales debe buscar? ¿Cómo puede entrar a la casa (biblioteca)? ¿Hay que tocar el timbre (*bell*)? ¿Es necesario subir (bajar) las escaleras? ¿tomar el ascensor?

Temas para libre expresión

■ *Temas literarios*

El lector sabe que no debe tomar en serio las normas del perfecto invitado de Julio Camba. Es evidente que el autor escribe esas normas en broma, con tono irónico. Algunas normas son cómicas porque recomiendan algo muy obvio—el invitado no debe limpiar su tenedor con la servilleta—pero lo recomiendan como si fuera un consejo muy sabio. Otras normas son cómicas porque Camba recomienda que el invitado haga algo que en realidad un invitado cortés nunca debe hacer. El lector sabe que el consejo es irónico y que en realidad el invitado perfecto debe hacer lo opuesto de lo que recomienda Camba.

1. ¿Cuáles de las normas recomiendan algo que es muy obvio?
2. ¿Cuáles emplean un tono irónico para recomendar algo que en realidad el invitado cortés no debe hacer nunca?
3. ¿Hay algunas normas que el lector pueda tomar en serio? ¿Cuáles son?

■ Temas personales

A. Ud. conoce muy bien la vida estudiantil. Escriba (en serio) cinco normas para el estudiante perfecto. Después escriba algunas normas en broma, imitando el estilo de Julio Camba. Lea Ud. algunas a un compañero de clase para ver si puede reconocer las normas que Ud. escribió en broma. Cuando su compañero identifique una norma escrita en broma, pregúntele cómo lo sabe. ¿Tiene tono irónico? ¿Recomienda lo obvio?

B. Su profesor (profesora) tiene sus propias ideas sobre los estudiantes. Complete estas oraciones desde el punto de vista de él (ella). Use el presente de indicativo o subjuntivo según el contexto.

1. Es importante que un estudiante _____ .
2. Temo que los estudiantes _____ .
3. Siempre les mando a mis estudiantes que _____ .
4. Prefiero que los estudiantes no _____ .
5. Es obvio que el estudiante no _____ .
6. Insisto en que los estudiantes _____ .
7. Me alegro de que mis estudiantes _____ .

Estudio de palabras

The English verb *to order* is expressed by the Spanish verbs **mandar, ordenar,** and **pedir.**

■ Mandar

To order meaning *to give a command* or *to give orders* = **mandar.**

Me mandó concluir lo más temprano posible.
He ordered me to conclude as soon as possible.

El jefe (le) manda a su secretaria que no tome más de una hora para el almuerzo.
The boss orders his secretary not to take more than an hour for lunch.

■ Ordenar

To order meaning *to arrange* or *sort* according to class or type = **ordenar.**

Tenemos que ordenar los datos antes de darlos a la computadora.
We have to order the data before giving it to the computer.

■ *Pedir (i, i)*

To order in the sense of *placing a business or purchase order* = **pedir.**

La companía mexicana pide tubos para construir el oleoducto.
The Mexican company is ordering pipe to build the oil pipeline.

Pedir can also mean *to give a command.*

¡No me pidas que haga eso!   *Don't ask me to do that!*

Ejercicios

Complete las oraciones con la forma apropiada de **mandar, ordenar** o **pedir.**

1. Necesito _____ este vestido del catálogo porque no lo tienen en la tienda.
2. Antes de publicar la guía de teléfonos es necesario _____ todos los nombres alfabéticamente.
3. Mi mamá siempre me _____ que no hable con desconocidos.
4. Soy su esclavo. Voy a hacer lo que Ud. me _____ .
5. Cuando alguien pone algo en orden, se puede decir que lo _____ .

LECTURA

Celestina
Silvina Ocampo

GRAMATICA

- The Subjunctive in Adjective Clauses
- The Subjunctive in Adverbial Clauses
- The Subjunctive in Single-clause Sentences

Resumen de estructuras

■ Present Subjunctive

Stem-changing Verbs

CERRAR (E → IE)		VOLVER (O → UE)	
cierre	cerremos	vuelva	volvamos
cierres	cerréis	vuelvas	volváis
cierre	cierren	vuelva	vuelvan

SENTIR (E → IE, I)		DORMIR (O → UE, U)		PEDIR (E → I, I)	
sienta	sintamos	duerma	durmamos	pida	pidamos
sientas	sintáis	duermas	durmáis	pidas	pidáis
sienta	sientan	duerma	duerman	pida	pidan

Note: Only **-ir** verbs have a stem change in the first and second person plural.

Irregular Verbs

1. Irregularities Based on Irregular First Person Singular Indicative

    Since the subjunctive is formed from a first person singular indicative stem, any irregularity in that person is maintained throughout the present subjunctive.

    caber: **quepa,** quepas, quepa, quepamos, quepáis, quepan; also:

caer: **caiga**	oír: **oiga**	salir: **salga**	valer: **valga**
decir: **diga**	oler: **huela**	tener: **tenga**	venir: **venga**
hacer: **haga**	poner: **ponga**	traer: **traiga**	ver: **vea**
jugar: **juegue**			

2. Other Irregularities

    dar: dé, des, dé, demos, déis, den
    estar: esté, estés, esté, estemos, estéis, estén
    haber: haya, hayas, haya, hayamos, hayáis, hayan

    ir: vaya, vayas, vaya, vayamos, vayáis, vayan
    saber: sepa, sepas, sepa, sepamos, sepáis, sepan
    ser: sea, seas, sea, seamos, seáis, sean

Spelling Change Verbs

- Verbs ending in **-car: c** → **qu** before **-e**
  buscar: busque, busques, busque,
       busquemos, busquéis, busquen
  also: acercar, colocar, comunicar, dedicar,
       equivocar, explicar, sacar, tocar
- Verbs ending in **-gar: g** → **gu** before **-e**
  llegar: llegue, llegues, llegue,
       lleguemos, lleguéis, lleguen
  also: castigar, colgar (ue), entregar,
       jugar (ue), pagar, rogar (ue)
- Verbs ending in **-zar: z** → **c** before **-e**
  cruzar: cruce, cruces, cruce,
       crucemos, crucéis, crucen
  also: alcanzar, almorzar (ue), comenzar (ie),
       empezar (ie), gozar, realizar, rezar, tropezar (ie)

- Verbs ending in **-cer, -cir: c** → **zc** before **-a**
  conducir: conduzca, conduzcas, conduzca,
       conduzcamos, conduzcáis, conduzcan
  also: conocer, obedecer, ofrecer, producir, traducir
- Verbs ending in **-ger, -gir: g** → **j** before **-a**
  coger: coja, cojas, coja, cojamos, cojáis, cojan
  also: corregir (i, i), dirigir
- Verbs ending in **-guir: gu** → **g** before **-a**
  distinguir: distinga, distingas, distinga,
       distingamos, distingáis, distingan
  also: conseguir (i, i), seguir (i, i)
- Verbs ending in **-uir** (except **-guir**) add **y** before **-a**
  construir: construya, construyas, construya,
       construyamos, construyáis, construyan
  also: destruir

Additional Written Accents

Some verbs ending in **-iar** and **-uar** require additional written accents: confiar: confíe, confíes, confíe, confiemos, confiéis, confíen; *also*: continuar, criar, enviar, fiar, guiar, variar.

Lectura

~~~~~~

*Silvina Ocampo, born in Buenos Aires in 1905, is best known for her poetry and short stories. Her most recent books include the poetic collections **Los nombres** (1953), **Lo amargo por dulce** (1962), and **Amarillo celeste** (1972). Her narrative works include **Las invitadas** (1961), **El pecado mortal** (1966), and **Los días de la noche** (1971). Many of her short stories have appeared in anthologies featuring the best contemporary fiction of Argentina.*

*Ocampo has a keen eye for nuances of personality, and often builds her characters around a single dominant personal trait or eccentricity. This focus enables her to create characters who become caricatures of well-known personality types. In **"Celestina,"** the author tells the story of a maid who is ghoulishly fascinated by disasters. In portraying the character Celestina, Ocampo produces a humorous caricature of the crisismonger who thrives on the misfortunes of others. Celestina's fate provides a perfect touch of irony for the story's comic ending.*

Celestina

Era la persona más importante de la casa. Manejaba° la cocina y las llaves de las alacenas.° Era necesario complacerla.

Para que fuera feliz,° había que darle malas noticias: esas noticias eran tónicos para su cuerpo, deleites° para su espíritu.

—Celestina, hay terremotos en Chile; maremotos también. Ciudades enteras han desaparecido. Los ríos se transforman en montañas, las montañas en ríos. Se desbordan,° se vienen abajo. Predicen el fin del mundo.

Celestina sonreía misteriosamente. Ella, que era tan pálida, se sonrojaba un poco.°

—¿Cuántos muertos? —preguntaba.

—Todavía no se sabe. Muchos han desaparecido.

—¿Podría mostrarme el diario?

Le mostrábamos el diario, con las fotografías de los desastres. Las guardaba sobre su corazón.

A veces, por increíble que parezca,° no hay malas noticias en los diarios. Es difícil, pero sucede. Entonces, hay que inventar crímenes, asaltos, muertes sobrenaturales, pestes,° movimientos sísmicos, naufragios,° accidentes de aviación o de tren, pero estas invenciones no satisfacen a Celestina. Mira con cara incrédula a su interlocutor.

Y llegó un día en que tuvimos sólo buenas noticias, y la imposibilidad de inventar malas noticias.

—¿Qué hacemos? —preguntaron Adela, Gertrudis y Ana.

—¿Buenas noticias? No hay que dárselas—dije, pues me había encariñado con° Celestina.

Glosses (right margin):
She managed
llaves... keys to the cupboards
Para... so that she would be happy
delights

Se... They are overflowing

se... took on a little color

por... as incredible as it may seem

plagues / shipwrecks

me... I had become fond of

—Algunas poquitas no le harán daño—dijeron.

—Por pocas que sean,° le harán daño—protesté—. Es capaz de cualquier cosa.

Nos secreteamos° en las puertas. ¡Aquel último accidente, horrible, que yo le había anunciado, la dejó tan contenta! Fui personalmente a ver el tren descarrilado,° a revisar los vagones en busca de un mechón de pelo,° de un brazo mutilado para describírselo.

Como si hubiera presentido° que estábamos preparándole una emboscada,° nos llamó.

—¿Qué hacen? ¿Qué están complotando, niñas?

—Tenemos una buena noticia—dijo Adela, cruelmente.

Celestina palideció, pero creyó que se trataba de una broma. El sillón de mimbre° donde estaba sentada crujió° debajo de su falda oscura.

—No te creo—dijo—. Sólo hay malas noticias en este mundo.

—Pues, no, Celestina. Los diarios están llenos de buenas noticias—dijo Ana, con los ojos brillantes—. De acuerdo con° las estadísticas, se han podido combatir eficazmente las peores enfermedades.

—Son cuentos—musitó° Celestina—. Y tú, con esa carita triste, ¿qué noticias me traes? —me dijo débilmente, con una última esperanza.

—Los crímenes han disminuido° notablemente—exclamó Adela.

—En cuanto a la leucemia,° es una historia antigua—musitó Gertrudis.

—Y yo gané a la lotería—dijo Ana diabólicamente, sacando un billete del bolsillo.

Esas voces agrias,° anunciando noticias alegres, no auguraban nada bueno.° Celestina cayó muerta.

Por... No matter how few they may be

Nos... We whispered

derailed / **mechón...** lock of hair

Como... As if she had foreseen
ambush

sillón... wicker chair / creaked

De... According to

muttered

han... have diminished
En... as for leukemia

sour

no... augured no good

Comprensión

¿Cierto o falso? Corrija las oraciones falsas.

1. Celestina es la persona más importante de la casa y las muchachas tienen que complacerla.
2. Le gusta oír buenas noticias.
3. Cuando oye malas noticias se pone pálida.
4. Celestina quiere que las muchachas le lean las malas noticias de los periódicos.
5. Cuando las muchachas inventan malas noticias, Celestina siempre las cree.
6. Celestina no cree que haya buenas noticias en el mundo.
7. Adela, Gertrudis y Ana le cuentan buenas noticias.
8. Celestina muere cuando oye las buenas noticias.

ANSWERS: 1. Cierto   2. Falso   3. Falso   4. Cierto   5. Falso   6. Cierto   7. Cierto
8. Cierto

Vocabulario

el **billete** *ticket*
complacer *to please*
el **cuento** *story*
el **desastre** *disaster*
el **diario** *daily newspaper*
hacer daño *to harm*

la **lotería** *lottery*
mostrar (ue) *to show, demonstrate*
muerto/a *dead person (noun); dead (past participle, adj.)*

las **noticias** *news*
sonreír *to smile*
el **terremoto** *earthquake*
tratarse de *to deal with, be a matter of*

Gramática

■ *The Subjunctive in Adjective Clauses*

The subjunctive is often used in dependent adjective clauses, which are introduced by the subordinator **que.** The entire clause functions as an adjective because it modifies a noun or pronoun in the main clause. The word modified by the clause is referred to as the antecedent.

Busco un abogado que hable español.

antecedent   subordinator

independent dependent
clause   clause

I'm looking for a lawyer . . .
(what kind of lawyer?)
. . . (one) that speaks Spanish.
(Clause functions as adjective.)

In addition, one of the following conditions must be met.

1. The subjunctive is used in dependent adjective clauses when the clause modifies an *indefinite* or *negative* antecedent or an antecedent *whose existence is questioned.*

   • Indefinite Antecedent

   Necesita un empleado que tenga experiencia en ventas.
   He needs an employee who has experience in sales.

   Busco un restaurante que prepare bien la paella.
   I'm looking for a restaurant that prepares paella well.

   • Negative Antecedent (See **Capítulo 12.**)

   No hay ningún coche que valga tanto dinero.
   There is no car that is worth that much money.

   No hay nadie que estudie más que yo.
   There is no one who studies more than I do.

   • Existence in Question

   ¿Hay alguien que pueda hacerlo?
   Is there someone who can do it?

   ¿Conoces a alguien que quiera el puesto?
   Do you know someone who may want the position?

   But:

   • Definite Antecedent

   Necesita al empleado que tiene experiencia en ventas.
   He needs the employee who has experience in sales.

• Affirmative Antecedent

Hay un coche que vale tanto dinero.
There is one car that is worth that much money.

• Existence Affirmed

Conozco a alguien que puede hacerlo.
I know someone who can do it.

An indefinite antecedent is frequently preceded by an indefinite article, but the presence of an indefinite article does not automatically indicate the use of the subjunctive. The criterion for using the subjunctive is the degree of ambiguity the speaker wishes to convey about the antecedent. Compare:

Busco un empleado que trabaje aquí.
I'm looking for an (any) employee who works here.

Busco a un empleado que trabaja aquí.
I'm looking for an (a certain one) employee who works here.

Note that, in the first example, the personal **a** (see **Capítulo 15**) is omitted, since the object of the verb in the main clause is not a specific person or persons. It is, however, used before **nadie, alguien, alguno,** and **ninguno** when they serve as the direct object of the verb.

Busco a alguien que pueda traducirme este documento.
I'm looking for someone who can translate this document for me.

¿No conoces a nadie que quiera trabajar como criada?
Don't you know anyone who wants to work as a maid?

2. The subjunctive may be used in dependent adjective clauses introduced by the *definite article* + **que** or **lo que.** If, however, the speaker is referring to a definite antecedent, the indicative is used.

• Definite article + **que**

Va a comprar los que $\left\{ \begin{array}{l} \text{estén} \\ \text{están} \end{array} \right\}$ en el escaparate.

She is going to buy $\left\{ \begin{array}{l} \text{whichever ones are} \\ \text{the ones that are} \end{array} \right\}$ *in the display case.*

• **Lo que**

Tienes que hacer lo que $\left\{ \begin{array}{l} \text{diga.} \\ \text{dice.} \end{array} \right\}$

You have to do $\left\{ \begin{array}{l} \text{whatever} \\ \text{what} \end{array} \right\}$ *he says.*

[Ejercicios A–E]

■ *The Subjunctive in Adverbial Clauses*

The subjunctive is often used in dependent adverbial clauses, which are introduced by conjunctions used as subordinators. The entire clause functions as an adverb because it modifies the main clause verb.

Vamos a salir cuando Juan llegue.
        ↓
     subordinator

independent   dependent
clause   clause

We are going to leave . . .
(when are we leaving?)
. . . when Juan arrives.
(Clause functions as adverb.)

In addition, one of the following conditions must be met.

1. The subjunctive is used in adverbial clauses expressing time when the time in the adverbial clause is future in relation to the time in the main clause. Adverbial time clauses are introduced by subordinators like the following:

   antes (de) que[1] *before*   hasta que *until*
   cuando *when*   mientras (que) *while*
   después (de) que *after*   para cuando *by the time*
   en cuanto *as soon as*   tan pronto como *as soon as*

   Celestina va a estar muy contenta cuando oiga las noticias.
   Celestina is going to be very happy when she hears the news.

   Le daremos las noticias en cuanto venga.
   We will tell her the news as soon as she comes.

   Mi hermano me va a llamar tan pronto como mamá me necesite.
   My brother is going to call me as soon as Mother needs me.

   Hagamos el trabajo antes de que vayamos al cine.
   Let's do the work before we go to the movie.

   The subjunctive is used in dependent clauses only when the main-clause action or event has not yet taken place. The main-clause verb is in the present or future tense, or uses the **ir** + **a** + *infinitive* structure, or is a command.

   If the main-clause action or event has already taken place, the indicative is used in the time clause. In this case, the main-clause verb will be in a past tense or in the conditional.

   Celestina estaba muy contenta cuando oyó las noticias.
   Celestina was very happy when she heard the news.

   For a more detailed explanation of subjunctive tense sequence, see **Capítulo 8** and **Capítulo 16.**

---

[1]The subjunctive is always used after **antes (de) que.**

2. The subjunctive is always used in adverbial clauses of manner introduced by the following subordinators:

a fin de que   *so that, in order that*   en caso (de) que   *in case*
a menos que   *unless*   para que   *so that, in order that*
a no ser que   *unless*   siempre que   *provided that*
con tal (de) que   *provided that*   sin que   *without*

Vamos a esperar en caso que llegue tarde.
We are going to wait in case she arrives late.

Siempre le das dinero sin que ella lo pida.
You always give her money without her asking for it.

Guardo el diario para que podamos mostrárselo a Celestina.
I'm saving the paper so that we can show it to Celestina.

[Ejercicios F–H]

3. The subjunctive is used in adverbial clauses introduced by the subordinator **aunque** (*although, even if, even though*) if the clause describes an uncertain or hypothetical action or situation. If the clause reports a definite action or established fact, the indicative is used.

No lo va a creer aunque lo lea en el periódico.
She's not going to believe it even if she reads it in the newspaper.

No lo creía aunque lo leyó en el periódico.
She didn't believe it even though she read it in the newspaper.

4. The subjunctive is used in adverbial clauses introduced by **por** + *adjective* / *adverb* + **que** (*no matter how* / *however . . .*).

Por increíble que parezca, no hay malas noticias en el diario.
No matter how incredible it may seem, there is no bad news in the paper.

Por pocas que sean, las buenas noticias le harán daño.
However few they may be, the good news will do her harm.

[Ejercicio I]

■ *The Subjunctive in Single-clause Sentences*

The subjunctive can be used in single-clause sentences after certain words that express doubt. It is always used after **ojalá (que)** (*I wish, I hope, would that*). It is usually used after **acaso, quizá(s),** and **tal vez** (*perhaps*).

Ojalá que gane la lotería.   *I hope I win the lottery.*
Acaso podamos ir mañana.   *Perhaps we can go tomorrow.*
Quizás tenga tiempo ahora.   *Perhaps he has time now.*
Tal vez esté enferma.   *Perhaps she is sick.*

[Ejercicios J–L]

Ejercicios

A. Cambie las siguientes oraciones según las indicaciones.

> MODELO   Quiero *el libro* que trata de la historia de España. (*un libro*)   →
> Quiero *un libro* que trate de la historia de España.

1. VISTA tiene un puesto para *el joven* que quiere trabajar en el barrio. (*un joven*)
2. *Es un* puesto que todos quieren. (*No hay ningún*)
3. Necesitan a *la joven* que puede empezar inmediatamente. (*una joven*)
4. El jefe busca *al traductor* que sabe la jerga del barrio. (*un traductor*)
5. Quieren hablar con *la chica* que conoce las costumbres de la gente. (*una chica*)
6. Los miembros de VISTA prefieren alojarse con *las familias* que viven en el barrio. (*unas familias*)
7. No deben alquilar *el apartamento* que tiene piscina. (*un apartamento*)
8. *Todos* conocen a *la mujer* que vende billetes de lotería. (*Nadie / ninguna mujer*)
9. El aspirante debe *estudiar los artefactos* que están hechos a mano. (*buscar artefactos*)
10. Siempre quieren comer en *ese restaurante* que sirve mole poblano. (*algún restaurante*)

B. Conteste las siguientes preguntas de dos maneras, empleando las palabras entre paréntesis en la cláusula subordinada.

> MODELO   ¿Qué quiere Ud. comprar? (la casa / una casa)   →
> Quiero comprar la casa que tiene un patio grande.
> Quiero comprar una casa que tenga una vista bonita.

1. ¿Qué piensa Ud. comprar? (el vestido / un traje)
2. ¿Qué quiere Ud. leer? (una novela / el diario)
3. ¿A quién busca Ud.? (un secretario / la secretaria)
4. ¿Qué necesita Ud.? (la abogada / un dentista)
5. ¿Qué busca Ud. para la oficina? (unas pinturas / los libros)
6. ¿Qué restaurante prefiere Ud.? (un restaurante / el restaurante)
7. ¿Qué noticias le gustan a Ud.? (las noticias / unas noticias)
8. ¿A quién quiere Ud. conocer? (una mujer / el hombre)

C. Cambie al negativo.

> MODELO   Hay gente que cree esto.   →   No hay nadie que crea esto.

1. Hay alguien que entiende el problema.
2. Hay una compañía que paga mejor.
3. Conozco a alguien que puede hacer la traducción.
4. Hay alguien que lo sabe todo.
5. Hay algo que puede ayudarnos.

D. Conteste las siguientes preguntas afirmativamente.

> MODELO   ¿Hay alguien que hable la jerga?   →   Sí, hay alguien que habla la jerga.

1. ¿Hay alguien que lo entienda?
2. ¿Conoces a alguien que tenga piscina?
3. ¿Hay un abogado que pueda ayudarnos?
4. ¿Se puede encontrar un diario que tenga buenas noticias?
5. ¿Hay tiendas que vendan sarapes en este barrio?

E. Use el presente de indicativo o de subjuntivo para decir qué vamos a hacer en estas situaciones.

1. Cuando jugamos a «Simón dice», tenemos que hacer lo que _____ (decir) el líder.
2. Papá me dijo que tengo que estudiar el álgebra y voy a hacer lo que _____ (decir).
3. Sé que hay tres revistas en el escritorio y una en la mesa. ¿Puedes traerme la que _____ (estar) en la mesa?
4. Antonio no sabe cuántas cartas hay en su apartado postal, pero quiere que yo le traiga las que _____ (quedar) allí.
5. Necesitamos mandar tres invitaciones más. Mañana vamos a enviar las que _____ (faltar).

F. Forme oraciones lógicas y completas combinando las palabras o frases de cada columna.

A	B
1. Vamos a esperar...	a. cuando oiga la noticia del naufragio.
2. El avión aterrizó bruscamente...	b. hasta que los ríos se desbordaron.
3. Voy a quedarme...	c. después de que mi esposa ganó la lotería.
4. Las muchachas inventaron crímenes y asaltos...	d. cuando el diario tuvo sólo buenas noticias.
5. Sonreí todo el día...	e. hasta que venga la policía.
6. Salgamos...	f. hasta que haya noticias del descarrilamiento del tren.
7. Llovió...	g. en cuanto termine el terremoto.
8. Celestina va a ponerse muy contenta...	h. tan pronto como despegó.

G. Complete las siguientes oraciones de una manera lógica usando las siguientes frases: **a menos que / con tal (de) que / sin que / en caso de que / para que.**

1. Le vamos a enviar los planes _____ pueda revisarlos.
2. Va a comprar el yate _____ su esposo reciba un aumento de sueldo.
3. Quiere comprarle un regalo a Marta _____ ella lo sepa.
4. Vamos a llevar un paraguas _____ llueva.
5. Dice que tiene que vender la casa _____ alguien le preste dinero.

H. **Una casa nueva.** Complete las oraciones con el presente de indicativo o de subjuntivo del verbo entre paréntesis, según el contexto.

1. Los Jiménez quieren una casa que _____ (*tener*) una cocina bien grande.
2. ¿Hay alguien que les _____ (*prestar*) el dinero para la casa?

3. Sus suegros (*in-laws*) les van a dar dinero para que _____ (*poder*) construir una casa nueva.
4. Quieren hablar con el arquitecto que _____ (*diseñar: to design*) casas de estilo colonial.
5. No hay nadie que _____ (*construir*) tantas casas como él.
6. Empecemos tan pronto como _____ (*llegar*) los obreros.
7. Vamos al sitio en cuanto _____ (*saber*) cuál de los lotes es el nuestro.
8. No pueden comenzar hasta que los ingenieros _____ (*terminar*) la inspección.
9. Alguien _____ (*deber*) avisar al electricista.
10. Voy a visitarlos cuando me _____ (*dar*) su nueva dirección.

I. ¿Qué le parece este empleo? Complete las oraciones para indicar su opinión de este puesto.

1. (No) Voy a llamar, aunque (*pagar*)...
2. Por bien educados que (*ser*)...
3. Aunque me (*dar*)..., no quiero limpiar...
4. Por mucho que (*necesitar*)...
5. Puede ser buena gente, aunque (*tener*)...

> SE BUSCA CRIADA
>
> Pareja profesional necesita criada para encargarse de una casa de tres pisos y ocho niños de 2 meses a 12 años, muy bien educados. Buen sueldo. Cuarto y baño privados. Se requieren recomendaciones. Llame al tel. 21-379.

J. Cambie las siguientes oraciones según las indicaciones.

MODELO   La primavera llega temprano. (*Ojalá*)   →
         Ojalá que la primavera llegue temprano.

1. Nosotros no nos dormimos en la clase. (*Ojalá*)
2. Mis amigos me devuelven los libros. (*Ojalá*)
3. El problema ya está resuelto. (*Tal vez*)
4. Los alumnos estudian toda la noche. (*Acaso*)
5. La educación vale mucho. (*Quizás*)
6. Los estudiantes viven en el centro. (*Acaso*)
7. Se trata de mi amiga. (*Quizás*)
8. Hacemos el trabajo durante las vacaciones. (*Tal vez*)
9. No caben todos en el Volkswagen. (*Quizás*)
10. Me gradúo este junio. (*Tal vez*)

K. Exprese en español.

1. My parents have a house that has three bedrooms.
   They need a house that has five bedrooms and three bathrooms.
2. I want to eat all the tacos (whichever ones) that are on the table.
   I'm going to eat the two tacos that are on my plate.
3. There isn't anyone who can eat fifty tacos.
   Pablo can eat fifty tacos when he's hungry.
   I can't eat fifty tacos even though I'm very hungry.

4. We began to eat when they arrived.
   We will begin to eat when they arrive.
5. They will buy the lottery tickets as soon as the office opens.
   They bought the lottery tickets as soon as the office opened.
6. I'm looking for Mr. González, the cook.
   I'm looking for someone who knows Mr. González.
7. They're going to offer the job to a waiter who speaks Spanish.
   They're going to give the job to the only waiter who speaks Spanish.
8. Is there anyone here who plays tennis?
   Yes, but there's no one here who plays well.
9. He closed the restaurant as soon as we left.
   He's going to close the café as soon as we leave.
10. You'll need a passport when you go to Europe.
    I needed a passport when I went to Europe.

L. **Ensayo/Conversación.** Imagínese que Ud. es reportero/a de un diario. ¿Qué noticias quiere Ud. enfocar? Escriba un ensayo o dé un discurso usando las siguientes preguntas como guía.

PRIMER PARRAFO

¿De qué tratan las noticias actuales (*current*) más importantes? ¿de las guerras? ¿de la economía? ¿de los desastres naturales? ¿de las muertes accidentales?

SEGUNDO PARRAFO

¿Es verdad que las noticias malas complacen a la gente? ¿Es necesario que sepamos todo lo malo que pasa en el mundo? ¿Es cierto que los diarios ponen demasiado énfasis en las malas noticias? ¿en los escándalos? ¿Lo hacen para vender más periódicos? ¿con otra intención? ¿Van a continuar así hasta que se queje la gente? ¿Por qué cree Ud. que le gusta tanto a la gente saber de las desgracias de otras personas?

TERCER PARRAFO

En el diario donde Ud. trabaja como reportero/a, ¿en qué se enfocan las noticias? ¿en los acontecimientos mundiales? ¿regionales? ¿locales? ¿en los deportes? ¿en las artes? ¿en los asuntos financieros? ¿en los anuncios? ¿en otra cosa? ¿Cree Ud. que se mantiene un balance justo?

CUARTO PARRAFO

Cuando Ud. llegue a ser redactor(a) (*editor*) de ese diario, ¿qué va a cambiar? ¿Por qué? ¿Le importa dirigir una publicación que diga toda la verdad? ¿que se dedique a la investigación política? ¿que dé noticias de lo que pasa en el extranjero? ¿que publique las mejores tiras cómicas (*comic strips*)? ¿Qué tipo de reporteros va a buscar? ¿Qué noticias va a poner en la portada (*front page*)? ¿en la contraportada (*back page*)? ¿Qué va a hacer para que todo el mundo lea su diario? ¿Es probable que su diario salga siempre lleno de buenas noticias?

Temas para libre expresión

■ Temas literarios

A. Una caricatura es una pintura o una descripción verbal que exagera ciertas características. Tal exageración crea una figura cómica. En el cuento «Celestina», Silvina Ocampo crea una caricatura.

1. ¿Qué aspectos de la personalidad de Celestina exagera Silvina Ocampo?
2. ¿Hay elementos caricaturescos en la presentación de las muchachas? Explique.

La ironía resulta cuando alguien describe algo o alguien en una forma opuesta a lo que normalmente esperamos. En las normas de Julio Camba (**Capítulo 1**), hay ironía cuando le recomienda al invitado que pida el vino más caro. (El invitado cortés en realidad debe pedir algo más barato.) Silvina Ocampo también usa la ironía en «Celestina».

3. ¿Por qué es irónica la reacción de Celestina cuando oye las malas noticias?
4. ¿Por qué es irónico el final del cuento?

B. Escoja Ud. las líneas de «Celestina» que le parezcan más cómicas y explique por qué cree Ud. que son cómicas. ¿Son irónicas? ¿Crean una caricatura? ¿Crean una imagen visual que es cómica?

C. Escriba un diálogo de unas diez oraciones entre Adela y Celestina. Adela le está contando a Celestina las noticias de un terremoto que acaba de ocurrir en Guatemala. ¿Qué dice Adela? ¿Cómo responde Celestina? ¿Qué preguntas le hace Celestina?

■ Temas personales

A. Describa un día de su vida, relatando todos los sucesos importantes que ocurrieron y lo que Ud. hizo. Preséntese haciendo una caricatura de Ud. mismo/a exagerando una de sus características. Por ejemplo:

- Ud. come *junk food* cuando no está contento/a.
- Ud. siempre pospone el trabajo o las decisiones importantes.
- Ud. gasta dinero para olvidarse de sus problemas.
- Ud. es muy tacaño/a (*stingy*) y nunca quiere gastar dinero.

B. Muchos personajes de las tiras cómicas son caricaturas. Piense, por ejemplo, en Ziggy, los personajes de «Peanuts», el gato Garfield, Beetle Bailey, Snuffy Smith, etcétera. Escoja un personaje de las tiras cómicas y diga por qué es una caricatura.

1. Cómo se manifiesta la caricatura en los dibujos? (Ejemplo: El gato Garfield es muy gordo porque es una caricatura del goloso.)
2. ¿Qué características del personaje subraya el artista/escritor para crear la caricatura?

Estudio de palabras

Both **ser** and **estar** mean *to be,* but they are not interchangeable in Spanish.

A. **Ser** is used for the following purposes:

   1. with predicate nominatives that identify the subject

      Martín es abogado.   *Martín is a lawyer.*
      Silvia es peruana.   *Silvia is Peruvian.*

   2. to tell time and to express dates

      Es la una.   *It is one o'clock.*
      Son las tres.   *It is three o'clock.*
      Es el cuatro de julio.   *It is the fourth of July.*

   3. with the proposition **de** to express origin, possession or the material of which something is made

      María es de Cuba.   *Mary is from Cuba.*
      El reloj es de Carlos. (Es el reloj de Carlos.)   *It is Carlos's watch.*
      La blusa es de seda.   *The blouse is silk.*

   4. to form impersonal expressions such as **es importante, es posible,** and so on

      Es importante seguir la receta.   *It is important to follow the recipe.*

   5. to express *to be* meaning *to take place*

      La reunión es a las siete.   *The meeting is at seven o'clock.*

   6. with the past participle to form the passive voice (See **Capítulo 10.**)

      El *Quijote* fue escrito por Cervantes.   *The* Quijote *was written by Cervantes.*

B. **Estar** is used:

   1. to express location

      Estamos en la sala de clase.   *We are in the classroom.*
      Carlos está en Chile.   *Carlos is in Chile.*

2. with the past participle used as adjective (See **Capítulo 10.**)
When used with the past participle, **estar** often describes a condition that results from a previous action.

Pepe está preocupado. *Pepe is worried.*
Elena está deprimida. *Elena is depressed.*
El trabajo ya está hecho. *The work is already done.*
(Juan lo hizo.)
Las cartas ya están escritas. *The letters are already written.*
(María las escribió.)

3. with the present participle to form the progressive tenses (See **Capítulo 14.**)
Paco está comiendo el desayuno. *Paco is eating breakfast.*

C. Either **ser** or **estar** may be used with descriptive adjectives, but the use of one verb rather than the other always produces a change in meaning.

Ser is used to describe conditions that are inherent and thus not subject to change.

El sombrero es negro. *The hat is black.*
El Perú es montañoso. *Peru is mountainous.*

Estar is used to express conditions that are variable or represent a change from the norm. Sometimes a different English verb like *to look, to seem, to taste,* or *to feel* can translate **estar** in this usage.

Paco está enfermo. *Paco is (feels) sick.*
Felipe está contento. *Felipe is (seems) content.*
La paella está buena. *The paella is (tastes) good.*

In some cases either verb may be used, but always with a substantial change in meaning.

SER	ESTAR
María es pálida.	María está pálida.
Mary is pale (has a pale complexion).	*Mary looks pale.*
Felipe es feliz.	Felipe está feliz.
Felipe is happy (by nature).	*Felipe seems happy.*
La sopa es buena.	La sopa está buena.
Soup is good.	*The soup tastes good.*
El paisaje de Egipto es seco.	El paisaje está seco.
The countryside of Egypt is dry (semi-arid).	*The countryside looks (seems unusually) dry.*
Paco es gordo.	Paco está gordo.
Paco is fat. (He is a fat boy.)	*Paco looks (unusually) fat.*

Some adjectives have completely different meanings when used with **ser** or **estar.** For example:

Juan es listo.	Juan está listo.
John is clever.	*John is ready.*
Juan es aburrido.	Juan está aburrido.
John is boring.	*John is bored.*
Juan es malo.	Juan está malo.
John is bad (evil).	*John is sick.*

Note: adjectives like **joven, pobre,** and **rico** are generally used with **ser.** Even though these conditions may change in the long term (the young man will be old), they are considered inherent characteristics at the moment of description.

The adjectives **vivo** and **muerto** are always used with **estar.**

Ejercicios

A. Dé oraciones nuevas según las palabras entre paréntesis.

1. Julia es *de España.* *(en España, cortés, aquí, morena, joven, preocupada, enferma, española)*
2. Marco está *aburrido.* *(francés, bien, inteligente, pobre, rubio, en la clase, abogado, muerto)*

B. Con otros estudiantes, haga y conteste preguntas según los modelos. Uno de los estudiantes debe contestar cada pregunta.

MODELOS	¿Es Ud. moreno/a?	¿Está Ud. cansado/a?
	¿Son Uds. morenos/as?	¿Están Uds. cansados/as?
	¿Eres moreno/a?	¿Estás cansado/a?

ADJETIVOS Y FRASES UTILES

pobre	delgado	listo	en los Estados Unidos
listo	egoísta	deprimido	muerto
joven	simpático	aburrido	de buen (mal) humor
rico	aburrido	contento	en la biblioteca
rubio	español	enfermo	feliz
moreno	estudiante	bien	en la clase
inteligente	de California	mal	preocupado

C. Complete la siguiente narración con la forma correcta de **ser** o **estar.**

Marta y María _____ gemelas. _____ de Honduras pero _____ en Miami de vacaciones visitando a su abuelo, que _____ cubano pero que vive ahora en Miami donde _____ dueño de una tienda. Cuando compran cosas en la tienda del abuelo, las chicas _____ muy contentas porque los precios en Miami _____ más bajos. Dicen que cuando _____ en Honduras no pueden comprar tanto. El abuelo se ríe. Sabe que en realidad los precios no _____ tan bajos. El se lo vende todo muy barato a las niñas porque _____ sus nietas.

CAPITULO 3

Resumen de estructuras

■ Descriptive Adjectives: Comparative and Superlative Forms

	POSITIVE	COMPARATIVE	SUPERLATIVE
A. Comparison of Adjectives:	interesante	más menos } interesante (que)	el _____ más interesante (de)
B. Comparison of Equality:	tan interesante como		
C. Absolute Superlative:			muy interesante interesantísimo

■ Limiting Adjectives: Possessives

SHORT (UNSTRESSED) FORMS	LONG (STRESSED) FORMS	POSSESSIVE PRONOUNS
mi, mis *my*	mío/a, míos/as *my, of mine*	el mío, la mía, los míos, las mías *mine*
tu, tus *your (fam.)*	tuyo/a, tuyos/as *your (fam.), of yours*	el tuyo, la tuya, los tuyos, las tuyas *yours (fam.)*
su, sus *his, her, its, your (form.)*	suyo/a, suyos/as *(of) his, hers, its, yours (form.)*	el suyo, la suya, *his, hers, its, yours* los suyos, las suyas *(form.)*
nuestro/a, nuestros/as *our*	nuestro/a, nuestros/as *our, of ours*	el nuestro, la nuestra, los nuestros, las nuestras *ours*
vuestro/a, vuestros/as *your*	vuestro/a, vuestros/as *your, of yours (fam.)*	el vuestro, la vuestra, los vuestros, las vuestras *yours*
su, sus *their, your (form.)*	suyo/a, suyos/as *their, of theirs, your, of yours (form.)*	el suyo, la suya, *theirs, yours* los suyos, las suyas *(form.)*

■ Limiting Adjectives: Demonstratives

DEMONSTRATIVE ADJECTIVES	DEMONSTRATIVE PRONOUNS	NEUTER DEMONSTRATIVES
este/a *this*	éste/a *this (one)*	esto
ese/a *that*	ése/a *that (one)*	eso
aquel(la) *that (over there)*	aquél(la) *that (one) (over there)*	aquello
estos/as *these*	éstos/as *these (ones)*	
esos/as *those*	ésos/as *those (ones)*	
aquellos/as *those (over there)*	aquéllos/as *those (ones) (over there)*	

Lectura

Ramón Gómez de la Serna was born in Madrid in 1888. He published his first book at the age of sixteen and for the next fifty-nine years, until his death in 1963, he was one of Spain's best-known and best-loved writers. The sheer volume of his literary production is staggering. He wrote newspaper articles, essays, dramas, pantomimes, biographies, novels, and short stories. Gómez de la Serna's creative use of metaphor and his whimsical sense of humor dominate all of his writings, but are perhaps most powerfully revealed in his **greguerías.**

Gómez de la Serna invented the **greguería** *in 1910 and remained fascinated by its expressive possibilities for the rest of his life. He ultimately wrote thousands of* **greguerías** *and considered them to be his most original mode of expression. Ramón defined the* **greguería** *succinctly as "humor + metaphor =* **greguería.**" *The* **greguerías** *all reveal several consistent characteristics: they are always based on images (usually metaphors); they are short; they are self-contained; and they all surprise the reader with a concept that is often humorous.*

Greguerías

El cerebro es un paquete de ideas arrugadas° que llevamos en la cabeza.   wrinkled

Las cenizas de cigarro° que quedan entre las páginas de los libros son la mejor imagen de lo que quedó en ellos de la vida del que los leyó.   **cenizas**... cigarette ashes

El pez más difícil de pescar es el jabón dentro del baño.

Son más largas las calles de noche que de día.

Las gallinas del futuro serán tan educadas° que pondrán sus huevos en hueveras.°   **tan**... so well trained   egg cups

Los peluqueros de señoras con psicología de seductores dicen a todas en la soledad: «¡No he visto un pelo° como el suyo!»   **un**... a head of hair

Cuando duerme la mujer, su cabellera es medusa° del mar del sueño.   jellyfish

El mejor destino que hay es el de «Supervisor de nubes» acostado en una hamaca mirando al cielo.

El jardín esconde en su pecho las violetas.

Hay rosas color sangre que parecen haberse herido° con sus propias espinas.°   **parecen**... seem to have wounded themselves   thorns

Las rosas rompen sus cartas de amor.

Al ponernos al oído aquella caracola° escuchábamos ruido de mar y gritos de náufragos.°   sea shell   shipwrecked men

El cisne° mete la cabeza debajo del agua para ver si hay ladrones debajo de la cama.   swan

Comprensión

¿Cierto o falso? Corrija las oraciones falsas.

1. El cerebro es un paquete de ideas.
2. El jabón en el baño es como un paquete que flota.
3. De noche las calles parecen más largas de lo que son.
4. En el futuro las gallinas no van a poner huevos.
5. La cabellera de una mujer se parece al mar.
6. La caracola contiene los sonidos del mar.
7. La rosa no se asocia con el amor.
8. El cisne nunca mete la cabeza debajo del agua.

ANSWERS: 1. Cierto 2. Falso 3. Cierto 4. Falso 5. Falso 6. Cierto 7. Falso
  8. Falso

Vocabulario

la **cabellera** *long hair*	el **paquete** *package*	el **pez** *fish*
la **imagen** *image*	el **pecho** *breast*	la **soledad** *solitude, seclusion*
el **ladrón,** la **ladrona** *thief*	el **pelo** *hair*	el **sueño** *dream*
el **mar** *sea*	**pescar** *to fish*	

Gramática

■ Descriptive Adjectives: Comparative and Superlative Forms[1]

Descriptive adjectives show comparison. There are three degrees of comparison: the positive, the comparative, and the superlative. Most English adjectives are compared by adding *-er* (comparative) and *-est* (superlative) to the positive (base) form or by placing *more* or *less* (comparative) and *most* or *least* (superlative) before the positive form.

POSITIVE	COMPARATIVE	SUPERLATIVE
pretty	prett*ier*	prett*iest*
	less pretty	*least* pretty
interesting	*more* interesting	*most* interesting
	less interesting	*least* interesting

A. Regular Comparisons of Inequality: Comparative and Superlative

In Spanish, comparisons of inequality are formed by placing **más** (*more*) or **menos** (*less*) before the positive form.

POSITIVE   COMPARATIVE   SUPERLATIVE

simpático   más menos } simpático (que)   el (*noun*) más menos } simpático

The superlative form of the adjective is the same as the comparative, but the noun is preceded by the definite article.

POSITIVE: María es simpática.   *Mary is nice.*
COMPARATIVE: María es más simpática que Ana.   *Mary is nicer than Ana.*
SUPERLATIVE: María es la alumna más simpática de la clase.   *Mary is the nicest student in the class.*

Note the following:

1. The regular comparative and superlative forms of descriptive adjectives usually follow the noun they modify.

2. In comparisons, *than* is expressed by **que.** Exception: before numbers *than* is expressed by **de** rather than **que.**

   Hay más de quince dólares aquí.
   There are more than fifteen dollars here.

---

[1]For position and agreement of descriptive adjectives, see **Estructuras básicas.**

3. **De** is used to give the information *superlative of what* or *in what category*: **la alumna más simpática de la clase.**

4. If the noun is deleted from the superlative construction, the adjective is nominalized in the superlative degree.

María es la (alumna) más simpática de la clase.
María es la más simpática de la clase.
Mary is the nicest one in the class.

B. Irregular Comparisons of Inequality

These adjectives have both regular and irregular comparative forms: **bueno, malo, grande, pequeño.**

REGULAR		IRREGULAR	
(el) más bueno	*better, best*	(el) mejor	*better, best*
(el) más malo	*worse, worst*	(el) peor	*worse, worst*
(el) más grande	*bigger, biggest; greater, greatest*	(el) mayor	*older, oldest; also: bigger, biggest; greater, greatest*
(el) más pequeño	*smaller, smallest*	(el) menor	*younger, youngest; also: smaller, smallest*

The regular comparative forms of **grande** and **pequeño** refer only to the physical size of a person or thing. **Mayor** and **menor** usually refer to the age of a person, although they may also refer to size, particularly with abstract nouns.

El hombre más grande es boxeador.   *The biggest man is a boxer.*
El hijo mayor es médico.   *The oldest son is a doctor.*
La hija menor estudia medicina también.   *The youngest daughter studies medicine too.*
El mayor problema de hoy es la pobreza.   *Today's greatest problem is poverty.*

When irregular comparisons are used, they often precede the noun they modify.

Es el mejor método de todos.   *It is the best method of all.*

[Ejercicios A–E]

C. Comparisons of Equality

In English, comparisons of equality are expressed with this formula: *Raúl is **as** tall **as** Pablo.* Spanish expresses the comparison of equality with the formula **tan... como.**

Raúl es tan alto como Pablo.   *Raul is as tall as Pablo.*

[Ejercicio F]

D. The Absolute Superlative

The absolute superlative is used to indicate a high degree of a particular quality, without directly comparing the noun described to anything else. English expresses the absolute superlative by using the adverbs *very* or *extremely* to modify the adjective: **very** *interesting*, **extremely** *interesting*. Spanish expresses the absolute superlative in a variety of ways.

1. **muy** + *adjective*

   Don Francisco es muy viejo.　　*Don Francisco is very old.*
   Carmen es muy inteligente.　　*Carmen is very intelligent.*

   This same effect may be achieved by replacing **muy** with other adverbs such as **sumamente** (*extremely*) or **notablemente** (*remarkably, notably*).

   Carmen es sumamente inteligente.　　*Carmen is extremely intelligent.*

2. **-ísimo/a, -ísimos/as**

   Carmen es inteligentísima.　　*Carmen is very intelligent.*

   Note:

   - The suffix **-ísimo** (**-a, -os, -as**) is attached directly to adjectives ending in a consonant.

     fácil　→　facil**ísimo**　*very easy*

   - Adjectives ending in a vowel drop the final vowel before adding **-ísimo.**

     bueno　→　buen**ísimo**　*very good*

   - Adjectives with a written accent drop the accent when **-ísimo** is added.

     fácil　→　facil**ísimo**　*very easy*　　difícil　→　dificil**ísimo**　*very difficult*

   - Adjectives ending **-ble** change **-ble** to **-bil** before adding **-ísimo.**

     amable　→　amabil**ísimo**　*very nice*

   - Other orthographic changes include the following:

     c → qu　　　　poco　→　po**qu**ísimo　*very little*
     g → gu　　　　largo　→　lar**gu**ísimo　*very long*
     z → c　　　　feliz　→　feli**c**ísimo　*very happy*

                                                                    [Ejercicio G]

■ *Limiting Adjectives: Possessives*

Descriptive adjectives describe some characteristic of the noun they modify. Limiting adjectives do not describe but rather distinguish one noun from another: **my** *book* rather than **your** *book*, **this** *book* rather than **that** *book*, and so on.

A. **Possessive Adjectives: Short (Unstressed) Forms**

1. The short forms of the possessive adjectives precede the noun they modify, and agree with the noun they modify in number and gender. Note that they agree with the thing possessed, not with the possessor.

Mis parientes están aquí.   *My relatives are here.*
Nuestras primas son menores.   *Our cousins are younger.*
Su madre es chilena.   *His mother is Chilean.*

2. Since the possessive adjective **su** has several possible equivalents *(his, her, your, their)*, it is sometimes replaced by this construction: *definite article + noun +* **de.**

His car is here. $\left\{\begin{array}{l}\text{Su auto está aquí.}\\\text{El auto de él está aquí.}\end{array}\right.$

Her book is here. $\left\{\begin{array}{l}\text{Su libro está aquí.}\\\text{El libro de ella está aquí.}\end{array}\right.$

3. The definite article rather than the possessive is frequently used with parts of the body and articles of clothing. The possessive adjective *is* used, however, if parts of the body or articles of clothing serve as the subject of the sentence or if there is any ambiguity concerning the possessor.

Voy a ponerme el abrigo.   *I'm going to put on my coat.*
Tengo las manos muy grandes.   *My hands are very large.*

But:

Mis manos son muy grandes.   *My hands are very large.*
Papá dice que mis manos son muy grandes.   *Father says my hands are very large.*

[Ejercicio H]

B. Possessive Adjectives: Long (Stressed) Forms

1. The long forms of the possessive adjectives always follow the noun they modify. Like the short forms, they agree with the noun (the thing possessed) in number and gender.

Son cartas mías.   *They are my letters.*
Ellos traen los discos suyos.   *They are bringing their records.*
Tengo la bufanda mía.   *I have my scarf.*

2. Stressed possessive adjectives have several possible English equivalents.

Es vecina mía.   *She is **my** neighbor.*
Es una vecina mía.   *She is a neighbor **of mine.***

The *of (mine, yours,* etc.) equivalent corresponds to Spanish indefinite article (**un, una, unos, unas**) *+ noun + possessive.* The Spanish *noun + stressed possessive* (without article) is equivalent to the English emphatic use of the possessive adjective.

3. **Suyo** (like **su**) can have several possible equivalents. Its meaning can be clarified by replacing it with the *definite article + noun + de* construction.

I know a friend of yours. $\left\{\begin{array}{l}\text{Conozco a una amiga suya.}\\\text{Conozco a una amiga de Ud.}\end{array}\right.$

I know a friend of theirs. { Conozco a una amiga suya.
Conozco a una amiga de ellos.

C. Using Long or Short Forms

The literal meaning of phrases formed with long (stressed) or short (unstressed) possessive adjectives is the same.

Mi sueño fue horrible.
El sueño mío fue horrible. } *My dream was horrible.*

There is, however, a difference in emphasis. This emphasis is often conveyed in English by means of voice intonation. Phrases formed with the unstressed possessive + noun emphasize the noun.

Mi bolígrafo está aquí; mi lápiz, no.
*My **pen** is here; my **pencil** isn't.*

Phrases formed with the stressed possessive + noun emphasize the possessive.

El sombrero mío está aquí. El sombrero tuyo está allí.
***My** hat is here. **Your** hat is over there.*

D. Pronominalization of Stressed Possessive Adjectives

1. The possessive pronouns are formed by using the definite article with the possessive adjectives.

   Tengo los billetes míos. *I have my tickets. (stressed possessive adjective)*
   Tengo los míos. *I have mine. (possessive pronoun)*

2. After the verb **ser,** the definite article is usually omitted.

   ¿Son tuyos estos billetes? *Are these tickets yours?*
   Sí, son míos. *Yes, they are mine.*

3. When the stressed forms are preceded by the neuter **lo,** they take on an abstract meaning.

   Siempre se queja de lo suyo.
   He always complains about what concerns him (his situation, problems).

   Lo nuestro siempre nos parece mejor.
   What is ours (our way of doing things) always seems better to us.

   [Ejercicios I–K]

■ *Limiting Adjectives: Demonstratives*

Demonstratives point out the noun to which the speaker is referring. In English the demonstratives are *this, that, these,* and *those.* English *this* and *these* refer to objects that are near the speaker, while *that* and *those* refer to objects that are farther away. Spanish also observes this distinction, but adds a third concept of distance.

A. Demonstrative Adjectives

este, esta *this* estos, estas *these*	objects near the speaker or closely associated with him
ese, esa *that* esos, esas *those*	objects near the person spoken to or closely associated with him
aquel, aquella *that* aquellos, aquellas *those*	objects far away from both speaker and person spoken to

Note that the **aquel** forms convey a greater distance in space than the **ese** forms. They may also indicate remoteness (as in time) with no reference to real space.

En aquella época todos llevaron una vida más sencilla.
At that time everyone led a simpler life.

All demonstrative adjectives agree in number and gender with the noun they modify. They usually precede the noun: **esta imagen, ese ladrón, aquellos peces.** They may, however, follow the noun they modify. In this case the definite article precedes the noun, and a slightly negative connotation is conveyed.

La mujer esa es muy parlanchina.   *That woman is very talkative.*

B. Pronominalization of Demonstrative Adjectives

When the noun modified by a demonstrative adjective is deleted, the demonstrative adjective becomes a demonstrative pronoun. All pronouns have a written accent on the first **e.** The pronoun retains the same number and gender as the word to which it refers.

Creo que ese paquete es mío.   *I think that package is mine.*
Creo que ése es mío.   *I think that one is mine.*
Aquellos poemas fueron escritos en árabe.   *Those poems were written in Arabic.*
Aquéllos fueron escritos in árabe.   *Those were written in Arabic.*

[Ejercicios L–N]

C. Expressing *the former* and *the latter*

The *éste* and *aquél* forms express the latter (*éste*) and the former (*aquél*).

Margarita y Consuelo son estudiantes; ésta es de México y aquélla es de Colombia.
Margarita and Consuelo are students: the latter (Consuelo) is from Mexico and the former (Margarita) is from Colombia.

Note that Spanish reverses the order in which the two are mentioned.

D. Neuter Demonstratives

The neuter demonstrative pronouns **esto, eso,** and **aquello** are used to refer to an unidentified object or to a previously mentioned situation or idea. They have no written accents.

Me dice que está enfermo, pero yo no creo eso.
He tells me that he's sick, but I don't believe that.

¿Qué es esto?
What is this?

[Ejercicios O–R]

Ejercicios

A. Dé oraciones nuevas según las palabras entre paréntesis.

MODELO *Ana* es más trabajadora que Pablo. (*sus hermanos*) →
Sus hermanos son más trabajadores que Pablo.

1. *Los edificios* son más altos que la casa. (*la torre, los árboles, el hotel*)
2. *Julia* es menos amable que María. (*las otras chicas, Ernesto, sus otros hijos*)
3. *Leo* es más bajo que Carlos. (*las niñas, Amalia, su hijo mayor*)
4. *Juana* es mayor que Pablo. (*su hermano, todos los primos, sus hijas*)
5. *La película* es mejor que la novela. (*el drama, los cuentos, la verdadera historia*)

B. Forme comparaciones de igualdad, empleando las siguientes palabras y añadiendo las que faltan.

MODELO Alicia / simpático / primas →
Alicia es más simpática que las (sus) primas.

1. ministro / poderoso / rey
2. crema / rico / leche
3. cisnes (*swans*) / hermoso / patos
4. greguerías / cómico / ejercicios
5. sueños / interesante / realidad

C. ¿Sabe Ud. algo de geografía universal? Complete las siguientes oraciones, expresando en español las palabras entre paréntesis.

1. (*the biggest city*) Nueva York es _____ de los Estados Unidos.
2. (*the most famous street*) Broadway es _____ de Nueva York.
3. (*the highest mountains*) Los Andes son _____ de la América del Sur.
4. (*the longest river*) El Amazonas es _____ del hemisferio occidental.
5. (*the smallest country*) Mónaco es _____ del mundo.

D. **Noticias del mundo—titulares de hoy.** Complete las noticias con **de** o **que** según el contexto.

1. Anoche más _____ veinte personas murieron en el incendio del Hotel Central.
2. Nuevas investigaciones indican que a los jóvenes les gusta el *rock* más _____ el *jazz*.
3. La ciudad de México tiene ahora más _____ doce millones de habitantes.
4. Según algunos estudiantes del M. I. T., el cálculo es menos difícil _____ el álgebra.
5. De acuerdo con las últimas estadísticas, menos _____ el 40 por ciento de los votantes registrados votan en las elecciones municipales.

E. **Entre parientes.** Describa a los jóvenes de la familia Gómez, completando las siguientes oraciones con comparaciones. Use las formas regulares o irregulares según el contexto.

1. Pedro mide un metro 65 centímetros; su primo Roberto mide un metro 65 centímetros. Pedro es _____ que Roberto; Roberto es _____ que Pedro.
2. Consuelo tiene veinte años; su hermana Anita tiene dieciséis años. Consuelo es _____ que Anita; es la hija _____ de la familia; Anita es _____ que Consuelo; es la hija _____ de los Gómez.
3. Raúl es un chico muy bueno y estudioso; su hermanito es mal educado y perezoso. Raúl es _____ que su hermanito.

F. Forme comparaciones de igualdad, combinando las siguientes oraciones según el modelo.

MODELO Este anillo es muy caro. Ese broche es muy caro también. →
Este anillo es tan caro como ese broche.

1. Esos chicos son muy flacos. Mis hermanos son flacos también.
2. El profesor Ixta es muy inteligente. Yo soy muy inteligente también.
3. Yo soy muy preguntón (preguntona). Los consejeros son muy preguntones también.
4. Los anfitriones están contentos. Los invitados están muy contentos también.
5. Alicia es muy rubia. Su mamá es rubia también.

G. **Horas extraordinarias** (*Overtime*). Cambie los adjetivos indicados al superlativo absoluto con **-ísimo.**

MODELO Este trabajo es *aburrido.* → Este trabajo es *aburridísimo.*

1. Nos queda *muy poco* tiempo para terminarlo.
2. Esta idea de trabajar doce horas no es buena; es *muy mala.*
3. Hoy va a ser un día *interesante...* y *largo.*
4. Ojalá que la conferencia sea *muy buena* y que conozcamos a *muchos* clientes nuevos.
5. Nuestra jefa es *simpática* e *inteligente.*
6. Está *muy feliz* en su puesto.
7. Nos traen café y pasteles *muy ricos* para animarnos.
8. Antes las computadoras eran *grandes* y *ruidosas;* ahora son *pequeñas* y *silenciosas.* Pero... todavía hay demasiado trabajo.
9. El portero es *amable* y *valiente.*
10. Al salir por la noche, la calle nos parece *muy larga.*

H. Dé oraciones nuevas según las palabras entre paréntesis. Haga todos los cambios necesarios.

MODELO *Yo* siempre asisto a *mis* clases. (*él*) → *Él* siempre asiste a *sus* clases.

1. *Yo* voy a limpiar *mi* cuarto. (*Ud., tú, ellos, nosotros, José, Uds.*)
2. *Uds.* venden *su* casa, ¿no? (*Paco, tú, Ud., ellos, ella*)
3. *Ella* saluda a *sus* amigos. (*nosotros, tú, Jaime y Francisco, él, Uds., yo*)

I. Ahora repita el ejercicio anterior, sustituyendo la forma corta (átona) por la forma larga (tónica) del adjetivo posesivo.

MODELO   Yo siempre asisto a mis clases. → Yo siempre asisto a las clases mías.
                                             El siempre asiste a las clases suyas.

J. **En el teatro.** Conteste las siguientes preguntas, cambiando las frases con **de** a la forma correcta del pronombre posesivo **suyo.**

MODELOS   Este dinero es *de Alfredo,* ¿verdad? → Sí, es suyo.
                   ¿Esos asientos son *de la familia Aguilar?* → Sí, son suyos.

1. ¿Dónde está el asiento *de Emma?*
2. Nuestros amigos no van al concierto, pero... ¿los amigos *de Marcos?*
3. ¿Sabe Ud. dónde están las entradas *de él?*
4. ¿No tiene Ud. el boleto *de Lupe?*
5. ¿Es *de ella* este par de gemelos de teatro (*opera glasses*)?

K. Conteste las siguientes preguntas, usando la forma apropiada del adjetivo posesivo.

1. —¿Pongo este pez tropical en mi acuario o en el que está en la universidad?
   —Póngalo aquí en el acuario _____ .
2. —¿Es más largo el pelo de Lupita o el pelo mío?
   —El pelo _____ es larguísimo. Es mucho más largo que el de ella.
3. —¿Van a ir en moto o en tu coche?
   —Vamos en _____ coche porque va a llover.
4. —¿Adónde van Uds. después de la boda?
   —Vamos a pasar _____ luna de miel en Acapulco.
5. —¿Es tuyo ese suéter o es el de Consuelo?
   —Es _____ . El de Consuelo es rojo.

L. **Los turistas.** Conteste las preguntas del guía según el modelo.

MODELO   ¿Qué sombrero es tuyo? ¿Este? (más pequeño) →
               No, ése no es mío. El mío es más pequeño.

1. ¿Qué cámara es la de Uds.? ¿Esta? (una Nikon)
2. ¿Qué fotografías son tuyas? ¿Estas? (en blanco y negro)
3. ¿Qué zapatos son tuyos? ¿Estos? (sandalias)
4. ¿Qué cuarto es tuyo? ¿Este? (el número 139)
5. ¿Qué maletas son las de Uds.? ¿Estas? (menos viejas)

M. **En el mercado al aire libre.** ¿Qué dicen los turistas? Cambie los adjetivos demostrativos a pronombres demostrativos según el modelo.

MODELO   ¡Este vino está bueno y barato! → ¡Este está bueno y barato!

1. ¡Aquel mercado es el más célebre del estado!
2. ¡Aquella zapatería tiene muchas sandalias bonitas!
3. ¡Esta piñata no sirve; ya está rota!
4. ¡Estos mariscos están sabrosos!
5. ¡Ese pescado huele mal!

N. **En un mercado.** Ud. y un amigo (una amiga) están en un mercado y piensan hacer unas compras. Su amigo (amiga) insiste que todo es más barato en otro puesto (*stall*). Con otro estudiante, siga el modelo usando las siguientes palabras.

MODELO anillo → —Ese anillo es barato.
    —Sí, pero aquél es más barato todavía.

1. bolsa   2. sarape   3. blusas   4. sombreros   5. plato

O. Exprese en español.

1. I want to shut (**cerrar**) my eyes.
2. *Nuestro* and *La prensa* are *extremely* interesting. The former is a magazine; the latter is a newspaper.
3. What is this?
4. He says he doesn't have any money, but that isn't true.
5. That woman has very long hair.
6. This is my package; yours is over there.
7. That isn't the worst part of solitude.
8. He's not a friend of mine. Is he a neighbor of yours?

P. **¿Qué es esto?** Con otro estudiante, identifique las siguientes cosas según el modelo.

MODELO —¿Qué es eso?
    —¿Este? Es mi libro de español.

1. calculadora   2. videocassette (*m.*)   3. gafas   4. apuntes   5. cuaderno

Q. **¿Qué quieres?** Trabajando con otro estudiante, use las siguientes palabras para hacer preguntas y respuestas según el modelo.

MODELO —¿Quieres este cenicero?
    —No, no quiero ése; quiero el mío.

1. bolígrafo   2. taza   3. fotos   4. guantes   5. botas

R. **Entrevista/Discurso.** Entreviste a un compañero (una compañera) de clase, usando las siguientes preguntas como guía. Luego prepare una breve descripción de su compañero (compañera) y preséntela a la clase.

PRIMER PARRAFO

¿Qué estudias aquí en la universidad? ¿Estudias muchísimo? ¿Qué cursos tienes que tomar para tu especialización? ¿Es necesario que estudies química? ¿literatura? ¿la ciencia de las computadoras? ¿Te gustan todas las clases? ¿Son algunas interesantísimas? ¿aburridísimas?

SEGUNDO PARRAFO

¿Qué sueños tienes para el futuro? ¿Te interesa seguir una carrera que te haga riquísimo/a? ¿que te dé muchísima fama? ¿que te permita ayudar a otros? ¿que te permita tener mucho tiempo libre? ¿que te deje tranquilo/a?

¿Estás contento/a con tu vida? ¿Qué es lo que te gusta más de tu vida? ¿Qué te gusta menos? ¿Cuál es la parte más importante de tu vida? ¿Cuál es el elemento de menos importancia? Para ti, ¿cuál fue el mejor día del año pasado? ¿y el peor? ¿Por qué?

CUARTO PARRAFO

¿Cómo te diviertes? ¿Te gusta más jugar que estudiar? ¿Eres espectador (espectadora) o prefieres participar? ¿Tienes alguna habilidad especial? ¿Vas al cine con frecuencia? ¿Miras mucho la televisión? Para ti, ¿cuál es el mejor programa de televisión? ¿y el peor? ¿Cuál es la mejor película que tú recuerdas? ¿y la peor?

QUINTO PARRAFO

¿Cuál es lo único que crees que es importante que todo el mundo sepa de ti? ¿Por qué es tan importante para ti este aspecto de tu vida o de tu personalidad?

Temas para libre expresión

■ *Temas literarios*

Las greguerías de Ramón Gómez de la Serna usualmente tienen como base una metáfora (*metaphor*) o un símil (*simile*). Una metáfora dice que una cosa *es* otra cosa: El cerebro *es* un paquete de ideas arrugadas. Un símil dice que una cosa tiene muchas de las características de otra, o sea, que una cosa es *como* otra: El jabón en el baño es *como* un pez. Complete Ud. las siguientes greguerías usando símiles o metáforas.

1. El libro de español es _____ .
2. La felicidad es _____ .
3. Mi amigo es _____ .
4. Las estrellas brillan como _____ .
5. La mujer ama a su hijo como _____ .

■ *Temas personales*

El editor de una de las colecciones de greguerías de Ramón Gómez de la Serna describe al autor así:

> Ramón Gómez de la Serna nace a últimos del siglo pasado y fue un niño meditabundo y alegre (ya en ese contraste estaba la contradicción humorística).
> Su juventud fue turbulenta y gastó mucho papel de escribir.

Un día le llamaron humorista con gran sorpresa suya, porque se creía un ente dramático (*dramatic person*), pero no tuvo más remedio que aceptar el alias y desde entonces se dedicó a hacer algo por merecerlo.

Es tan larga su lista de libros que los editores se niegan a imprimirla (*refuse to print it*) ni al principio ni al final de sus libros porque se arruinarían.

Sigue publicando libros, dando conferencias y greguerizando, pues la mejor invención de su vida, lo que le ha hecho célebre, son sus «greguerías».

Muriéndose de risa—¿habrá algo más trágico?—vive cerca de la Plaza del Congreso,[2] ama y saborea como nadie el aire de Buenos Aires y escribe desde las tres de la tarde en que se levanta hasta las nueve de la mañana en que se acuesta, no produciéndole su literatura para pagar la elevada cuenta de la luz eléctrica que supone ese género de vida.[3]

La descripción es en realidad una biografía muy corta de Ramón Gómez de la Serna. Siguiendo el mismo formato, describa Ud. su propia vida en forma de una pequeña autobiografía, contestando por lo menos las siguientes preguntas.

1. ¿Dónde y cuándo nació Ud.?
2. ¿Cómo era Ud. de niño (niña)?
3. ¿Cómo fue su niñez?
4. ¿Cuáles eran sus pasatiempos favoritos?
5. ¿Dónde vive y qué hace Ud. actualmente?
6. ¿Dónde quiere vivir y qué piensa hacer en el futuro?

Estudio de palabras

Tiempo, época, vez, hora, and rato all mean *time*, but, in Spanish, each is used in a particular context.

■ Tiempo

Time in the sense of *elapsed time* or *duration* = **tiempo.**

¿Cuánto tiempo vas a pasar en Madrid?
How much time are you going to spend in Madrid?

No puedo ir a la piscina con Uds. No tengo tiempo.
I can't go to the pool with you. I don't have time.

---

[2]Aunque nació en España, Gómez de la Serna vivió muchos años en Buenos Aires, cerca de esta plaza.
[3]Ramón Gómez de la Serna, *Trampantojos* (Buenos Aires: Orientación Cultural Editores S. A., 1947), pp. 165–66.

■ *Epoca*

Time in the sense of a *period of time*, frequently referring to the past, = **época.**

En la época de mis abuelos, las muchachas nunca salían solas de noche.
In my grandparents' time, girls never went out alone at night.

En esa época éramos muy pobres.
At that time we were very poor.

■ *Vez*

Time in the sense of a particular *occasion* or *point in time* = **vez.**

¿Recuerdas la vez que fuimos a Acapulco?
Do you remember the time we went to Acapulco?

Vi esa película tres veces.
I saw that film three times.

The following idiomatic expressions use **vez:**

una vez (dos veces, tres veces, etcétera)   *once (twice, three times, etc.)*
más de una vez   *more than once*
muchas veces   *many times, often*
pocas veces   *a few times, rarely*
a veces   *at times, sometimes*
otra vez   *again*
de vez en cuando   *from time to time*
a la vez   *at the same time*
en vez de   *instead of*
tal vez   *perhaps*

■ *Hora*

Time in the context of *telling time* = **hora.**

¿Qué hora es? Es hora de almorzar. (Es la hora del almuerzo.)
What time is it? It's lunch time.

Quizás esté en clase a esa hora.
Perhaps he's in class at that time.

■ *Rato*

• *Time* in the context of *time spent* = **rato.**

Vamos a descansar un rato.
Let's rest for a time.

- *To spend time* = **pasar un rato.**

  ¿Uds. van a pasar un rato en California?
  Are you going to spend some time in California?

- *To have a nice (bad) time* = **pasar un buen (mal) rato.**

  Pasamos un buen rato con nuestros parientes en México.
  We had a nice time with our relatives in Mexico.

  Note: *to have a good time* (verb) = **divertirse (ie, i)**

  Siempre me divierto mucho cuando voy al circo.
  I always have a good time when I go to the circus.

Ejercicios

A. Complete las siguientes oraciones con la palabra apropiada para expresar *time*.

   1. ¿Qué _____ es? Son las diez.
   2. En la _____ de mis abuelos las mujeres no trabajaban fuera de la casa.
   3. Fui al museo de antropología muchas _____ .
   4. Cada _____ que ella empieza a estudiar, suena el teléfono.
   5. Dudo que tengan _____ para escribirnos.
   6. Una _____ mi papá me compró un pez extraordinario para mi acuario.
   7. ¿Cuánto _____ puedes quedarte?
   8. No tiene clase a esa _____ .
   9. Pasamos un buen _____ en casa de Julián.
   10. Tuvo el mismo sueño cinco _____ .

B. Conteste las siguientes preguntas.

   1. ¿Puede Ud. estudiar y escuchar la radio a la vez?
   2. ¿Van Uds. al cine muchas veces?
   3. ¿En vez de estudiar, ¿qué prefieres hacer?
   4. ¿En qué época de su vida vivió Ud. más contento/a?
   5. ¿Le parece verdad el dicho «el tiempo vuela»?
   6. ¿A qué playa debe ir uno a pasar un buen rato?
   7. ¿Se divierte Ud. en las fiestas de sus amigos?
   8. ¿En qué época descubrió Colón América?
   9. ¿Tienes tiempo para mirar muchos programas de televisión?
   10. ¿A qué hora almuerzan Uds.?

C. Complete las oraciones con **a la vez, más de una vez, de vez en cuando, en vez de** o **pocas veces.**

   1. Se siente deprimido (*depressed*) _____ y no sabemos por qué.
   2. Dice que prefiere comer en casa _____ ir a un restaurante.
   3. El profesor le dijo _____ que tenía que sacar una A en el examen final para aprobar el curso.
   4. Nieva _____ en la Florida.
   5. No debes comer y hablar _____ .

LECTURA

El guijarro
Pedro Prado

GRAMATICA

- Subject
  Pronouns
- Pronoun Objects
  of Prepositions
- Direct Object
  Pronouns
- Indirect Object
  Pronouns
- Clarification
  of Object
  Pronouns
- Placement of
  Object
  Pronouns

Resumen de estructuras

■ *Pronouns*

	SUBJECT PRONOUNS	PRONOUN OBJECTS OF PREPOSITONS	DIRECT OBJECT PRONOUNS	INDIRECT OBJECT PRONOUNS
SINGULAR	yo *I* tú *you (fam.)* Ud. *you (form.)* él *he* ella *she*	mí[1] *me* ti[1] *you (fam.)* Ud. *you (form.)* él *him* ella *her*	me *me* te *you (fam.)* lo / la *you (form. m. + f.)* lo *him, it (m.)* la *her, it (f.)*	me *to / for me* te *to / for you (fam.)* le { *to / for you (form.)* *to / for him* *to / for her*
PLURAL	nosotros / as *we* vosotros / as *you (fam.)* Uds. *you (form.)* ellos *they (m.)* ellas *they (f.)*	nosotros / as *us* vosotros / as *you (fam.)* Uds. *you (form.)* ellos *them (m.)* ellas *them (f.)*	nos *us* os *you (fam.)* los / las *you (form. m. + f.)* los *them (m.)* las *them (f.)*	nos *to / for us* os *to / for you (fam.)* les { *to / for you (form.)* *to / for them (m.)* *to / for them (f.)*

OBJECT PRONOUNS PRECEDE:

- conjugated verbs   **Lo** veo.
- negative commands   No **lo** vea (Ud.).

OBJECT PRONOUNS FOLLOW:

- affirmative commands   Véa**lo** (Ud.).

OBJECT PRONOUNS PRECEDE OR FOLLOW:

- infinitives   Quiero ver**lo**. **Lo** quiero ver.
- present participles   Estoy viéndo**lo**.
  Lo estoy viendo.

---

[1]Exceptions: con + mí = conmigo; con + ti = contigo

Lectura

The Chilean author Pedro Prado (1886–1952) wrote essays, novels, and short stories, but he is best known for his poetry. He received the Nobel Prize for literature in 1949, and his poetry influenced other younger Chilean poets like Gabriela Mistral and Pablo Neruda, both of whom later won Nobel Prizes.

Literary critics are fond of saying that poets are thinkers who express themselves in metaphors and images, instead of logical propositions. Much of Pedro Prado's best poetry expresses his philosophy with metaphors and images taken from nature. Like Chile itself, Pedro Prado is never far from the sea, which is a constant source of inspiration and provides the poet with some of his most powerful metaphors. In **"El guijarro,"** Prado addresses the sea, using the metaphor of the **guijarro** to comment on man's relationship to the infinite.

El guijarro

Qué poder inestable es el tuyo, ¡oh mar!

Te mueves, cambias, vas y vienes y todo lo haces dentro de ti mismo.

Porque tú te bastas a ti propio,° yo te envidio.

°**tú**... you are sufficient unto yourself

Porque aún vives la hora de la acción que movió el nacimiento del mundo, te amo como a un abuelo.

Porque cambias y cambias sin descanso, comprendo que tu esencia es infinita.

En tus manos de artífice° me entrego.°

°artist, creator / °**me**... I deliver myself

Me entrego como un guijarro que canta, porque las olas lo pulen y tornan en° una joya.

°**las**... the waves polish it and turn it into

En una joya perdida que nadie encontrará en la vasta extensión de la playa desierta.

Comprensión

¿Cierto o falso? Corrija las oraciones falsas.

1. El narrador habla al mar en el poema «El guijarro».
2. El mar es como un padre que ama a su hijo.
3. El mar es como un abuelo porque el mar es viejo y representa el poder creativo.
4. El hombre en el universo es como un guijarro en el mar.
5. El poeta cree que un poder infinito perfecciona al hombre como el mar pule un guijarro para tornarlo en una joya.

ANSWERS   1. Cierto   2. Falso   3. Cierto   4. Cierto   5. Cierto

Vocabulario

el **abuelo,** la
  abuela   *grandfather,*
   grandmother
  cambiar   *to change*
  envidiar   *to envy*

el **guijarro**   *pebble*
la **joya**   *jewel*
  mover (ue)   *to move*

la **ola**   *wave (of the sea)*
la **playa**   *beach*
el **poder**   *power*

Gramática

■ Subject Pronouns

A. The subject pronoun is usually omitted in Spanish, especially when the number and person of the subject is clearly expressed by the verb ending.

No puedo hacerlo.   *I can't do it.*
Estudiamos en la biblioteca.   *We are studying in the library.*
¿Cuándo llegas?   *When are you arriving?*

B. Subject pronouns *are* used for the following purposes:

1. to clarify meaning when the verb ending or the sentence's context does not clearly indicate the subject

Vive cerca.   COULD MEAN: *He/She/You live(s) nearby.*
Ella vive cerca.   CAN ONLY MEAN: *She lives nearby.*
Creen en Dios.   COULD MEAN: *They/You (**Uds.**) believe in God.*
Ellos/Ellas creen en Dios.   CAN ONLY MEAN: *They believe in God.*

Note that Spanish is able to specify gender with the subject pronouns *we* (**nosotros, nosotras**) and *they* (**ellos, ellas**). **Nosotros** and **ellos** can refer both to a group of males or to a group composed of males and females. **Nosotras** and **ellas** can refer only to a group of females.

2. to emphasize the subject

In English the voice is raised to emphasize a subject pronoun: *I didn't do it;* **he** *did it.* In Spanish, this emphasis is conveyed by the use of the subject pronoun: **Yo no lo hice; lo hizo él.**

3. after the verb **ser** or when used alone (without an accompanying verb form)

—¿Quién está a la puerta?   *"Who is at the door?"*
—Soy yo.   *"It is I (me)."*
Yo estudio mucho, pero tú no.   *I study a lot but you don't.*

[Ejercicios A–B]

■ Pronoun Objects of Prepositions

A. The pronouns used as objects of prepositions are the same as the subject pronouns except for the first and second person singular pronouns (**mí, ti**).

¿Vas a ir de compras con nosotros?   *Are you going shopping with us?*
La llamada es para mí, no para ti.   *The call is for me, not you.*

B. The preposition **con** combines with first and second person singular pronouns to become **conmigo** and **contigo**.

—¿Quién va contigo?   *"Who is going with you?"*
—Emilio va conmigo.   *"Emilio is going with me."*

C. With the prepositions **menos, excepto, salvo** (all meaning *except*), **incluso** (*including*), **según** (*according to*), and **entre** (*between, among*), the subject pronouns **yo** and **tú** (not **mí** and **ti**) are used.

Entre tú y yo podemos hacerlo.   *Between you and me we can do it.*
Todos van menos tú y yo.   *Everyone is going except you and me.*

[Ejercicio C]

■ *Direct Object Pronouns*

A. The direct object pronoun completes the thought sequence expressed by the subject and verb by supplying the information *who?* or *what?*

When did you see (who?) **John?**   *(direct object noun)*
I saw (who?) **him** *yesterday.*   *(direct object pronoun)*

In the first example the direct object (*John*) is a noun. When the direct object is a pronoun (*him, her, it, you, us, them*) it must refer to a previously mentioned noun.

—¿Cuándo viste a Juan?   *"When did you see John?"*
—Lo vi ayer.   *"I saw him yesterday."*

—¿Cuándo compró ese coche?   *"When did you buy that car?"*
—Lo compré en diciembre.   *"I bought it in December."*

—¿Conoces a los Jiménez?   *"Do you know the Jimenezes?"*
—No, no los conozco.   *"No, I don't know them."*

The masculine direct object pronoun **los** can refer to all males or to a group composed of both males and females. **Las** can only refer to a group composed of all females.

B. Special uses of the direct object pronoun **lo.**

1. **Lo** can refer to a previously mentioned statement, situation, or idea. It is frequently used in this way after verbs such as **saber, decir, preguntar, pedir,** and **creer.** In English this use of **lo** is either unexpressed, or is translated as *so.*

   —¿Sabes que mañana es mi cumpleaños?   *"Do you know that tomorrow is my birthday?"*

   —Sí, lo sé.   *"Yes, I know."*

   —¿Crees que va a llover?   *"Do you think it's going to rain?"*
   —No, no lo creo.   *"No, I don't think so."*

2. With **ser** or **estar, lo** is used to restate or summarize an idea expressed by a previously stated adjective or noun. This use of **lo** is usually not expressed in English.

—¿Está Ud. enfermo?   *"Are you sick?"*
—Sí, lo estoy.   *"Yes, I am."*

—¿Son abogados esos señores?   *"Are those men lawyers?"*
—Sí, lo son.   *"Yes, they are."*

[Ejercicios D–E]

■ *Indirect Object Pronouns*

A. The indirect object completes the thought sequence expressed by subject, verb, and direct object by supplying the information *to whom?* or *for whom?* In English the indirect object pronoun is often preceded by *to.*

Le di el mapa.
*I gave the map (to whom?) to **him**.*   *(indirect object pronoun)*
*(I gave **him** the map.)*

Nos dan un regalo todos los años.
*They give a gift (to whom?) to **us** every year.*
*(They give **us** a gift every year.)*

B. Dative of interest

In Spanish the indirect object is often used to express the phrase *for + person* in order to indicate in whose interest or on whose behalf something is done.

Manuela me va a hacer un favor.   *Manuela is going to do a favor for me.*
Siempre les limpio el cuarto.   *I always clean their room for them.*

The indirect object is also used to express *from + person*, especially when the person is separated from something and a feeling of loss or disadvantage results.

Su madre siempre le esconde los dulces.   *His mother always hides candy from him.*

Me quitaron la licencia.   *They took my license away from me.*

C. The third person indirect object pronoun (**le, les**) is used to anticipate an indirect object noun. This redundant construction is characteristic of Spanish, but the object pronoun is not expressed in English.

Le hablo a Carmen.   *I'm talking to Carmen.*
Siempre les prestamos dinero a   *We always lend money to*
   nuestros amigos.   *our friends.*

[Ejercicio F]

■ Clarification of Object Pronouns

Since the third person object pronouns have several possible meanings, some sentences may be ambiguous.

Antonio le escribe.   COULD MEAN: *Antonio writes to him | her | you.*
Antonio lo ve.   COULD MEAN: *Antonio sees him | it | you.*

In order to clarify the meaning of the object pronoun, the phrase **a** + *prepositional pronoun* may be added to the existing sentence.

Antonio le escribe **a él.**   *Antonio writes to him.*
Antonio le escribe **a ella.**   *Antonio writes to her.*
Antonio le escribe **a Ud.**   *Antonio writes to you.*

Antonio lo ve **a él.**   *Antonio sees him.*
Antonio lo ve **a Ud.**   *Antonio sees you.*

■ Placement of Object Pronouns

A. Object pronouns precede conjugated verbs and negative commands.

Lo vendo mañana.   *I'll sell it tomorrow.*
No lo venda (Ud.).   *Don't sell it.*
No lo vendas (tú).   *Don't sell it.*

B. Object pronouns follow and are attached to affirmative commands, infinitives, and present participles, when they are not preceded by a conjugated verb.

Léalo (Ud.).   *Read it.*
Léelo (tú).   *Read it.*

Después de leerlo, tengo que escribir un trabajo.
After reading it, I have to write a paper.

Leyéndolo, aprendí mucho.
Reading it, I learned a lot.

Note that when pronouns are attached to verbs, the combined *verb* + *pronoun(s)* always retains the stress of the original verb form. This stress must be indicated by a written accent if the addition of the pronoun(s) would cause accent rules to be violated without it. For a detailed explanation of accentuation, see the Appendix.

C. When infinitives or present participles are preceded by a conjugated verb, the object pronoun may precede the conjugated verb or be attached to the infinitive or present participle.

Vamos a vender**lo** mañana.   }
Lo vamos a vender mañana.   }   *We're going to sell it tomorrow.*

Estoy leyéndo**lo** ahora.
Lo estoy leyendo ahora. } *I'm reading it now.*

D. When a direct and an indirect object pronoun occur in the same phrase, the indirect object precedes the direct. Both still follow the above-mentioned rules for placement.

—Dá**melos** (tú).   *"Give them to me."*
—No, no quiero dár**telos.** (No, no **te los**   *"No, I don't want to give*
  quiero dar.)   *them to you."*

E. When the indirect and direct object pronouns are both in the third person, the indirect object becomes **se.**

INDIRECT	DIRECT		INDIRECT	DIRECT
le	lo/la	}		lo/la
les	los/las		se	los/las

Le escribo una **carta.**   *I'm writing him a letter.*

Se la escribo.   *I'm writing it to him.*

El profesor **les** explica la **lección.**   *The professor explains the lesson*
   to them.

El profesor **se la** explica.   *The professor explains it to them.*

Clarification may be needed to avoid ambiguity with **se.**

Se la escribo (a él, a ella, a Ud., a ellos, a ellas, a Uds.).
El profesor se la explica (a él, a ella, a Ud., a ellos, a ellas, a Uds.).

[Ejercicios G–M]

Ejercicios

A. **Los artistas aspirantes.** Cambie los nombres propios indicados a pronombres.

MODELO   *Jorge* quiere que *Cecilia* lo acompañe a la Academia.   →
   El quiere que *ella* lo acompañe a la Academia.

1. *Susana y Raúl* asisten a la Academia de Bellas Artes.
2. *Susana* tiene unas pinturas en exhibición.
3. *Costanza y Carla* van a invitar a *Julio* a la exhibición.
4. *Julio* busca a alguien que le patrocine en la Academia.
5. *Paco y Carlos* prefieren que *Francisco* no practique el trombón en casa.

B. **En la playa.** Haga más enfáticas estas oraciones, añadiendo los pronombres que sirven de sujeto.

MODELO   _____ vamos a la playa.   →   Nosotros vamos a la playa.

1. Por la mañana, _____ damos un paseo mientras _____ buscan guijarros interesantes.

2. Bueno, _____ puedes pescar todo el día, pero _____ estoy contenta aquí a la sombra.
3. Luego _____ nos bañamos en el mar tranquilo, ¿está bien?
4. Después _____ pueden ir a tomar algo, pero _____ me quedo aquí en la playa. Que me traigan _____ otra Margarita.

C. Complete las siguientes oraciones según las palabras entre paréntesis. Use los pronombres que sirven de complemento de una preposición.

1. ¿Con quién(es) va a hablar el abuelo? El abuelo va a hablar con _____ . (him, me, her, you [fam.], us, them, you [pl.])
2. ¿Para quién(es) son los consejos? Los consejos son para _____ . (them, you [fam.], her, you [pl.], him, us [f.], me)
3. Todos van, ¿menos quién(es)? Todos van, menos _____ . (you [pl.], us, you [fam.], him, me, them, her)

D. **De vacaciones.** Cambie los complementos directos indicados por pronombres.

MODELO   Voy a mandar *el regalo.*   →   *Lo* voy a mandar. (Voy a mandar*lo.*)

1. No veo a *las primas.* ¿No vienen a despedirse de nosotros?
2. Queremos que el maletero lleve *las maletas.*
3. Presentamos *los billetes* para subir al avión.
4. Es probable que visitemos *el Museo de Arte Moderno.*
5. A mí me gusta que el guía explique bien *las pinturas.*
6. Los niños recogen *guijarros y conchas* en la playa.
7. Es mejor que enviemos *las tarjetas postales* por correo aéreo.
8. De regreso declaramos *nuestras compras* en la aduana.
9. El inspector de aduanas siempre trata de ayudar *a Cecilia y a mí.*
10. Buscamos *a tu amigo Jorge.* ¿No ves *su coche* por ninguna parte?

E. **El diario del domingo.** Con otro estudiante, haga y conteste las siguientes preguntas. Al dar las respuestas, use pronombres en lugar de los sustantivos indicados.

MODELO   ¿Crees que los caricaturistas políticos tengan *influencia política?*
         Sí, creo que *la* tienen los caricaturistas políticos.

1. ¿Lees primero *la sección de noticias mundiales?*
2. ¿Te olvidas a veces de comprar *el diario del domingo?*
3. ¿Hay *poemas como los de Pedro Prado* en la sección literaria?
4. ¿Sueñas con viajar al leer *artículos sobre excursiones exóticas?*
5. ¿Cuándo no hojeas *la sección de viajes?*
6. ¿Hay *varias revistas* dentro del diario?
7. ¿Terminas siempre *los crucigramas* o los dejas a veces sin terminar?
8. ¿En qué sección encuentras *las tiras cómicas?*
9. ¿Buscas *empleo* en la sección de anuncios?
10. ¿Comes *el desayuno* antes o después de leer *el diario del domingo?*

F. Complete las siguientes oraciones con pronombres de complemento indirecto.

1. Yo _____ mando los paquetes a mi hermano para su cumpleaños.

2. Dudo que ese niño _____ diga la verdad a sus padres.

3. Mi abuelo _____ regaló a mi prima un viaje a Europa.

4. Mis amigas insisten en que yo _____ envíe tarjetas postales desde México.

5. Fernando siempre me pide que yo _____ preste mi calculadora.

6. Mañana _____ dan la tarea a nosotros.

7. ¿Quieren que _____ entregue a Uds. el telegrama inmediatamente?

8. _____ van a entregar el Premio Nóbel al poeta en noviembre.

9. A mí el abogado _____ arregla el testamento.

10. ¿ _____ hago una copia para Ud. ahora mismo?

G. Forme oraciones completas combinando palabras o frases de cada columna. Haga los cambios necesarios y añada más palabras o frases si quiere. Hay muchísimas posibilidades.

SUJETO	OBJETO INDIRECTO	VERBO	OBJETO DIRECTO
yo	nos	comprar	el recibo
tú	me	reservar	la multa
él	te	escribir	las reservaciones
nosotros	le	pagar	los boletos
Uds.	les	vender	las entradas
		hacer	un cuarto doble

H. Ahora, usando las oraciones que Ud. escribió para el ejercicio anterior, cambie los complementos directos a pronombres.

I. Con otro(s) estudiante(s), conteste las preguntas según los modelos.

MODELOS —¿Te lavo los platos? → —Sí, lávamelos.
　　　　　　　　　　　　　　　　　　　—No, no me los laves.

　　　　　　—¿Le escribo las cartas? → —Sí, escríbamelas.
　　　　　　　　　　　　　　　　　　　—No, no me las escriba.

1. ¿Te leo el poema?
2. ¿Le repito las direcciones?
3. ¿Te corto el pelo?
4. ¿Les describo el plan?
5. ¿Te presento a mi amigo?
6. ¿Te digo la verdad?
7. ¿Les doy los billetes?
8. ¿Le cambio la llanta (*tire*)?

J. Complete las oraciones con los pronombres apropiados, según el contexto.

1. Mi mamá siempre decía, «¡En esta casa mando _____ !»
2. —¿Quiénes son los ganadores?
   —Somos _____ .
3. Voy al centro. ¿No quieres ir con _____ ?
4. Eres muy testarudo (*stubborn*), Carlos. Todos estamos de acuerdo menos
   _____ .
5. Te digo que entre _____ y _____ podemos convencerlo.
6. Siempre debes llevar tu pasaporte con _____ .
7. —¿Estás seguro?
   —Sí, _____ estoy.
8. —¿Sabes quiénes ganaron la elección?
   —No, no _____ sé.

9. —¿Crees que le van a dar el Premio Nóbel a Pedro Prado?

—Sí, seguro que _____ _____ van a dar.

10. —No me gusta comer las ostras crudas (*raw oysters*).

—Pues, no _____ comas, pero yo voy a comer _____ todas porque me gustan mucho.

K. Exprese en español.

Did you read the poem «**El guijarro**»? Pedro Prado wrote it about his favorite theme, the sea. For him, the sea represents creative power. He envies it and loves it like a grandfather. The sea inspires him and gives him the metaphor of the **guijarro.**

L. **Ensayo/Conversación.** ¿Adónde quiere Ud. ir de vacaciones este año? Escriba un ensayo o dé un discurso sobre un lugar que Ud. quiere visitar algún día. Use las siguientes preguntas como guía.

PRIMER PARRAFO

¿Cómo se llama el lugar que Ud. quiere visitar? ¿En qué parte del mundo está? ¿Cómo es, famoso o desconocido? ¿Ya lo conoce Ud.? ¿Es posible que Ud. lo visite este año? ¿Por qué sí (no)? ¿Envidia a los que pueden ir?

SEGUNDO PARRAFO

¿Qué hay de interés en ese lugar? ¿Hay museos? ¿iglesias antiguas? ¿parques? ¿playas? ¿montañas? ¿espacios abiertos? ¿edificios altos? ¿teatros? ¿restaurantes? ¿Cómo son? ¿Piensa Ud. leer mucho sobre estos lugares antes de hacer el viaje? ¿Qué actividad le interesa más hacer durante el viaje?

TERCER PARRAFO

¿Cómo es la gente de ese lugar? ¿Sabe Ud. mucho de sus costumbres? ¿Qué lengua se habla allí? ¿La habla Ud.? ¿La va a aprender (practicar) antes de ir?

CUARTO PARRAFO

¿Con quién quiere Ud. viajar? ¿Ya viajó Ud. una vez con él (ella)? ¿Le va a pedir que lo (la) acompañe? ¿Qué cree Ud. que le va a contestar? ¿Cuánto tiempo piensa Ud. pasar en ese lugar? ¿Piensa pasar todo el tiempo en un sitio o lo prefiere dividir entre varios lugares? ¿Es necesario que haga reservaciones con mucha anticipación? ¿Ya las hizo Ud.? ¿Necesita confirmarlas?

QUINTO PARRAFO

Durante el viaje, ¿les va a mandar tarjetas postales a sus amigos? ¿Cómo se las va a mandar? ¿por correo aéreo? ¿por mar? Y los recuerdos (*souvenirs*), ¿los lleva Ud. o los manda a casa por correo? De regreso, ¿qué les va a decir a sus amigos? ¿Les va a aconsejar que hagan el mismo viaje?

Temas para libre expresión

■ Temas literarios

Si un autor dice que una cosa es otra cosa, usa una metáfora. Cuando Gómez de la Serna dice: «El cerebro es un paquete de ideas arrugadas», basa su greguería en una metáfora. Un símbolo es una especie de metáfora que evoca las semejanzas entre dos cosas. El águila americana, por ejemplo, se usa como símbolo de los Estados Unidos porque tiene las características que los estadounidenses asocian con su país: la independencia, el poder, etcétera.

El poema «El guijarro» se basa en varias metáforas que simbolizan otras cosas. Analicemos la base metafórica del poema.

Pedro Prado asocia varias características con el mar. En el primer verso dice que el mar es poderoso e inestable.

1. ¿Qué otras características asocia el poeta con el mar? Prado usa el mar para simbolizar otra cosa que también tiene estas mismas características.
2. ¿Qué otra cosa puede simbolizar el mar?
   El guijarro tiene distintas características.
3. ¿Qué características tiene el guijarro?
4. ¿Qué puede simbolizar el guijarro?
   Juntos, el mar y el guijarro tienen su propio valor simbólico.
5. ¿Qué relación existe entre el mar y el guijarro?
   - ¿Qué hace el mar?
   - ¿En qué se transforma el guijarro?
6. ¿Qué puede simbolizar la relación entre el mar y el guijarro?

■ Temas personales

A. Se puede adoptar varias actitudes ante la vida. ¿Cuál(es) de las siguientes actitudes representa(n) la actitud del poeta en «El guijarro»? ¿Cuál(es) representa(n) la actitud de Ud.?

- Yo puedo controlar mi destino. Yo mismo/a dirijo el curso de mi vida.

- Creo que lo más importante en la vida es el desarrollo de mi propia persona.

- Hay una fuerza superior que controla el destino de todos. No trato de controlar mi propio destino, sino que me entrego a esta fuerza superior.

- Creo que lo más importante en la vida es ayudar a los otros. Cuando es necesario escoger entre mi propio bien y el bien de otros, prefiero ayudar a los otros.

- La vida espiritual es muy importante. Cuando tengo que escoger entre lo material y lo espiritual, prefiero lo espiritual. Las cosas materiales no me importan.

- La vida material es muy importante. No puedo estar contento/a si no tengo una casa cómoda, un coche, bastante dinero y otros bienes materiales.

B. Escriba un pequeño resumen de su propia filosofía de la vida.

C. Use una metáfora para expresar su actitud ante la vida. Use esta oración incompleta como guía.

Para mí la vida es _____ y yo soy _____ .

Estudio de palabras

This section focuses on the verb **gustar** (*to like*) and a number of verbs used according to a similar formula in Spanish.

■ *Gustar* = **to like**

The Spanish verb **gustar** means *to please* or *to be pleasing*. Its nearest English equivalent is the verb *to like*. **Gustar** is always used with indirect objects because a Spanish sentence with **gustar** says that something (the subject) *is pleasing* to someone (the indirect object). Since the verb **gustar** always agrees with the Spanish subject, the verb is almost always in the third person singular or plural, and indirect object pronouns are always used.

Nos gusta la película.
We like the film. = The film is pleasing to us.

Le gustan las películas francesas.
He likes the French films. = French films are pleasing to him.

Me gusta ir al cine los sábados.
I like to go to the movies on Saturdays. = Going to the movies on Saturdays is pleasing to me.

Note that when the subject is an infinitive or an infinitive phrase **(ir al cine los sábados),** the singular verb form **gusta** is used.

The **a** + *prepositional object pronoun* construction is used to clarify possible ambiguity with the third person (**le/les**) indirect object forms; it is also used for added emphasis. When it appears, this construction usually comes at the beginning of the sentence. Remember, however, that the use of the indirect object pronoun is *obligatory*; the use of the clarifying phrase is *optional* in many cases.

A + PREPOSITIONAL OBJECT PRONOUN	INDIRECT OBJECT	**GUSTAR**	SUBJECT
(A mí)	Me		
(A ti)	Te		
(A él, A ella, A Ud., A Juan, A Ana)	Le		
(A nosotros/as)	Nos	gustan	las películas.
(A vosotros/as)	Os		
(A ellos, A ellas, A Uds., A Juan y Carlos, A María y Alicia)	Les		

Note the function of the **a** + *prepositional object pronoun* in the following sentences.

A ellos les gusta la película. (**A ellos** clarifies **les.**)
A nosotros nos gusta la película. (**A nosotros** *is not needed for clarification, but merely emphasizes that* we *like the film. They may not!*)

If the indirect object is a proper noun, it is preceded by **a,** and is used with the corresponding indirect object pronoun.

A Heliberto le gusta la película.
A Heliberto y Alicia les gusta la película.

Sentences with **gustar** are made negative by placing **no** before the indirect object pronoun.

A Heliberto no le gusta la película.

Word order with **gustar** and similar verbs is very flexible. Although the **a** + *propositional pronoun* phrase usually precedes the verb, it may also come after the verb, especially in questions.

¿A Uds. les gustan las tiras cómicas?
¿Les gustan a Uds. las tiras cómicas? } *Do you like the comics?*
¿Les gustan las tiras cómicas a Uds.?

■ *Parecer* = to like, to seem

How do you like . . . ? = **¿Qué le (te) parece(n)...?**

¿Qué les parecen los poemas de Pedro Prado?
How do you like Pedro Prado's poems?

Nos parecen muy buenos.
We like them very much. (They seem very good to us.)

¿Qué te pareció la conferencia?
How did you like the lecture? (How did the lecture seem to you?)

Me pareció buena.
I liked it. (It seemed good to me.)

Parecer is often used without the indirect object, as in the following example.

El (me) parece enfermo.   *He seems sick (to me).*

■ *Faltar* = to lack; to need

(A mí) Me falta dinero.   *I need money.*
(A él) Le faltan sellos.   *He needs stamps.*

■ *Quedar* = to have left

A Pablo le quedan dos dólares.   *Pablo has two dollars left.*
(A nosotros) No nos queda mucho tiempo.   *We don't have much time left.*

■ *Doler (ue)* = to ache, hurt

Me duele la garganta.   *My throat aches.*
(A él) Le duelen los oídos.   *His ears hurt.*

■ *Molestar* = to bother

¿Te molesta el ruido?   *Does the noise bother you?*
Nos molestan las moscas.   *The flies bother us.*

■ *Interesar* = to be interested in

(A él) Le interesa la biología.   *He is interested in biology.*
(A ellos) Les interesan las ruinas   *They are interested in the Precolumbian*
  precolombinas.   *ruins.*

Ejercicios

A. Complete las siguientes oraciones con un pronombre y la forma correcta del verbo entre paréntesis.

1. A mí no _____ (_gustar_) hacer cola en la cafetería.
2. Cuando queremos enviar una carta, siempre _____ (_faltar_) sellos.
3. Paco debe ser historiador; _____ (_interesar_) mucho la historia de las civilizaciones precolombinas.
4. A ellos _____ (_gustar_) los cuadros de los pintores surrealistas.
5. Fernando se alegra mucho porque sólo _____ (_quedar_) tres meses de servicio militar.
6. Muchas personas están a favor de la reforma del sistema de impuestos porque los impuestos _____ (_parecer_) injustos.
7. ¿A ti _____ (_molestar_) el humo de mi cigarro?
8. Quiero comprarte todos tus billetes de lotería. ¿Cuántos _____ (_quedar_)?
9. Ella dice que siempre _____ (_faltar_) tiempo para practicar el violín.
10. A mí _____ (_doler_) un diente.

B. Conteste las siguientes preguntas.

1. ¿Qué le parece la filosofía como materia (_subject_)? ¿Es interesante? ¿aburrida?
2. ¿Te gusta la comida china?
3. Después de estudiar mucho, ¿te duele la cabeza?
4. ¿Qué es la cosa que más te molesta en el supermercado?
5. ¿Adónde va Ud. cuando le faltan cigarrillos?
6. Después de estudiar, ¿le queda tiempo para divertirse?
7. ¿Qué te interesa más, la ciencia o la literatura?
8. ¿Les parecen aburridos los discursos políticos a Uds.?
9. ¿Cuánto tiempo le falta para terminar su tarea para la clase de español?
10. ¿Te gusta viajar por avión o prefieres viajar en coche?

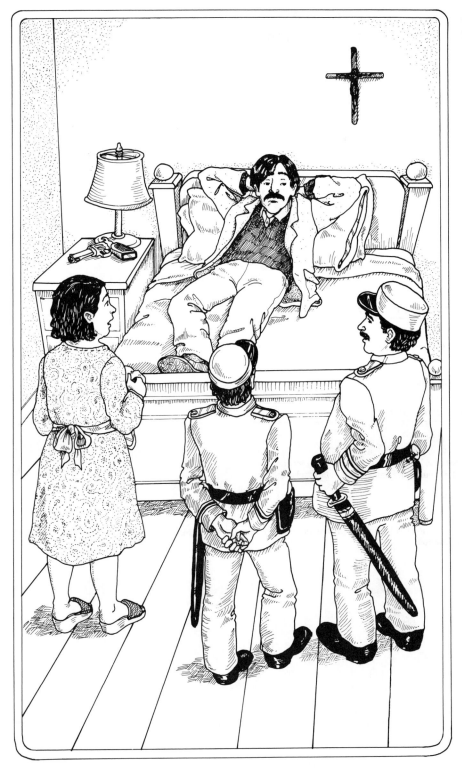

LECTURA

«¡Para que ella vea!»
Enrique Anderson Imbert

GRAMATICA

- Reflexive Pronouns
- Interrogative Pronouns
- Relative Pronouns

Resumen de estructuras

■ Reflexive Pronouns

SINGULAR		PLURAL		USE WITH CONJUGATED VERBS	
me	*myself*	nos	*ourselves*	me baño	nos bañamos
te	*yourself (fam.)*	os	*yourselves (fam.)*	te bañas	os bañáis
se	*himself* *herself* *itself* *yourself (form.)*	se	*yourselves (form.)* *themselves*	se baña	se bañan

Reflexive pronouns precede:

- conjugated verbs
  Me levanto.
- negative commands
  No se levante (Ud.).

Reflexive pronouns follow:

- affirmative commands[1]
  Levántese (Ud.).

Reflexive pronouns precede or follow:

- infinitives
  Quiero levantarme.
  Me quiero levantar.
- present participles
  Estoy levantándome.
  Me estoy levantando.

■ Interrogative Pronouns

¿qué?   *what?*
¿cuál, cuáles?   *which (one), which (ones)?*
¿quién, quiénes?   *who, whom?*
¿cuánto, cuánta?   *how much?*
¿cuántos, cuántas?   *how many?*

■ Relative Pronouns

que   *who, what, which*
quien, quienes   *who, whom*
el que, la que, los que, las que   *that, which, who, whom*
el cual, la cual, los cuales, las cuales   *that, which, who, whom*
lo cual   *which, what*
lo que   *which, what*

---

[1]When the reflexive pronoun **nos** is added to the first person plural affirmative command, the final **-s** of the **-mos** command ending is dropped: **Sentémonos.**

Lectura

Enrique Anderson Imbert was born in 1910 in Argentina, and there he began his career as a writer and professor of literature. Since the 1940's, however, he has lived and taught in the United States, and is currently professor of Hispanic American Literature at Harvard University. In 1952 he became an American citizen.

Professor Anderson Imbert is one of the most distinguished critics of contemporary Spanish American literature, but in Latin America, he is perhaps best known as an outstanding writer of short, imaginative fiction. His works include two novels, **Vigilia** (1934) and **Fuga** (1953), as well as several collections of short stories including **El grimorio** (1961), **El gato de Cheshire** (1965), and **La sandía y otros cuentos** (1969).

Enrique Anderson Imbert's short stories echo a common theme: one should expect the unexpected, for life is full of magic and surprises. In "**¡Para que ella vea!**," he presents a slapstick comic story that surprises the reader with its bizarre and unexpected conclusion.

«¡Para que ella vea!»

Mariano era oficial de policía en un pueblo de la provincia de Buenos Aires. Una tarde entró a gritos una vecina:° — **entró**... a neighbor entered shouting

—¡Mi marido! ¡Se ha suicidado!

—Cálmese, señora.

Mariano se puso el gorro,° el sable, y acompañado por un vigilante subió al cuarto de la mujer, que iba gimoteando° explicaciones: — **cap** / **crying**

—Yo tengo la culpa, sí, yo la tengo, yo la tengo. Discutimos° y entonces él me dijo que no me aguantaba más° y que se pegaría un tiro.° Se encerró° y se pegó el tiro. ¡Ay, qué desdicha! ¡Y ahora que me va a nacer otra criatura!° — **We argued** / **no**... he could not stand me anymore / **se**... he would shoot himself / **Se**... He shut himself in / **child**

Mariano llamó con recios golpes.° Como nadie respondió, a puntapiés derribó la puerta.° El hombre, tendido° en la cama, lo miraba muy tranquilo. En la mesita de noche, la pistola. — **recios**... vigorous blows / **a**... he kicked down the door / **stretched out**

—¡Cómo! ¿Usted no está muerto?

—No señor.

¿Y el tiro?° — **shot**

—Lo disparé contra el techo. Discutí con mi mujer, me encerré aquí y tiré al techo, para que ella vea...

Mariano tuvo ganas de zurrar° al hombre, pero cambió de opinión. Tomó la pistola de la mesita de noche y extendiéndosela dijo: — **to beat up**

—Ahora mismo te suicidás,° atorrante,° pero de verdad. — **te**... you're going to kill yourself / **loafer**

El hombre aceptó la pistola y pegó un tiro a Mariano, otro al vigilante, otro a la mujer y el último al techo, otra vez.

Comprensión

¿Cierto o falso? Corrija las oraciones falsas.

1. Mariano era oficial de policía en Buenos Aires.
2. Mariano era vigilante.
3. Una vecina pensó que su marido se había suicidado.
4. Mariano fue solo al cuarto de la mujer.
5. El hombre estaba muerto en su cama.
6. El hombre estaba muy tranquilo; no se había suicidado.
7. Mariano se enoja con el hombre.
8. Mariano le pegó un tiro al hombre.
9. Mariano quiere que el hombre se suicide.
10. El hombre mata a tres personas y después se mata él mismo.

ANSWERS: 1. Cierto 2. Falso 3. Cierto 4. Falso 5. Falso 6. Cierto 7. Cierto 8. Falso 9. Cierto 10. Falso

Vocabulario

ahora mismo *right now*
calmarse *to calm down*
cambiar de opinión *to change one's mind*
el **cuarto** *room*

la **desdicha** *misfortune*
disparar *to fire a weapon*
el **marido** *husband*
pegar un tiro *to shoot*
el **techo** *ceiling, roof*

tener la culpa *to be to blame*
tener ganas *to want to*
tirar *to shoot*
el **vecino,** la **vecina** *neighbor*

Gramática

■ *Reflexive Pronouns*

Reflexive constructions show that the action of the verb reflects back to the subject of the sentence. The subject and object of the sentence refer to the same person.

Me baño por la mañana.   *I bathe (whom? = myself) in the morning.*

    Verbs used reflexively follow the same pattern of conjugation as nonreflexive verbs, but the appropriate reflexive pronoun must accompany the verb. The reflexive pronoun is always of the same person and number as the subject of the verb. Reflexive pronouns follow the same rules of positioning that apply to object pronouns. (See **Capítulo 4.**)

A. Reflexive pronouns may function as direct or indirect objects.

    DIRECT OBJECT   El niño se cortó.   *The boy cut himself.*

    INDIRECT OBJECT Ella se habla cuando está sola.   *She talks to herself when she is alone.*

B. In some cases, the reflexive pronoun has no object function, but must still accompany a given verb. The reflexive pronoun has no English equivalent when used with these verbs.

No me atrevo a contestar.   *I don't dare to answer.*

    Verbs of this type include:

arrepentirse (ie, i) *to repent*	jactarse de *to boast*
atreverse a *to dare*	quejarse de *to complain*
darse cuenta de *to realize*	suicidarse *to commit suicide*

C. Note the following points regarding English equivalents of Spanish reflexives.

1. Some Spanish reflexives are best expressed in English with *to get* or *become* + *adjective.*

aburrirse *to get bored*	cansarse *to get tired*
amargarse *to become bitter*	casarse (con) *to get married (to)*
animarse *to become lively*	emborracharse *to get drunk*
asustarse *to become frightened*	enfermarse *to get sick*

Some of these concepts can also be expressed with **ponerse** + *adjective.*
(See **Estudio de palabras,** this chapter.)

Me enojo.
Me pongo enojado. } *I get mad.*

2. Some verbs have one meaning when used nonreflexively and another when
   used reflexively.

acostar (ue) *to put (someone) to bed*	acostarse *to go to bed*
bañar *to bathe (someone)*	bañarse *to bathe oneself*
burlar *to trick, deceive*	burlarse (de) *to make fun (of)*
decidir *to decide*	decidirse (a) *to make up one's mind (to)*
despedir (i, i) *to fire (someone)*	despedirse (de) *to say goodbye (to)*
despertar (ie, i) *to awaken (someone)*	despertarse *to wake up*
divertir (ie,i) *to amuse (someone)*	divertirse *to have a good time*
dormir (ue, u) *to sleep*	dormirse *to fall asleep*
enfadar *to anger (someone)*	enfadarse *to get angry*
enojar *to anger (someone)*	enojarse *to get angry*
fijar *to fix, fasten*	fijarse (en) *to notice*
ir *to go*	irse *to go away, leave*
lavar *to wash*	lavarse *to wash oneself*
levantar *to raise, lift*	levantarse *to get up*
llamar *to call*	llamarse *to be called, named*
llevar *to bring; to wear*	llevarse bien/mal *to get along well/badly*
marchar *to walk, march*	marcharse *to go away, leave*
negar (ie) *to deny*	negarse (a) *to refuse*
parecer *to appear, seem*	parecerse (a) *to resemble*
poner *to put, place*	ponerse *to put on (clothing)*
preocupar *to preoccupy*	preocuparse (de) *to worry about*
probar (ue) *to try, taste*	probarse *to try on*
quedar *to be left*	quedarse *to stay, remain*
quitar *to take away, remove*	quitarse *to take off*
sentar (ie) *to seat (someone)*	sentarse *to sit down*
vestir (i, i) *to dress (someone)*	vestirse *to get dressed*
volver (ue) *to return*	volverse *to turn around*

3. All of the preceding verbs can be used with direct and indirect objects
   instead of being used reflexively.

   Me parece muy buena idea.   *It seems like a very good idea to me.*

   Note the difference between nonreflexive use with the indirect object
   and reflexive use:
   Le quitaron los zapatos al niño.   *They took off the boy's shoes.*
   Se quitó los zapatos.   *He took off his (own) shoes.*

4. Sometimes there is little difference in meaning between nonreflexive and
   reflexive forms. In such cases, the reflexive form is more emphatic and
   usually more colloquial and personal.

La mujer cayó.   *The woman fell.*
La mujer se cayó.   *The woman fell down.*

Murió el presidente.   *The president died.*
Se murió mi padre.   *My father died. (Reflexive intensifies sense of personal loss.)*

D. The following words can also be used to express reflexive meaning.

  1. The reflexive prepositional pronoun **sí** (*himself, herself, yourself, themselves,* or *yourselves*) can be used after prepositions to express reflexive meaning. **Sí** combines with **con** to form **consigo** (invariable in form).

El trabaja para sí.
He works for himself.

El vigilante siempre tiene la pistola consigo.
The guard always has his pistol with him.

Siempre hablan español entre sí.
They always speak Spanish among themselves.

  2. **Mismo (-a, -os, -as)** is used after subject and prepositional object pronouns to create or intensify a reflexive meaning. **Mismo** always agrees in number and gender with the referent.

Ella me dijo—Yo misma no quiero mudarme, pero mi marido nos compró una casa nueva.
She told me, "I myself don't want to move, but my husband bought us a new house."

El mismo me dio las noticias del suicidio.
He himself gave me the news of the suicide.

María, debes comprarlo para ti misma.
Mary, you ought to buy it for yourself.

Ellos quieren hacerlo para sí mismos.
They want to do it for themselves.

[Ejercicios A–C]

E. Plural reflexive pronouns (**se, os, nos**) are often used to express reciprocal actions.

Se tratan con cariño.   *They treat each other with affection.*
No nos hablamos.   *We don't speak to each other.*

    The phrase **uno a otro** (**una a otra, unos a otros, unas a otras**) may be added for emphasis or clarity. The feminine forms are used only when all involved are female.

Los estudiantes se ayudan. { *The students help themselves.*
                           { *The students help each other.*
Los estudiantes se ayudan unos a otros.   *The students help each other.*

Las muchachas se hablan. { *The girls talk to themselves.*
{ *The girls talk to each other.*
Las muchachas se hablan una a otra.   *The (two) girls talk to each other.*

The preposition used to link the two parts of the clarifying phrase depends on the preposition required by the verb. It is not always **a.**

El padre y su hijo se quejan uno de otro.
The father and his son complain about each other.

[Ejercicios D–E]

F. Actions that take place accidentally or without premeditation are expressed with the reflexive pronoun **se** + *indirect object* (the person involved). The verb agrees in number with the subject, which generally follows.

REFLEXIVE	INDIRECT OBJECT	VERB	SUBJECT
Se	me	olvidó	el número.

Se me olvidó el número.
I forgot the number.   (The number slipped my mind.)

Se nos perdieron los sellos.
We lost the stamps.   (The stamps got lost on us.)

No se le ocurrió disparar la pistola.
It didn't occur to him to fire the pistol.   (Firing the pistol didn't occur to him.)

Note the similarity to the **gustar** construction (indirect object + verb + subject). (See **Capítulo 4.**)

Verbs commonly used in this construction include:

acabar   *to run out*
caer   *to fall*
ocurrir   *to occur*
olvidar   *to forget*
perder (ie)   *to lose*
quedar   *to remain*
romper   *to break*

The verb is frequently in the preterite or the **ir** + **a** + *infinitive* construction.

¡Cuidado! ¡Se te va a caer el vaso!
Be careful! You're going to drop the glass! (The glass is going to fall from your hands.)

Se le rompió el brazo.
He broke his arm. (His arm broke on him.)

[Ejercicio F]

■ *Interrogative Pronouns*

Interrogative pronouns are used to refer to a previously mentioned noun or to inquire about a noun that has not yet been mentioned.

A. **¿*Qué?* = What?**

Qué is invariable in form; it refers only to things or to ideas. **Qué** can function as subject, object, or object of a preposition.

¿Qué pasa?   *What is happening?*
¿Qué haces?   *What are you doing?*
¿De qué habla?   *What is he talking about?*

B. **¿*Cuál, cuáles?* = Which (one), which (ones)?**

Cuál(es) has two forms: a singular and a plural. It can refer to people or things, and agrees in number with the noun it replaces.

—Hay dos películas que podemos ver.   *"There are two movies (that) we can see."*

—¿Cuál prefieres?   *"Which one do you prefer?"*

—Hay muchos guantes aquí.   *"There are many gloves here."*
—¿Cuáles son los tuyos?   *"Which ones are yours?"*

¿Cuál es tu novela favorita?   *What is your favorite novel?*

¿Cuáles fueron los países del   *What were the countries*
   viejo imperio romano?   *of the old Roman empire?*

C. **¿*Qué?* versus ¿*Cuál?***

Both ¿**Qué es**... ? and ¿**Cuál es**... ? express *What is . . . ?* The two constructions are not interchangeable, however.

1. ¿**Qué** + **ser**... ? is used when the expected answer is a definition or an explanation.

   ¿Qué es un vigilante?   *What is a vigilante?*
   ¿Qué son plátanos?   *What are plantains?*

2. ¿**Cuál(es)** + **ser**... ? is used when the expected answer is one of a number of possible choices. ¿**Cuál(es)**? answers the question *which one of many*.

   ¿Cuál es tu teléfono?   *What is your phone number?*
   ¿Cuáles son los países de habla española?   *What are (which are) the*
       Spanish-speaking countries?

D. **¿*Quién, quiénes?* = Who, whom?**

Quién(es) has two forms: singular and plural. It refers only to people, and agrees in number with the noun it replaces. The use of **quién** in questions anticipates a singular answer; **quiénes** anticipates a plural.

—¿Quién habla?   *"Who is speaking?"*
—Habla María.   *"Mary is speaking."*

—¿Quiénes hablan?   *"Who is speaking?"*
—Hablan María y Jorge.   *"Mary and Jorge are speaking."*

Quién(es) can function as a subject, object, or object of a preposition. As a direct object, it is preceded by the personal **a.**

¿Quién viene?   *Who is coming?*
¿A quién ves?   *Whom do you see?*

The phrase ¿**de quién(es)**? expresses English *whose, of whom*?

—¿De quién es este reloj?   *"Whose watch is this?"*
—Es de Juan.   *"It's John's."*

—¿De quiénes son estas revistas?   *"Whose magazines are these?"*
—Son de Ana y Teresa.   *"They are Ana's and Teresa's."*

E. ***¿Cuánto, cuánta?* = How much?; *¿Cuántos, cuántas?* = How many?**

The forms of the interrogative pronoun **cuánto** are identical to those of the interrogative adjective. The forms can refer to people, things, or ideas, and they agree in number and gender with the noun they replace.

¿Cuántos estudiantes estudian en la universidad? (interrogative adjective)
How many students are studying in the university?

¿Cuántos estudian en la universidad? (interrogative pronoun)
How many are studying in the university?

No queda mucha crema. ¿Cuánta necesitamos?
There isn't much cream left. How much do we need?

[Ejercicios G–H]

■ *Relative Pronouns*

In English the relative pronouns are *who, whom, whose, that,* and *which*. A relative pronoun serves two functions within a sentence:

- It replaces and refers to a previously mentioned noun or pronoun, which is called its antecedent.
- It serves as a subordinator that connects the main clause of a sentence with a dependent (subordinate) clause.

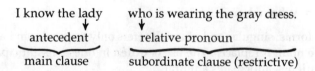

The subordinate clause is either restrictive or nonrestrictive. A restrictive clause is necessary for the meaning of the sentence, and *cannot* be eliminated without affecting meaning. A nonrestrictive clause adds additional but non-essential information, and *can* be eliminated without changing meaning. In Spanish and English, a nonrestrictive clause is set off by commas.

Nicolás Martínez, a quien conocí en Honduras, se suicidó.
Nicolás Martínez, whom I met in Honduras, committed suicide.

In English, the relative pronoun may sometimes be omitted.

The movie I saw yesterday was very entertaining.

In Spanish, the relative pronoun must be expressed.

La película **que** vi ayer fue muy divertida.

Here are the most frequently used Spanish relative pronouns.

A. *Que* = Who, that, which

Que is the most common relative pronoun. It is invariable in form and can refer to persons, things, or ideas. It can function as the subject or object of its clause, and when it refers to things, it can also be used as the object of a preposition. **Que** can be used in restrictive and nonrestrictive clauses.

El joven que toca la guitarra es mi hermano.
The young man who is playing the guitar is my brother.

Este coche, que compré de segunda mano, todavía funciona bien.
This car, that I bought secondhand, still runs well.

El bolígrafo con que escribo es nuevo.
The pen with which I am writing is new.

B. *Quien(es)* = Who, whom

The pronoun **quien(es)** refers only to people, and agrees in number with its antecedent. It is most commonly used after prepositions of one syllable (**a, con, de**) or to introduce restrictive clauses.

Carlota es la joven con quien trabajo.
Carlota is the young woman with whom I work.

La señora Cruz, quien vive al lado de mi tía, es muy vieja.
Mrs. Cruz, who lives next door to my aunt, is very old.

Quien(es) is also used to express *he who, those who, the ones who,* and so on.

Quien tiene suerte gana.   *He who is lucky wins.*
Quienes no estudian no aprenden.   *Those who don't study don't learn.*

Que is usually used instead of **quien** as a direct object. It does not require the personal **a.**

Ella es la señora que (a quien) conocí en el restaurante.
She is the lady that (whom) I met in the restaurant.

C. **El que (la que, los que, las que)**
   El cual (la cual, los cuales, las cuales) } **That, which, who, whom**

El que and **el cual** can refer to people or things, and agree in number and gender with their antecedent. They are used in the following ways.

1. For clarification when there is more than one possible antecedent.

   El **marido** de mi **amiga,** quien trabaja en el banco, va a España.   (*Two possible antecedents of* **quien.**)
   El marido de mi amiga, el que (el cual) trabaja en el banco, va a España.

   Here the masculine form of **el que (el cual)** makes it clear that the reference is to **el marido** rather than to **mi amiga.**

2. After the prepositions **por** and **sin,** or after prepositions of two or more syllables.

   La ciudad antigua tiene murallas detrás de las que (las cuales) se encuentran casas pintorescas.
   The old city has walls behind which picturesque houses are found.

   La elección nos asegura la justicia por la que (la cual) todos luchamos.
   The election assures us the justice for which we all struggle.

3. **El que (la que, los que, las que)** is used to express *the one who, he who, the ones who.* (The **el cual** forms are not used for this purpose.)

   El que (Quien) tiene dinero, tiene amigos.
   He who has money has friends.

   No puedo encontrar los que necesito.
   I can't find the ones I need.

D. **Lo cual, lo que = Which, what, that which**

The neuter **lo** is used with the relative pronouns **cual** and **que** to refer to a previously mentioned idea or concept that has neither number nor gender. This same idea is expressed in English by *which.*

El médico dijo que la niña estaba muy enferma, **lo cual** (lo que) me asustó.
The doctor said that the girl was very sick, which frightened me.

When the neuter **lo** is used with the relative pronoun **que,** the combination **lo que** is often expressed in English by *what* or *that which.*

Lo que el médico me dijo parecía imposible.   *What the doctor said (to me) seemed impossible.*
Lo que tengo es tuyo.   *That which (What) I have is yours.*

[Ejercicios I–K]

Ejercicios

A. Dé oraciones nuevas según las palabras entre paréntesis.

1. *Yo me quejo del trabajo.* (*Tú, ellos, Elena y yo, Carlos, nosotros*)
2. *¿Tú te atreves a hacerlo?* (*él, nosotras, Uds., Felipe, ellas, yo*)
3. *Carla siempre se enferma cuando hay un examen.* (*los alumnos, tú, Carla y yo, yo, Paco, Ud.*)

B. ¿Qué hacen estas personas? Complete las siguientes oraciones, cambiando los verbos indicados al reflexivo según el modelo.

MODELO Susana *acuesta* a su hermanito; luego... →
Susana acuesta a su hermanito; luego se acuesta ella misma.

1. Yo voy a *bañar* el perro; luego...
2. Uds. tienen que *despertar* a su compañero de cuarto; pero primero...
3. *Acuesta* a tu hijito; después...
4. Mariela *viste* a su hija con elegancia; también...
5. El payaso va a *divertir* a los niños en la fiesta; además...

C. ¿Qué quiere Ud. que hagan—o no hagan—sus amigos y parientes? Conteste las siguientes preguntas, primero con mandatos negativos y luego con mandatos afirmativos, según los modelos.

MODELOS ¿Nos levantamos temprano? (nosotros / más tarde) →
No, no nos levantemos temprano.
Levantémonos más tarde.

¿Me marcho ahora? (Ud. / mañana) → No, no se marche ahora.
Márchese mañana.

¿Me levanto a las seis? (tú / a las ocho) → No, no te levantes a las seis.
Levántate a las ocho.

1. ¿Me pongo el gorro rojo? (Ud. / el negro)
2. ¿Me pruebo el suéter? (tú / la chaqueta)
3. ¿Nos decidimos pronto? (Uds. / después de almorzar)
4. ¿Me pruebo el suéter en mi cuarto? (tú / en la cocina)
5. ¿Nos levantamos temprano? (Uds. / tarde mañana)
6. ¿Nos vamos pronto? (nosotros / un poco más tarde)
7. ¿Nos sentamos más cerca? (nosotros / aquí mismo)
8. ¿Me caso con Alfredo? (Ud. / con Miguel)

D. ¿Se llevan bien estas personas? Combine las siguientes oraciones para formar otras oraciones que expresan acciones recíprocas. Siga el modelo.

MODELO Ud. me habla. Yo le hablo a Ud. también. → Nosotros nos hablamos.

1. María le escribe a Juana. Juana le escribe a María también.
2. Carlos saluda a Felipe. Felipe saluda a Carlos también.
3. Las niñas ayudan a los niños. Los niños ayudan a las niñas también.
4. Yo lo respeto a Ud. Ud. me respeta a mí también.
5. Tú me ves en la clase. Yo te veo en la clase también.

E. Ahora repita el ejercicio anterior, añadiendo la forma correcta de **uno a otro** a cada oración.

MODELO   Nosotros nos hablamos uno a otro.

F. **¡Qué distraídos somos!** Describa lo que les pasa a estas personas, formando oraciones completas combinando las palabras o frases de cada columna. Haga los cambios necesarios. Hay muchísimas posibilidades.

MODELO   A mí se me pierden siempre los libros.

a nosotros		me	olvidar		la fecha
a mí		te	perder		las llaves
a ti		les	caer		la pistola
a ellos	se	nos	romper	siempre	firmar el cheque
a Manuel		le	acabar		cerrar las ventanas
a los Gómez			_?_		las palabras nuevas
a Ud.					la leche
a Ana y a mí					los platos
_?_					_?_

G. **¿Cuál fue la pregunta?** Basándose en el cuento «¡Para que ella vea!», haga las preguntas que reciben las siguientes respuestas. Las preguntas deben comenzar con uno de estos pronombres interrogativos: **¿qué?** / **¿quién?** / **¿cuánto/a/os/ as?**

MODELO   Mariano era oficial de policía.   →   ¿Quién era Mariano?

1. Mariano era oficial de policía.
2. Una vecina entró a gritos.
3. —¡Mi marido! ¡Se ha suicidado!
4. —Cálmese, señora.
5. Se puso el gorro y el sable.
6. Un vigilante acompañó a Mariano.
7. Mariano derribó la puerta.
8. Encontró al hombre tendido en la cama.
9. Mariano tuvo ganas de zurrar al hombre.
10. Mariano le dio la pistola y le dijo que tenía que suicidarse.
11. El hombre mató a tres personas.
12. Mató a Mariano, al vigilante y a su esposa.

H. **¿Una fiesta?** Complete el diálogo con la forma correcta de estos pronombres interrogativos: **¿qué?** / **¿cuál?** / **¿quién?** / **¿cuánto?**

FELIPE: Hola, Carlos. Habla Felipe. ¿ _____ haces?

CARLOS: Escuchamos discos. ¿No quieres venir?

FELIPE: Sí, cómo no. ¿Quieres que lleve algo? Tengo discos brasileños,... cubanos,... ¿ _____ prefieres? ¿ _____ debo llevar?

CARLOS: ¿ _____ tienes? No necesitamos muchos.

FELIPE: ¿ _____ dices? ¡No podemos bailar sin discos! ¿ _____ personas están ya allí? ¿ _____ chicas vienen?

CARLOS: ¿Bailar? ¿Chicas? Oye, Felipe, esto no es una fiesta. Estudiamos y escuchamos discos al mismo tiempo, nada más. ¿ _____ te habló de fiestas?

I. Complete las siguientes oraciones con la forma correcta de estos pronombres relativos: **que / quien / el que / el cual / lo que / lo cual.**

1. Dígame _____ quiere.
2. ¿Cómo se llama el señor a _____ escribiste para pedir información?
3. Allí están los apartamentos enfrente de _____ van a construir el club nuevo.
4. La mujer con _____ habla Paco es la madre de su novia.
5. _____ no trabaja no come.
6. Fernando es muy egoísta; siempre hace _____ le da la gana.
7. La película _____ dan esta semana en el Cine Novedades es muy buena.
8. Ese profesor, _____ es el vecino de los García, acaba de publicar un libro importantísimo.
9. Esa es la muchacha _____ vi anoche con Pedro.
10. La mujer del presidente es _____ fue nombrada miembro de la Comisión para la Liberación de la Mujer.

J. Exprese en español.

1. My husband says he's going to commit suicide. He shut himself up in his room, and he says he's going to shoot himself.
2. Calm down, ma'am. What is your husband's name?
3. His name is Horacio Delgado. Call the police for me, please.
4. Right away, Mrs. Delgado. Don't worry. It's not your fault.
5. I hope he changes his mind; . . . I hope he doesn't find his pistol; . . . I hid it under the night table.

K. **Entrevista/Discurso.** ¿Qué hace Ud. durante un día típico? Entreviste a un compañero (una compañera) de clase, usando las siguientes preguntas como guía. Luego prepare una breve descripción de un día típico de la vida de su compañero (compañera) y preséntela a la clase.

PRIMER PARRAFO

¿Tienes un horario fijo o flexible? ¿A qué hora te despiertas? Por lo general, ¿a qué hora te levantas? ¿y los fines de semana? ¿Te bañas por la noche o por la mañana? ¿con agua fría o caliente? ¿Desayunas? ¿Te vistes antes o después de comer? ¿Alguien te prepara el desayuno o te lo preparas tú mismo/a? ¿Cuántas veces comes al día? ¿Cuál es tu comida favorita? ¿Qué tienes ganas de comer ahora mismo? ¿Te atreves a comer todo lo que quieres? ¿o temes engordar?

SEGUNDO PARRAFO

¿Cuántos cuartos hay en tu casa (apartamento, residencia)? ¿Y cuántos compañeros de cuarto tienes? ¿Se llevan bien tú y tus compañeros de cuarto? ¿Se llevan bien con los vecinos también? ¿Se ayudan Uds. con los estudios? ¿con los quehaceres domésticos? ¿O sólo se quejan uno de otro? ¿Hablan mucho entre sí? ¿De qué hablan? ¿Te preocupas por tus compañeros? ¿Y a ellos les interesan los problemas tuyos? ¿Se cansan Uds. a veces unos de otros? ¿Se aburren de vez en cuando? ¿Qué haces cuando te aburres? ¿Cómo te animas?

Un día típico de tu vida, ¿está lleno de sucesos agradables o desagradables? ¿Te levantas a menudo con el pie izquierdo (*on the wrong side of the bed*)? ¿Se te olvidan muchas cosas? ¿Qué se te olvida con más frecuencia? ¿Se te pierde algo con regularidad? ¿las llaves del coche? ¿los anteojos? ¿los libros? ¿Te enfadas cuando se te cae o se te rompe algo?

CUARTO PARRAFO

¿Te cansas fácilmente? ¿Te duermes en clase? ¿Puedes dormirte sin dificultad por la noche? ¿Qué haces cuando no puedes dormirte? ¿Tomas un vaso de leche tibia? ¿un brandy? ¿Lees un libro aburrido? ¿Miras un programa de televisión? ¿O te decides a quedarte despierto/a toda la noche?

Temas para libre expresión

■ Temas literarios

A. Un escritor puede usar lo inesperado para crear el humor. Cuando el lector lee algo que es totalmente inesperado, le parece absurdo y por eso puede ser cómico. Enrique Anderson Imbert construye cuidadosamente su cuento «¡Para que ella vea!» para explotar lo inesperado como recurso cómico. Hay varios momentos en que los personajes actúan de una manera inesperada.

1. Las primeras líneas del cuento parecen muy serias y nos hacen anticipar una escena trágica: el descubrimiento del suicidio de un hombre que deja a su esposa y a sus hijos solos y tristes.

   • ¿Qué esperamos encontrar cuando Mariano abre la puerta?
   • ¿Qué encuentra Mariano?

2. Cuando Mariano encuentra al marido, aquél no actúa lógicamente.

   • ¿Qué creemos lógicamente que Mariano va a hacer?
   • ¿Qué hace?

3. El marido tampoco hace lo que esperamos.

   • Cuando Mariano le da la pistola, ¿qué pensamos que va a hacer?
   • ¿Qué hace?

B. La ironía muchas veces es el resultado de lo inesperado. ¿Por qué es especialmente irónico el hecho de que el hombre mata a su *esposa* al final?

■ Temas personales

A. En las relaciones entre hombres y mujeres, ambos hacen muchas cosas «para que él/ella vea».

- ¿Qué cosas hacen los hombres para que las mujeres vean que son (o van a ser) fuertes? ¿guapos? ¿valientes? ¿inteligentes? ¿buenos esposos? MUJERES: ¿Cúales de estas características son las más importantes para Ud. en el hombre?
- ¿Qué cosas hacen las mujeres para que los hombres vean que son (o van a ser) guapas? ¿inteligentes? ¿buenas esposas? ¿simpáticas? ¿buenas madres? ¿buenas amas de casa? HOMBRES: ¿Cuáles de estas características son las más importantes para Ud. en la mujer?

B. ¿Qué características masculinas se asocian con el machismo?

- ¿Cómo es el macho?
- ¿Es muy macho el «héroe» del cuento de Anderson Imbert?
- ¿Cómo se manifiesta el machismo en los deportes? ¿en el trabajo? ¿en la vida doméstica?
- ¿Qué actores de cine tienen fama de ser muy machos?
- ¿Qué papeles (*roles*) hacen usualmente?

C. MUJERES: ¿Prefieren Uds. a los hombres muy machos? ¿Por qué sí (no)?
HOMBRES: ¿Les gusta a Uds. hacer el papel de macho? ¿Por qué sí (no)?

Estudio de palabras

There are several ways to express *to become* in Spanish. Sometimes only one Spanish verb or verb phrase is appropriate. At other times the speaker may choose one of several Spanish constructions, depending on the precise meaning intended.

■ Hacerse

Hacerse can be followed by both nouns and adjectives. When the idea of becoming depends on the voluntary effort of the person(s) involved or indicates a natural transition from one state to another, *become* = **hacerse.**

Paco quiere hacerse médico.
Paco wants to become a doctor.

El se hizo rico cuando descubrió petróleo en Alaska.
He became rich when he discovered oil in Alaska.

■ Llegar a ser

Llegar a ser indicates becoming as the result of a gradual process. When becoming is seen as a result of time and circumstances rather than as the result of personal effort, *become* = **llegar a ser.**

Después de varios años, llegó a ser presidenta de la compañía.
After several years, she became president of the company.

■ Ponerse

Ponerse is generally followed by adjectives. When *become* + *adjective* refers to a change in emotional state or physical appearance, *become* = **ponerse.** (*To become* in this context is often expressed colloquially in English as *to get.*)

Siempre se pone rojo cuando se enoja.
He always becomes (gets) red when he becomes (gets) mad.

Juan se puso gordo mientras viajaba por Italia.
John became (got) fat when he was traveling in Italy.

■ Volverse

Volverse is followed by adjectives. To stress a sudden or violent change from one state to another, *become* = **volverse.**

Después de la muerte de su esposa, el pobre se volvió loco.
After the death of his wife, the poor man became (went) insane.

■ Convertirse (ie, i) en

When *become* refers to a change in the basic nature of a person or thing, *become* = **convertirse.**

Se convirtió en un hombre triste y melancólico.
He became a sad and melancholy man.

Después de millones de años, los restos de las plantas prehistóricas se convirtieron en carbón.
After millions of years, the remains of prehistoric plants became (turned into) coal.

A. Complete las siguientes oraciones con la palabra o frase apropiada para expresar *to become*.

    1. El año pasado (él) _____ gerente del banco donde había trabajado veinte años.

    2. ¡Qué niña tan bonita! Me imagino que va a _____ en una mujer sumamente hermosa.

    3. El empleado _____ pálido cuando el jefe le acusó de haber robado el dinero.

    4. Elena es muy lista. Ahora estudia en la universidad y trabaja en una farmacia. Quiere _____ farmacéutica.

    5. Si se sigue tocando ese disco roto voy a _____ loco.

B. Conteste las siguientes preguntas.

    1. ¿Se pone Ud. bronceado/a después de tomar el sol?

    2. Cuando hace mucho frío, ¿en qué se convierte el agua?

    3. Si muere el presidente de los Estados Unidos, ¿quién llega a ser presidente?

    4. ¿Quieres hacerte hombre (mujer) de negocios o vendedor(a)?

    5. ¿Qué caballero famoso se volvió loco después de leer muchos libros de caballerías?

CAPITULO

6

LECTURA

La pierna dormida
La araña
*Enrique Anderson
Imbert*

GRAMATICA

■ Uses of the
Preterite

Resumen de estructuras

■ Forms of the Preterite

Regular Verbs

HABLAR		COMER		VIVIR	
hablé	hablamos	comí	comimos	viví	vivimos
hablaste	hablasteis	comiste	comisteis	viviste	vivisteis
habló	hablaron	comió	comieron	vivió	vivieron

Stem-changing Verbs

PREFERIR (E → IE, I)		DORMIR (O → UE, U)		PEDIR (E → I, I)	
preferí	preferimos	dormí	dormimos	pedí	pedimos
preferiste	preferisteis	dormiste	dormisteis	pediste	pedisteis
prefirió	prefirieron	durmió	durmieron	pidió	pidieron

Other common stem-changing verbs include:

(E → IE, I)		(O → UE, U)	(E → I, I)	
arrepentirse	mentir	morir	competir	reír
convertir(se)	sentir		conseguir	repetir
divertir(se)	sugerir		corregir	servir
			despedir(se)	vestir(se)
			medir	

Irregular Verbs

1. Irregular Conjugations

DAR		IR/SER		VER	
di	dimos	fui	fuimos	vi	vimos
diste	disteis	fuiste	fuisteis	viste	visteis
dio	dieron	fue	fueron	vio	vieron

2. Irregular Stems and Irregular Endings

andar:	anduve	anduvimos
	anduviste	anduvisteis
	anduvo	anduvieron

Verbs conjugated with the same endings as **andar** include:

-v-	estar: estuve	-u-	caber: cupe	-i-	hacer: hice (hizo)	-j-	decir:	dije (dijeron)
	tener: tuve		haber: hube		querer: quise		introducir: introduje (introdujeron)
			poder: pude		venir: vine		traer:	traje (trajeron)
			poner: puse					
			saber: supe					

Spelling Changes in the Preterite

c → **qu** before **-e**: buscar: busqué (*but*: buscaste, buscó, etc.)

Also:
acercar	dedicar	sacar
colocar	equivocar	tocar
comunicar	explicar	

z → **c** before **-e**: cruzar: crucé (*but*: cruzaste, cruzó, etc.)

Also:
alcanzar	empezar (ie)	rezar
almorzar (ue)	gozar	tropezar (ie)
comenzar (ie)	realizar	

g → **gu** before **-e**: llegar: llegué (*but*: llegaste, llegó, etc.)

Also:
castigar	entregar	pagar
colgar (ue)	jugar (ue)	rogar (ue)

i → **y** between vowels: leer: leyó (*but*: leí, leíste, etc.)

Also:
caer	creer	construir

Lectura

*Enrique Anderson Imbert[1] is famous for his stories-in-miniature called **casos.** His creation of the **caso** is perhaps his most original contribution to Spanish American literature. The two stories that follow and the one in **Capítulo 15** are taken from the collection **El grimorio**; the title is taken from the medieval word for magic book. In his own "magic book," Anderson Imbert creates a world of fantasy where the world as we know it is sometimes turned upside down. In "**La lluvia**" a man drowns in a rain-flooded room while outside the sun shines brightly. Machines take on human characteristics, and humans, like the men in "**La pierna dormida**" and "**La araña**," become fragmented—like machines—into detachable, interchangeable parts. In all of these stories the real world vanishes, and the reader is left in a world of magic that is often the mirror image of reality.*

La pierna dormida

Esa mañana, al despertarse, Félix se miró las piernas, abiertas sobre la cama, y, ya dispuesto° a levantarse, se dijo: «¿y si dejara la izquierda aquí?»° Meditó un instante. «No, imposible; si echo la derecha al suelo, seguro que va a arrastrar° también la izquierda, que lleva pegada.° ¡Ea! Hagamos la prueba.»° Y todo salió bien. Se fue al baño, saltando en un solo pie, mientras la pierna izquierda siguió dormida sobre las sábanas.°

> ready / **si**... if I left the left one here?
>
> to drag along / attached / **¡Ea!**... Hey! Let's try it.
>
> sheets

La araña

Sentí algo en mi mano, miré y era una araña.

Fui a° decirle: «¿Qué haces aquí?»

Pero la araña se me adelantó° y me dijo:

—¿Qué haces aquí?

Entonces fui a decirle: «No quisiera molestarte, pero éste es mi mundo, y debes irte... »

Otra vez la araña se me adelantó y me dijo:

—No quisiera molestarte, pero éste es mi mundo y debes irte.

Comprendí que así era imposible dialogar. Le dejé la mano y me fui.

> **Fui**... I was going to
>
> **se**... anticipated me

---

[1]See the introduction to Anderson Imbert in **Capítulo 5.**

Comprensión

¿Cierto o falso? Corrija las oraciones falsas.

1. Félix se despertó durante la noche.
2. Se fue al baño.
3. Dejó la pierna derecha en la cama.
4. Caminó saltando en un solo pie.
5. El hombre encontró una araña en la cabeza.
6. El hombre estaba dispuesto a compartir su mundo con la araña.
7. La araña le habló al hombre.
8. El hombre no pudo dialogar con la araña.
9. Se fue y le dejó la mano a la araña.

ANSWERS: 1. Falso 2. Cierto 3. Falso 4. Cierto 5. Falso 6. Falso 7. Cierto
8. Cierto 9. Cierto

Vocabulario

la **araña** *spider*
el **baño** *bathroom*
derecho/a *right (side, direction)*

izquierdo/a *left (side, direction)*
la **mano** *hand*
el **pie** *foot*

la **pierna** *leg*
saltar *to jump, hop*
el **suelo** *floor*

Gramática

■ *Uses of the Preterite*

The Spanish preterite is the past tense used to report actions or states that the speaker views as having terminated at the time he reports them. The Spanish preterite corresponds to the English simple past tense and to the emphatic form with *did*. (For the use of the Spanish present perfect to express the English simple past, see **Capítulo 10**.)

Estudié mucho anoche.   *I studied a lot last night.*
No aprobé el examen.   *I didn't pass the exam.*
¡Pero sí estudié!   *But I **did** study!*

The preterite is used in the following contexts:

1. To report the beginning or end of an action that took place in the past, or to report a series or sequence of actions that is viewed as having been fully completed.

   Roberto cerró la puerta con llave.
   Roberto locked the door.

   El hombre se asustó cuando vio la araña.
   The man was frightened when he saw the spider.

   Cuando empezó a llover, volvimos a casa.
   When it began to rain, we returned home.

   Llegué tarde a casa, me acosté en seguida y tuve una pesadilla terrible.
   I arrived home late, went to bed immediately, and had a horrible nightmare.

2. To report actions or states of being that are viewed as confined to a limited period of time in the past—regardless of how often an action took place within this limited time frame or how long a condition lasted. The use of the preterite in such cases indicates that this action or state no longer exists at the present time.

   Esperaron una hora en el despacho del médico.
   They waited for an hour in the doctor's office.

   Nevó mucho el año pasado.
   It snowed a lot last year.

   Ayer la llamé por teléfono tres veces.
   I phoned her three times yesterday.

Después de la muerte de su papá, estuvo deprimido todo el año.
After his father's death, he was depressed the whole year.

Cuando estuvimos en Madrid, vivimos cerca del Prado.
When we were in Madrid, we lived near the Prado.

3. To report drastic changes in mental or physical states that occurred at a given point in the past.

El hombre se volvió loco después de perder todo su dinero.
The man went crazy after losing all his money.

Al oír las noticias, se puso triste.
Upon hearing the news, he became sad.

Después de escuchar la explicación de la profesora, lo entendí todo.
After hearing the professor's explanation, I understood everything.

4. To express *ago* in time expressions with **hace.** When time expressions introduced by **hace** are used with preterite tense verbs, **hace** means *ago.*

Llegamos hace media hora.   *We arrived half an hour ago.*
Nos vimos hace una semana.   *We saw each other a week ago.*

If the time expression begins the sentence, it is usually followed by the subordinator **que.**

Hace media hora que llegamos.
Hace una semana que nos vimos.

5. To report main actions that interrupt the ongoing flow of events in the past. (See **Capítulo 7**, use of the preterite and imperfect in continuous narration.)

Todos dormían cuando sonó el despertador.
Everyone was sleeping when the alarm clock rang.

Carlos y Raúl discutían cuando Paco gritó «¡Basta!».
Carlos and Raul were arguing when Paco shouted "Enough!".

Ejercicios

A. Dé oraciones nuevas según las palabras entre paréntesis.

1. *El* contestó la pregunta.   (*nosotros, tú, Ud., los alumnos, yo, Juan y yo*)
2. *Yo* vendí la casa.   (*él, ellos, Uds., tú, nosotras, Lilia*)
3. *Ellos* vivieron cerca del centro.   (*yo, María y Marta, Uds., tú, Julio y yo, ella*)

B. Algunas cosas no cambian nunca; otras sí. Complete las siguientes oraciones con la forma correcta del pretérito del verbo indicado para describir lo que pasó antes.

MODELO   Casi siempre *cenamos* en casa; ayer...   →
Casi siempre *cenamos* en casa; ayer *cenamos* en un restaurante.

1. Todos los domingos Estela *duerme* hasta muy tarde; el domingo pasado...
2. El agua siempre se *convierte* en hielo a los treinta y dos grados; ayer cuando bajó la temperatura...
3. La profesora *repite* las preguntas muchas veces; hace un rato...
4. Hoy *voy* a una reunión a las siete; anoche también...
5. *Soy* estudiante de tercer año; el año pasado...
6. Normalmente Memo *conduce* su propio coche; pero ayer no...
7. A menudo un vendedor *viene* a vendernos revistas; la semana pasada...
8. ¿Por qué no me lo *dices* nunca? ¿... antes?
9. Juan no *está* en clase hoy;... ayer tampoco.
10. Cada mañana Paco se *pone* el abrigo y se *va* a trabajar; esta mañana...

C. ¿Por qué llegó Ud. tarde? Exprese las siguientes disculpas (*excuses*) en singular, usando el sujeto **yo.**

1. Llegamos tarde porque salimos de casa tarde.
2. Nos asustamos cuando vimos la hora.
3. No pudimos hacerlo más rápidamente.
4. Buscamos un taxi pero no encontramos ninguno.
5. Decidimos tomar el autobús en vez de ir a pie.
6. Tuvimos mucha suerte de alcanzar un autobús directo.
7. Pagamos el doble porque no trajimos cambio.
8. Se lo explicamos todo al jefe y le prometimos no llegar tarde otra vez.

D. **La clase de historia.** Conteste las siguientes preguntas.

1. ¿Qué clase de historia tomó Ud. el año pasado?
2. ¿Cuántas horas de clase recibieron la semana pasada?
3. ¿Fue una buena clase?
4. ¿Tuvieron Uds. que estudiar mucho? ¿Cuánto aprendieron? A ver.
5. ¿Qué palabras famosas dijo Patrick Henry durante la Guerra de la Independencia?
6. ¿Tuvieron mucha hambre los soldados de Jorge Washington?
7. ¿Cuándo y por qué vinieron muchos cubanos a los Estados Unidos?
8. ¿Quiénes firmaron la Declaración de Independencia?
9. ¿Qué hizo el presidente Ricardo Nixon por este país?
10. ¿Qué países produjeron mucho petróleo el año pasado?
11. ¿Quién tradujo la Biblia a la versión conocida por *the King James version*?
12. ¿Cuántos años duró la Guerra de los Cien Años?

E. **Un viaje a Colombia: Pedro, Felipe y yo.** Complete las siguientes oraciones con la forma correcta del pretérito del verbo entre paréntesis.

1. La primera vez que Pedro y Felipe _____ (estar) en Colombia, _____ (andar) mucho porque no _____ (querer) tomar ningún autobús.
2. Pero esta vez (nosotros) _____ (decidir) ir a Bogotá por autobús para conocer mejor el país.
3. Nos _____ (gustar) viajar en autobús porque Felipe y yo _____ (conocer) a otros viajeros.

4. Los otros viajeros nos _____ (*mostrar*) la hacienda de Juan Valdés, rodeada de cafetales (*coffee plantations*).

5. Durante el viaje (nosotros) _____ (*saber*) que Colombia _____ (*producir*) más café que el Brasil durante el año pasado.

6. Al llegar a Bogotá, (yo) _____ (*buscar*) a un antiguo amigo colombiano, pero no lo _____ (*encontrar*).

7. (Yo) Les _____ (*explicar*) a sus padres que _____ (*venir*) a Colombia especialmente para ver a su hijo.

8. Ellos me _____ (*creer*) cuando _____ (*leer*) la carta que (yo) _____ (*recibir*) de él hace unos meses.

9. «¿Tú no _____ (*ver*) las noticias de la televisión ayer?» me _____ (*preguntar*) ellos.

10. «Su jefa le _____ (*dar*) una buenísima carta de recomendación, y el mes pasado la compañía lo _____ (*hacer*) gerente de sus operaciones internacionales.»

11. Hace dos semanas que Mario se _____ (*ir*) a Nueva York.

F. Forme por lo menos diez oraciones en el pretérito, cambiando las palabras o frases de cada columna. Haga los cambios necesarios y añada palabras si quiere. Hay muchísimas posibilidades.

MODELOS   Una vez vi una araña en mi vaso de leche.
De repente mi amigo decidió no ir a clase.

ayer	matar	la clase
una vez	ver	una araña
de repente	asistir (a)	la reunión de _____
el año pasado	ir (a)	allí
a las ocho	levantarse	una pierna
una vez	romper(se)	tarde
anoche	decidir	la mano
	_____?	_____?

G. Complete este cuento de Enrique Anderson Imbert con la forma correcta del pretérito del verbo entre paréntesis.

LA LLUVIA

ENRIQUE ANDERSON IMBERT

Por la ventana (él) _____ (*contemplar*) la calle y, a lo lejos, la montaña. La aldea° brillaba bajo el sol. En cambio, dentro de la habitación llovía, llovía. Con resignación _____ (*abrir*) el paraguas y _____ (*sentarse*) en la cama. La lluvia caía copiosamente del cielo raso,° recién pintado de cal,° que ni siquiera tenía el color de una nube. Sabía que era inútil escapar. Antes había escapado, sí, de irregularidades como ésta, pero ¿para qué? para caer en otras peores. Ahora hasta el paraguas le _____ (*parecer*) una tonta protección. Lo _____ (*cerrar*) y _____ (*sentir*) el golpeteo° de la lluvia sobre la cabeza. _____ (*Esperar*). La habitación _____ (*empezar*) a inundarse. Algunos muebles _____ (*empezar*) a flotar. Ya no podía estar de pie, y _____ (*nadar*) de un muro a otro de la habi-

village

cielo... ceiling

pintado... white-washed

beating

tación. _____ (*Mirar*) otra vez por la ventana, pero horizontalmente, como un pez desde su acuario. El paisaje, afuera, radiante de sol. Hasta que no _____ (*poder*) mirar más porque la línea de flotación estaba cerca del cielo raso. Y _____ (*llegar*) al cielo raso donde _____ (*morir*) ahogado.°

°drowned

H. Exprese en español.

1. I went to France when I was twenty years old.
2. Did you (**tú**) speak French last year when you were in Paris?
3. The restaurant in our hotel served breakfast at 6:00 A.M.
4. They included the tip in the bill, but it didn't bother us.
5. Spring arrived late last year in Madrid.
6. We went to the museum to see El Greco's paintings.
7. It began to rain when we arrived at the park.
8. We heard a noise, but there was no one at the door.
9. Finally they were able to find the thief.
10. He broke his leg when he jumped from the window.

I. **Ensayo/Conversación.** ¿Tuvo Ud. miedo alguna vez? ¿Se sintió muy triste en alguna ocasión? ¿Le sorprendió algo raro? Escriba un ensayo o dé un discurso sobre uno de estos temas. No comente Ud. el fondo (*background*) ni las razones que explican el incidente; hable solamente de lo que le pasó a Ud. Use las siguientes preguntas como guía.

PRIMER PARRAFO

¿Cuándo le pasó el incidente que narra? ¿Cuándo empezó a sentir(se) miedo (triste, sorprendido/a)? ¿Por qué se sintió así? ¿Qué le ocurrió? ¿Fue algo diferente de lo normal? ¿Fue completamente inesperado? ¿Vio y oyó algo extraño? ¿Alguien le dijo algo impresionante? ¿Recibió Ud. algo? ¿Fue a un lugar diferente?

SEGUNDO PARRAFO

¿Qué hizo Ud.? ¿Cómo reaccionó ante la situación? ¿Gritó? ¿Pidió ayuda? ¿Corrió? ¿Lloró? ¿Llamó a alguien? ¿Se rió? ¿Fue esto una reacción normal en Ud.?

TERCER PARRAFO

¿Habló con alguien después? ¿Qué le dijo Ud. a esta persona? ¿Y qué le contestó? ¿Hablaron Uds. mucho tiempo? ¿Y cuál fue el final de esta experiencia? ¿Se convirtió el incidente en un recuerdo bueno o malo para Ud.? ¿Aprendió algo de la experiencia?

Temas para libre expresión

■ Temas literarios

El cuento fantástico tiene lugar en el mundo real, el mundo que todos reconocemos. Pero en el cuento fantástico siempre ocurre algo que no sigue las reglas del mundo real. A veces se viola alguna ley natural. Por ejemplo, un personaje desafía la ley de la gravedad y anda en el cielo raso en vez de andar en el suelo. O aparecen seres mágicos o fantásticos que no existen en el mundo real. En el cuento fantástico siempre ocurre una violación de lo que se considera el orden natural del universo.

En el cuento realista los personajes pueden actuar ilógicamente o pueden ocurrir acontecimientos raros, pero si lo que ocurre es posible, según nuestro conocimiento de la realidad, el cuento no es fantástico. No es lógico, por ejemplo, que Celestina se muera cuando oye las buenas noticias, pero *es posible*; no hay ninguna violación del orden natural del mundo. Por eso, «Celestina» (**Capítulo 2**) no es un cuento fantástico.

1. ¿Es un cuento fantástico «La pierna dormida» de Enrique Anderson Imbert? ¿Por qué sí (no)?
2. ¿Es un cuento fantástico «La araña»? ¿En qué vemos la violación del orden natural?
3. ¿En qué son similares estos dos cuentos?
4. ¿Le parece a Ud. que los protagonistas son muy «humanos» o que son más bien como máquinas? ¿Por qué?
5. ¿Anticipa Anderson Imbert la idea del «hombre biónico»? ¿Cómo es el hombre biónico?
6. ¿Es un cuento fantástico «La lluvia»? ¿Por qué sí (no)?
7. ¿En qué es distinto este cuento de «La pierna dormida» y «La araña»? ¿En qué vemos la violación del orden natural?
8. ¿Actúan lógicamente los protagonistas de todos estos cuentos?

■ Temas personales

A. Cuente Ud. la historia de *Little Miss Muffet*. Use el tiempo pretérito cuando sea posible. El poema tradicional es el siguiente.

> Little Miss Muffet
> sat on a tuffet
> eating her curds and whey,
>
> When along came a spider
> and sat down beside her
> and frightened Miss Muffet away.

B. ¿En qué se diferencia el cuento «La araña» de Anderson Imbert del poema inglés? ¿En qué son similares los dos encuentros con una araña?

C. Complete uno de los siguientes párrafos. Describa detalladamente lo que Ud. hizo cuando se encontró con una araña. Use el tiempo pretérito.

1. Tengo miedo de las arañas. La última vez que encontré una araña en mi casa...
2. Creo que es absurdo tener miedo de las arañas. La última vez que encontré una araña en mi casa...

D. En «La pierna dormida» se describe lo que le pasó a Félix cuando trató de levantarse una mañana. Escriba Ud. un párrafo describiendo lo que hizo Ud. durante la primera hora después de levantarse esta mañana. Use el tiempo pretérito.

Estudio de palabras

Both **preguntar** and **pedir** express *to ask*, but in different contexts.

■ *Preguntar*

Preguntar is related to the noun **pregunta.** The verb is used in the following contexts:

- *To ask* in the sense of questioning = **preguntar**

Me preguntó dónde vivía Mercedes.	*He asked me where Mercedes lived.*
Me preguntó,—¿Quieres ir al partido?	*He asked me, "Do you want to go to the game?"*

- *To ask a question* = **hacer una pregunta**

El inspector le hizo muchas preguntas.	*The inspector asked him a lot of questions.*

- *To wonder, ask oneself* = **preguntarse**

Me pregunto si viene o no.   *I wonder if he is coming or not.*

- *To ask about* someone or something = **preguntar por**

Cuando lo veo, siempre me pregunta por ti.	*When I see him he always asks about you.*

■ *Pedir (i, i)*

Pedir means *to ask **for*** something. In Spanish no preposition is needed to express *for;* the meaning of the English preposition is included in the verb. **Pedir** is used in the following contexts:

- *To ask for, to order* (in restaurants) = **pedir**

El hijo le pidió el coche a su papá.	*The son asked his father for the car.*
Siempre pido una hamburguesa cuando voy a McDonald's.	*I always order a hamburger when I go to McDonald's.*

- *To borrow* = **pedir prestado/a**

Prefiero que él no me pida prestado el carro.	*I prefer that he not borrow my car.*

The verbs **saber** and **conocer** both mean *to know,* but the choice between them is determined by context.

■ *Saber*

- *To know* facts or information = **saber**

No sabemos si fue herido o no.	*We don't know if he was wounded or not.*
¿No sabes su número de teléfono?	*Don't you know her telephone number?*
El alumno del Brasil no sabe español.	*The student from Brazil doesn't know Spanish.*

- *To know by heart* = **saber de memoria**

Todos sabemos el padrenuestro de memoria.	*We all know the Lord's Prayer by heart.*

- *To know how to* (do something) = **saber** + *infinitive*

Ellos saben esquiar muy bien.	*They know how to ski very well.*

■ *Conocer*

- *To know, be acquainted with* (a person or thing) = **conocer**

¿Conoces a María Sánchez?	*Do you know María Sánchez?*

- *To meet, become acquainted with* = **conocer**

Quiero conocer a la nueva secretaria.	*I want to meet the new secretary.*

- *To be familiar with* = **conocer**

¿Conoce Ud. la obra de Enrique Anderson Imbert?
Do you know (are you familiar with, acquainted with) the works of Enrique Anderson Imbert?

Estuve en Colombia, pero no conozco la ciudad de Cartegena.
I was in Colombia, but I'm not familiar with the city of Cartagena.

Ejercicios

A. Complete las siguientes oraciones con la forma correcta de **preguntar, pedir, saber, conocer** o **hacer.**

1. Sus amigos nunca lo invitaron a comer porque siempre _____ lo más caro.
2. ¿ _____ tú al doctor Jiménez? Es un cirujano famoso.
3. Cuando mi madre está enferma, Alfredo siempre me _____ por ella.
4. Para aprender, es necesario _____ muchas preguntas.
5. Mi poeta favorito es Pedro Prado; yo _____ de memoria algunos de sus poemas.
6. Yo no _____ su obra, pero _____ que es uno de los poetas más famosos de Chile.
7. Este extranjero me _____ si _____ la dirección de la embajada francesa.
8. ¿ _____ Ud. París? Quiero ir a París aunque tenga que _____ dinero prestado.
9. Me gustaría ir a París pero no _____ hablar francés.
10. (Yo) No _____ París, pero (tú) _____ que me gusta mucho la comida francesa.

B. Conteste las siguientes preguntas.

1. ¿Qué pides cuando comes en un restaurante mexicano?
2. ¿Conoce Ud. las pinturas de Picasso?
3. ¿Qué lengua debo saber si quiero ir a Brasil?
4. ¿Conoces al alcalde de tu ciudad?
5. ¿Quiénes le hacen preguntas al presidente cuando él tiene una conferencia de prensa?
6. ¿Qué le pregunta a su mamá un niño que tiene hambre? ¿Qué le pide?
7. ¿Te gusta cuando un amigo te pide prestado el carro?
8. ¿Saben Uds. de memoria la letra (*words*) de muchas canciones populares?
9. ¿Qué libro consultas si no sabes deletrear (*to spell*) una palabra?
10. ¿Sabe Ud. los nombres de todas las capitales de los estados?

LECTURA

Génesis
Marco Denevi

GRAMATICA

- Uses of the
  Imperfect
- The Imperfect
  and Preterite
  in Narration

Resumen de estructuras

■ Forms of the Imperfect

Regular Verbs

	HABLAR		COMER		VIVIR
hablaba	hablábamos	comía	comíamos	vivía	vivíamos
hablabas	hablabais	comías	comíais	vivías	vivíais
hablaba	hablaban	comía	comían	vivía	vivían

Irregular Verbs

	IR		SER		VER
iba	íbamos	era	éramos	veía	veíamos
ibas	ibais	eras	erais	veías	veíais
iba	iban	era	eran	veía	veían

Lectura

*Born in 1922 in Buenos Aires, Marco Denevi published his first fictional work, **Rosaura a las diez**, in 1955. An instant success, this first novel won the Guillermo Kraft novel competition in the year of its publication and was later produced as a highly regarded Argentine film as well as a play. Today Marco Denevi is one of Argentina's best-known contemporary writers. He is perhaps most famous outside of Argentina for his short stories, many of which have been translated and anthologized. These shorter works are often playful reworkings of well-known stories from the Bible, traditional fables, and Greek and Roman mythology. In "**Génesis**" he uses the Biblical story of creation as the basis for his story of a second genesis: the recreation of life after a nuclear holocaust.*

Génesis

Con la última guerra atómica, la humanidad y la civilización desaparecieron. Toda la tierra fue como un desierto calcinado.° En cierta región de Oriente sobrevivió un niño, hijo del piloto de una nave espacial.° El niño se alimentaba de hierbas° y dormía en una caverna. Durante mucho tiempo, aturdido° por el horror del desastre, sólo sabía llorar y clamar por su padre. Después sus recuerdos se oscurecieron, se disgregaron,° se volvieron arbitrarios y cambiantes como un sueño, su horror se transformó en un vago miedo. A ratos recordaba la figura de su padre, que le sonreía o lo amonestaba, o ascendía a su nave espacial, envuelta° en fuego y en ruido, y se perdía entre las nubes. Entonces, loco de soledad, caía de rodillas° y le rogaba que volviese.° Entretanto la tierra se cubrió nuevamente de vegetación; las plantas se cargaron° de flores; los árboles, de frutos. El niño, convertido en un muchacho, comenzó a explorar el país. Un día vio un ave. Otro día vio un lobo. Otro día, inesperadamente, se halló° frente a una joven de su edad que, lo mismo que él, había sobrevivido a los estragos° de la guerra atómica.

    —¿Cómo te llamas?—le preguntó.

    —Eva,—contestó la joven—. ¿Y tú?

    —Adán.

° burned out
nave... space ship
herbs, grasses / stunned

se... dispersed

wrapped
caía... he fell to his knees / **que**... to return
se... became full

se... he found himself
ravages

Comprensión

¿Cierto o falso? Corrija las oraciones falsas.

1. Hubo solamente una guerra atómica que destruyó el mundo.
2. Después de la última guerra, la tierra se convirtió en un desierto.
3. Una familia sobrevivió el desastre.
4. El padre del joven que sobrevivió fue piloto de una nave espacial.
5. El padre volvió después de la guerra.
6. La tierra se quedó sin plantas y sin animales.
7. Un día el joven encontró a una joven de su misma edad.
8. Los dos jóvenes no se hablaron.

ANSWERS: 1. Falso 2. Cierto 3. Falso 4. Cierto 5. Falso 6. Falso 7. Cierto
8. Falso

Vocabulario

a ratos *at times*
alimentar(se) *to feed,*
  nourish oneself
el **ave** (*but: f.*) *bird*

la **edad** *age*
entretanto *meanwhile*
frente a *in front of, facing*
el **fuego** *fire*

la **guerra** *war*
el **recuerdo** *memory*
sobrevivir *to survive*

Gramática

■ *Uses of the Imperfect*

While the preterite reports events that the speaker regards as just beginning or as terminated, the imperfect tense emphasizes the duration or frequency of repetition of events in the past, without specifically referring to or emphasizing their termination. The imperfect can be expressed by several different English equivalents.

Raúl jugaba al ajedrez.
Raul *played* chess.   (*-ed:* English simple past)
Raul *was playing* chess.   (*was -ing:* English past progressive)
Raul *used to play* chess.   (English *used to* + present)
Raul *would play* chess.   (English *would* + present)

The imperfect is used in the following contexts:

1. To tell time in the past.

   Eran las tres.   *It was three o'clock.*
   Era la una cuando llegó.   *It was one o'clock when he arrived.*

2. To tell about an action that was in progress or to describe a condition that existed at a certain time in the past. The emphasis is on the duration of the action or condition rather than on its termination.

Llovía mucho durante la feria.	*It rained a lot during the fair.*
Había muchos alumnos en la universidad.	*There were a lot of students in the university.*
Cuando era estudiante, vivía en Madrid.	*When he was a student, he lived in Madrid.*

   Simultaneous actions or states in progress are also expressed by the imperfect, usually with **mientras (que).**

   Los estudiantes hablaban mientras (que) hacían los ejercicios.
   The students were talking while they were doing the exercises.

3. To tell about events that were regularly or habitually repeated in the past. The Spanish imperfect is frequently used to translate *would* or *used to* in this context.

   Los niños siempre estudiaban juntos después de la clase.
   The boys always studied together (would study, used to study) after class.

Todos los días íbamos a la biblioteca.
We went (would go, used to go) to the library every day.

Cada invierno nevaba mucho.
Every winter it snowed (would snow, used to snow) a lot.

4. To describe ongoing mental or emotional states in the past.

Cuando la veía, siempre estaba triste.
When I saw her, she was always sad.

Pensábamos que era un hombre excéntrico.
We thought he was an eccentric man.

Creía que Elena sabía la verdad.
He believed Elena knew the truth.

[Ejercicios A–D]

■ *The Imperfect and Preterite in Narration*

There is considerable flexibility in the use of the Spanish imperfect and preterite in continuous narration. But even though either the preterite or imperfect can be used in some sentences, the choice of one tense in preference to the other is not arbitrary. As a general rule, if the action or state reported is viewed as beginning or as completed, the preterite is used. The imperfect tense stresses the ongoing or even habitual nature of an action without specifically referring to its beginning or termination. Compare these pairs of sentences.

Tomás fue estudiante.
Tom was a student. (He no longer is.)

Tomás era estudiante.
Tom was (used to be, and may still be) a student.

Tomás estudió medicina.
Tom studied medicine. (He no longer does.)

Tomás estudiaba medicina.
Tom studied (used to study, and may still be studying) medicine.

The most important contrasts between the use of the imperfect and the preterite can be summarized as follows:

IMPERFECT	PRETERITE
• Background description or continuing actions (*was / were . . . -ing*)	Beginnings or completed actions, frequently interrupting the ongoing actions conveyed by the imperfect

• Habitual actions (*used to . . . , would . . .*)	Completed actions confined to a limited moment or period of time that is now viewed as definitively past
• Descriptions of ongoing mental states or processes	Reports of radical changes in mental states or processes

The concept of these basic contrasts between the imperfect and preterite is often conveyed by other words in the sentence as well. Such words indicate whether actions are to be seen as continuing or repetitive or as completed, fixed-time actions.

IMPERFECT	PRETERITE
siempre	de repente
nunca, muchas veces	una vez, anoche, ayer, anteayer
todos los días (domingos, años, etcétera)	el domingo, el año (mes, etcétera) pasado
mientras (que)	

These key words are only hints to help determine which tense to use. Their presence is not a conclusive indication that one tense *must* be used rather than the other. The final choice is always determined by the perspective the speaker wishes to convey with regard to past time. Compare these sentences:

Anoche miramos la televisión.
Last night we watched television.

Anoche mirábamos la televisión cuando Pedro llegó.
Last night we were watching television when Pedro arrived.

The first example implies that *watching television* happened last night. The emphasis is on the completion of the action in the past. But in the second example, *watching television* is an ongoing action that was interrupted by something else. Focus is shifted away from the completion of the first action to the subsequent interruption (Pedro's arrival) conveyed by the preterite. When the preterite and imperfect occur together in the same sentence, the preterite can often be seen as "cutting into" or interrupting the ongoing actions conveyed by the imperfect.

Preterite | (Pedro llegó)

Imperfect

(mirábamos la televisión)

Keeping in mind the guidelines for the use of the imperfect and preterite, reread "**Génesis**," identifying the key words and concepts that determine the use of the imperfect and preterite in that narration.

[Ejercicios E–J]

Ejercicios

A. Dé oraciones nuevas según las palabras entre paréntesis.

1. *Mi amigo* leía una novela italiana.   (*nosotros, él, tú, Estela, las alumnas, yo*)
2. *El científico* explicaba bien el problema.   (*yo, el ministro, mi colega y yo, los periodistas, Ud., tú*)
3. *El pirata aéreo* exigía un millón de dólares.   (*los ladrones, tú, nosotros, yo, el criminal*)

B. **¡Aquéllos eran otros tiempos!** Forme oraciones completas con las palabras indicadas, usando el imperfecto al conjugar los verbos. Haga los cambios necesarios y añada nuevas palabras, pero no cambie el orden de las palabras.

1. Cuando / yo / vivir / Francia, / siempre / comer / mismo / restaurante.
2. Todas las noches / ser / seis / cuando / yo / llegar a comer.
3. Haber / siempre / mucho / gente / restaurante.
4. Primavera / hacer / mucho / viento / y / nosotros / no sentarnos / afuera / patio.
5. A veces / venir / mujer / de pelo rubio / que / ser / antiguo / profesor / mío.
6. Cuando / nosotros / verla, / ella / siempre / decirnos / que / tener que / reunirnos / pronto.
7. Francisco / siempre / decirme / que / él / ir a Rusia / alguno / día.
8. Tú y él / querer / hacer / viaje / junto / pero / costar / demasiado.

C. **Más recuerdos.** Complete las siguientes oraciones con la forma correcta del imperfecto del verbo entre paréntesis.

1. De vez en cuando yo _____ (*ir*) al centro para comprar comestibles.
2. (Yo) No _____ (*saber*) que tú _____ (*ir*) a ese mercado también.
3. (Nosotros) _____ (*Hablar*) francés bastante bien para extranjeros.
4. Todos _____ (*discutir*) y _____ (*reír*) cuando íbamos a la tienda de Monsieur Henrí.
5. El vendedor _____ (*repetir*) los precios sin quejarse.
6. El _____ (*ser*) muy amable con los extranjeros.
7. Yo siempre _____ (*ver*) a mi amiga María en esa pescadería.
8. A veces María y yo _____ (*llegar*) al mismo tiempo.
9. Todas las amas de casa _____ (*competir*) para comprar los pocos pulpos que _____ (*haber*).
10. Los pobres niños _____ (*estar*) muy aburridos, pero _____ (*sonreír*) cuando yo les _____ (*dar*) dulces.

D. ¿Cómo era su vida cuando era niño/a? Conteste completando la siguiente oración con el equivalente en español de las frases que se dan a continuación. **Cuando yo era niño/a, (no)...**

1. I believed in Santa Claus.
2. We used to visit my grandparents every Sunday.

3. I liked to go to bed early/late.
4. I would fight with my brother/sister.
5. We would go to the beach every day.
6. We lived in _____ .
7. My brother and I played baseball every day.
8. My sister and I used to play hide and seek (**jugar al escondite**).
9. I wanted to become _____ .
10. I was a very _____ child.

E. **El último sobreviviente.** Exprese en inglés los siguientes pares de oraciones. Luego explique la diferencia de significado entre el uso del pretérito y del imperfecto.

1. El niño se alimentaba de hierbas y dormía en una caverna.
   El niño se alimentó de hierbas y durmió en una caverna.

2. Loco de soledad, se habló a sí mismo.
   Loco de soledad, se hablaba a sí mismo.

3. Recordaba la figura de su padre.
   Recordó la figura de su padre.

4. Su papá le sonrió.
   Su papá le sonreía.

5. Exploró el país, buscando a otro sobreviviente.
   Exploraba el país, buscando a otro sobreviviente.

F. Complete este cuento de Marco Denevi con la forma correcta de los verbos indicados, conjugándolos en el pretérito o en el imperfecto según el contexto.

ORIGEN DE LA RISA SEGUN NIETZSCHE

Cada vez que _____ (*oír*) su nombre, Adán, solo en el Paraíso, _____ (*saber*) que era Dios quien lo _____ (*llamar*). Entonces _____ (*experimentar*) un gran temor, _____ (*caer*) sobre su rostro° y_____ (*esperar*) alguna reprimenda.

sobre... on his face

Pero cuando, después de un extraño sopor° en que Dios lo _____ (*sumir*),° _____ (*despertar*) sobresaltado° y _____ (*escuchar*) una vocecita que _____ (*pronunciar*) su nombre y _____ (*abrir*) los ojos y _____ (*mirar*) y _____ (*ver*) una mujer desnuda que lo _____ (*mirar*), a su vez, con miedo y con curiosidad, Adán _____ (*estallar*) en° la primera carcajada° de la historia.

lethargy
to sink / startled

estallar... to burst into hearty laugh, guffaw

G. A continuación se dan las respuestas del Ejercicio F, o sea las formas verbales que usó Denevi al escribir el cuento.

oía, sabía, llamaba, experimentaba, caía, esperaba, sumió, despertó, escuchó, pronunciaba, abrió, miró, vio, miraba, estalló

Compare sus propias respuestas con las anteriores y analice sus errores. Después traduzca el cuento al inglés, prestando atención al uso de los tiempos verbales. Note sobre todo que los verbos del primer párrafo están todos en el imperfecto.

¿Por qué cree Ud. que Denevi ha escrito el cuento así? ¿Por qué empieza a usar el pretérito en el segundo párrafo?

H. **De guerras y desastres.** Cambie los verbos indicados al pretérito o al imperfecto según el contexto para saber lo que pasó en el fin del mundo.

1. A veces *hay* noticias de un desastre horrible.
2. Cada noche los sobrevivientes *tienen* el mismo sueño.
3. El recuerdo de otras guerras les *obsesiona*.
4. A pesar del consejo de los científicos, *siguen* fabricando armas nucleares.
5. Cuando *terminan* los discursos, todos *aplauden*.
6. Pero la mano izquierda no *sabe* lo que *hace* la mano derecha.
7. Un día mientras *buscan* algo para comer, *oyen* el ruido final.
8. *Dicen* que *hay* una explosión enorme y que el fuego lo *quema* todo.
9. El mundo *es* un lugar triste y oscuro; no *crece* nada; no *hay* ni seres humanos ni animales.
10. Nadie *sobrevive* la última guerra atómica.

I. Exprese en español.

1. It was a very pretty day; the sun was shining and the birds were singing.
2. They told me that there used to be a city right here.
3. I remember that you (**tú**) used to visit your grandmother in Florida.
4. Were there many new magazines in the bookstore?
5. We were looking for a travel magazine because we wanted to take a trip abroad next year.
6. When John was young, he was always bright for his age.
7. He used to promise his mother that he was not going to smoke.
8. He played chess every day when he was a boy.
9. He worked hard (a lot) but he could never get an "A."
10. We thought he was an idiot, but he became a space pilot.

J. **Entrevista/Discurso.** Entreviste a un compañero (una compañera) de clase sobre su niñez. Después compare la niñez de su informante con la suya. Use las siguientes preguntas y el modelo como guía.

PRIMER PARRAFO

¿Dónde naciste? ¿Cuántos años viviste allí? ¿Era una ciudad grande o pequeña? ¿Alguna vez se mudó tu familia a otro lugar? ¿Cuántas veces? ¿Te gustaba mudar de casa? ¿Por qué sí (no)? De todos los lugares en que viviste, ¿cuál te gustó más? ¿menos? ¿Tenías una familia grande? ¿pequeña? ¿Cuántas personas vivían en tu casa (apartamento)? ¿Cómo eran? ¿Quiénes eran?

SEGUNDO PARRAFO

¿Qué edad tenías cuando fuiste a la escuela por primera vez? ¿Te gustó al principio? ¿Tenías miedo? ¿Qué pensabas cuando entraste en la sala de clase por primera vez? ¿Tenías ganas de llorar? ¿de reír? ¿Te divertías mucho en la escuela primaria? ¿en la secundaria? ¿Qué materias te gustaban más? ¿menos? ¿Qué creías que ibas a llegar a ser cuando fueras mayor?

Durante tu adolescencia, ¿cómo pasabas los fines de semana? ¿Practicabas algún deporte? ¿Ibas al cine? ¿Leías novelas? ¿Mirabas la televisión? Y las fiestas especiales, ¿cómo las celebraba tu familia? ¿Qué preparativos hacían? ¿Preparaban comidas especiales?

CUARTO PARRAFO

¿Adónde iban Uds. de vacaciones? ¿a la playa? ¿a las montañas? ¿a otro país? ¿O se quedaban en casa? ¿Cómo viajaban Uds.? ¿en coche? ¿en avión? ¿en un *camper*? ¿Qué hacían? ¿Cuál es tu recuerdo favorito de las vacaciones? ¿y tu recuerdo más desagradable? Si se quedaban en casa, ¿qué hacían? ¿Pintaban la casa? ¿Trabajaban en el jardín?

MODELO (Nombre) nació en (lugar) , pero yo nací en (lugar) . El (Ella) vivió (número) años en ese lugar, mientras yo sólo viví (número) años en (lugar) . Etcétera.

Temas para libre expresión

■ *Temas literarios*

A. A veces un autor alude a otra obra literaria dentro de su propia obra. Es decir, deliberadamente evoca los personajes o los sucesos de otra obra. Esto es lo que hace Denevi en el cuento «Génesis».

1. ¿Qué libro evoca el título «Génesis»?
2. ¿A quién evoca la figura del «padre, que le sonreía o lo amonestaba... envuelta en fuego y en ruido, y se perdía entre las nubes»?
3. ¿Qué simboliza el hijo que «caía de rodillas y le rogaba que volviese»?

B. En el génesis bíblico Dios creó el mundo en siete días. El esquema de la creación bíblica se da a continuación.

PRIMER DIA Creación del cielo y de la tierra
Creación de la luz y las tinieblas
• nombramiento de la luz («día»)
• nombramiento de las tinieblas («noche»)
SEGUNDO DIA Creación de la expansión (*firmament*) en medio de las aguas
TERCER DIA Creación de las plantas
CUARTO DIA Creación de la luna y del sol
Colocación de los astros en el cielo
QUINTO DIA Creación de los peces y de las aves
Bendición de Dios

SEXTO DIA	Creación de las bestias y del hombre
	• Uso del polvo de la tierra más (*plus*) el aliento de Dios
	• Bendición de Dios
SEPTIMO DIA	Fin de la creación
	Descanso de Dios

1. ¿En qué son similares el orden de la creación bíblica y el orden del renacimiento de la vida en el cuento de Denevi?
2. ¿Cree Ud. que Denevi ordena su cuento deliberadamente para evocar el génesis bíblico?
3. Compare el papel que hace Dios en el génesis bíblico y en el cuento de Denevi.

■ *Temas personales*

A. Cuente en sus propias palabras la creación del mundo tal como aparece en el Génesis de la Biblia. Use los tiempos pasados (pretérito o imperfecto) apropiados.

B. En «Génesis» Denevi nos da su visión del mundo después de una guerra atómica. Describa el mundo como Ud. lo imagina después de tal guerra.

- ¿Qué causó la guerra?
- ¿Quiénes sobreviven después de la guerra?
- ¿Viven los sobrevivientes en la ciudad o en el campo?
- ¿Cómo se alimentan?
- ¿Cómo es su vida diaria?
- ¿Pueden los sobrevivientes establecer otra vez la civilización tal como la conocemos nosotros?

Estudio de palabras

Although the choice of the preterite or imperfect is usually determined by the perspective from which one wishes to view the past, there are several verbs (**saber, conocer, poder,** and **querer**) that convey significantly different concepts in the preterite as opposed to the imperfect. In general, these verbs express the basic meaning of the infinitive form when used in the imperfect, but have a different English equivalent in the preterite.

■ *Saber*

Ella **sabía** la verdad aunque trataba de ocultarla. (*ongoing knowledge*)
*She **knew** the truth although she tried to hide it.*

Ella **supo** la verdad cuando vio la carta. (*the beginning of knowledge*)
*She **found out** the truth when she saw the letter.*

■ *Poder*

Podía hacer el trabajo. (*description*)
*He **was able** to do the work. (He was capable of doing it.)*

Pudo hacer el trabajo. (*narration of a completed event*)
*He **succeeded** in doing the work. (He actually started and finished it.)*

This same difference in meaning is reflected in the negative.

No podía hacer el trabajo. (*description*)
***He wasn't able** to do the work. (He was not capable of doing it.)*

No pudo hacer el trabajo. (*narration of a completed event*)
***He failed** to do the work. (He actually tried it and failed.)*

■ *Conocer*

Lo **conocía** cuando era estudiante. (*ongoing knowledge*)
*I **knew** him when he was a student.*

Lo **conocí** cuando era estudiante. (*the beginning of acquaintance*)
*I **met** him when he was a student.*

■ *Querer*

Quería ir al congreso. (*state of mind*)
*I **wanted** to go to the conference.*

Quise ir al congreso. (*narration of a completed event*)
*I **tried** to go to the conference. (I not only wanted to go, but acted on the feeling: I made an attempt to go.)*

A similar difference in meaning is reflected in the negative.

No quería ir al congreso. (*state of mind*)
*I **didn't want** to go to the conference.*

No quise ir al congreso. (*narration of a completed event*)
*I **refused** to go to the conference. (I not only didn't want to, but acted on this feeling: I refused to go.)*

Note how the imperfect describes ongoing mental processes (*knew, wanted,* etc.) while the preterite describes actions initiated and completed at a fixed point of time in the past (*found out, met, tried, failed, refused to*).

Ejercicios

A. Exprese en español.

1. I always knew that he was crazy.
2. He met him when he was in Madrid.
3. Did you (*fam.*) know her before?
4. We wanted to compare the two stories.
5. They refused to sign the document.
6. She failed to find work.
7. She couldn't work because she was sick.
8. When John found out that Mary couldn't go, he called her.
9. I tried to tell him, but I couldn't.
10. Where did you meet the president?

B. Complete las siguientes oraciones con los verbos de la lista. Se puede usar cada verbo más de una vez.

- no quiso, quisimos, quería
- pude, no pude, pudimos, no podía, podía
- sabían, supiste
- conoces, conocí

1. Aunque lo intenté varias veces, _____ conseguir entradas.
2. El niño _____ tomar la medicina.
3. Los arqueólogos _____ que esa tribu creía en el dios del maíz.
4. ¿Cúando _____ que se había casado?
5. Yo _____ a mi novio cuando él vino a los Estados Unidos para visitar a sus abuelos.
6. Le dije que _____ preparar la receta porque no tenía vainilla.
7. Cuando por fin (yo) _____ comprar el vestido que _____ , estaba muy contenta.
8. (Nosotros) _____ mover las piedras grandes que los indios usaron para construir las pirámides, pero no _____ .
9. ¿ _____ tú el barrio viejo de Quebec?
10. Yo _____ hacer el viaje por avión pero no _____ porque tenía una infección en el oído.

LECTURA

La despedida
Pedro Prado

GRAMATICA

- Sequence of Tenses: Present or Past Subjunctive?
- Summary of the Uses of the Subjunctive in Noun, Adjective, and Adverbial Clauses
- Additional Uses of the Past Subjunctive

Resumen de estructuras

‹‹

■ Forms of the Imperfect Subjunctive

Formation and Endings

Stem: third person plural of the preterite minus **-ron**

-RA ENDINGS[1]		-SE ENDINGS[1]	
-ra	-´ramos	-se	-´semos
-ras	-rais	-ses	-seis
-ra	-ran	-se	-sen

Regular Verbs

HABLAR: HABLARØN → HABLA-		COMER: COMIERØN → COMIE-		VIVIR: VIVIERØN → VIVIE-	
hablara	habláramos	comiera	comiéramos	viviera	viviéramos
hablaras	hablarais	comieras	comierais	vivieras	vivierais
hablara	hablaran	comiera	comieran	viviera	vivieran

Verbs with Irregular Preterite Forms

estar:	estuvierøn	**estuvie-**	estuviera, estuvieras, etcétera
decir:	dijerøn	**dije-**	dijera, dijeras, etcétera
ser:	fuerøn	**fue-**	fuera, fueras, etcétera

(See **Resumen de estructuras, Capítulo 6.**)

Verbs with Stem Changes in the Preterite

dormir:	durmierøn	**durmie-**	durmiera, durmieras, etcétera
pedir:	pidierøn	**pidie-**	pidiera, pidieras, etcétera

(See **Resumen de estructuras, Capítulo 6.**)

Verbs with Spelling Changes in the Preterite

leer:	leyerøn	**leye-**	leyera, leyeras, etcétera

(See **Resumen de estructuras, Capítulo 6.**)

---

[1]The **-ra** and **-se** endings are interchangeable in most cases, but their use often depends on regional preference. The **-ra** forms are favored in Latin America, while the **-se** endings are used in Spain but rarely in Latin America.

Lectura

*In "**El guijarro**," Pedro Prado[2] uses the metaphor of the **guijarro**, polished by the sea, to express his ideas about man's relation to the infinite. In "**La despedida**" he chooses another metaphor— that of an ocean voyage—for his meditation on the limits of freedom.*

*Both "**El guijarro**" and "**La despedida**" are prose poems. They have no regular rhyme, yet preserve the lyricism typical of poetry; that is, they use metaphorical language to convey the poet's feelings toward the outward circumstances or events he is describing rather than concentrating on the events themselves.*

*As the narrator in "**La despedida**" says goodbye he addresses his friends, pointing out the bittersweet irony that freedom of choice does not necessarily mean total freedom. Although the choice to board the boat promises new horizons and new opportunities, it also results in a loss of freedom, since leaving means giving up all the alternative possibilities of life at home, among friends. Something is gained, yet something is forever lost in the journey that is therefore both "**placer y tristeza.**"*

La despedida

Mis amigos, ¡adiós! Aguardan los remeros° con sus remos° levantados, y ya el barco despliega° su velamen° como si los altos mástiles florecieran.

> oarsmen / oars
> unfurls / sail

Viajar: placer y tristeza. Quisiera ir y quedarme; quisiera hacer y no hacer al mismo tiempo.

Es triste: a la elección llamamos libertad. Mi libertad no quisiera verse obligada a elegir un camino; mi libertad quisiera recorrerlos° todos a un mismo tiempo.

> travel them

Si pudiera hacer y no hacer una acción, tendría una experiencia útil. Como no puedo optar° sino entre ejecutarla o no, mi experiencia vale bien poca cosa.

> to choose

Mi ser es uno y quisiera desdoblarse.° Quisiera observar desde lejos qué silueta dibuja mi cuerpo y saber si, cuando lloro, yo también parezco un miserable.

> to divide itself in two

Mis amigos, ¡adiós! Mientras tengamos que elegir no podremos ser felices.

¡Ah! si yo pudiera, como los niños curiosos, escogería todo a la vez. Escogería la vida y la muerte.

Quién sabe si ello no os serviría, pues si comprendiera que con mi revelación iba a trocar° vuestra inquietud en dolor° irremediable, yo no diría nada, nada.

> to change / pain

Mis amigos, ¡adiós! Cuidad de° los míos. Ya el barco, con todas las hermosas velas desplegadas, me aguarda.

> **Cuidad**... Take care of

---

[2]See the introduction to Pedro Prado in **Capítulo 4**.

Comprensión

¿Cierto o falso? Corrija las oraciones falsas.

1. El narrador habla a los remeros en el poema.
2. El barco está listo.
3. El narrador está seguro de querer partir en el barco.
4. La posibilidad de elegir le da la libertad.
5. El narrador es como un niño que quiere tenerlo todo a la vez: no quiere elegir.
6. Al final, se despide de sus amigos.

ANSWERS: 1. Falso 2. Cierto 3. Falso 4. Falso 5. Cierto 6. Cierto

Vocabulario

aguardar *to wait*
el **barco** *boat*
el **camino** *road*
la **despedida** *goodbye*

dibujar *to draw*
florecer *to flower, bloom, flourish*
llorar *to cry*

el **placer** *pleasure*
la **tristeza** *sadness*
valer *to be worth*
la **vela** *sail*

Gramática

~~~~~~

■ *Sequence of Tenses: Present or Past Subjunctive?*

In Spanish constructions where the subjunctive is required in the dependent clause (see **Capítulos 1** and **2**), these guidelines determine the sequence of tenses.

A. **Present Subjunctive**

The present subjunctive is generally used in the subordinate clause after the present indicative, future, or imperative in the main clause. In this case the subjunctive relates an action that takes place at the same time as or after the action of the main verb.[3]

Espero que lleguen a tiempo.	*I hope they arrive on time.*
Les pedirá que lleguen a tiempo.	*He will ask them to arrive on time.*
Espere que lleguen a tiempo.	*Just hope they arrive on time.*

B. **Past Subjunctive**

The past subjunctive is used after any past tense or the conditional to relate an action that took place at the same time or before the action of the main verb.

Me alegraba (de) que Mario nos visitara.
I was glad that Mario visited us.

Papá prohibió que Mario se quedara en nuestra casa.
Father forbade Mario to stay in our house.

Mamá dijo que preferiría que Mario no nos visitara en diciembre.
Mother said she would prefer that Mario not visit us in December.

---

[3]Although the past subjunctive usually follows past tense or conditional main verbs, the past subjunctive may be used after present tense main verbs if the action took place *before* the action of the main verb:

Me alegro (de) que Mario nos visitara.   *I am glad that Mario visited us.*

For a more detailed explanation of the sequence of tenses with the subjunctive, see **Capítulo 16.**

■ *Summary of the Uses of the Subjunctive in Noun, Adjective, and Adverbial Clauses*

The past subjunctive must be used in the contexts explained in **Capítulos 1** and **2** when tense sequencing indicates the need for past rather than present subjunctive. Here is a short summary of those uses.

A. Subjunctive in noun clauses after verbs expressing *desire, will,* or *preference*

Insistió en que usáramos cheques de viajeros.
He insisted that we use traveler's checks.

B. Subjunctive in noun clauses after expressions of *feeling* or *emotion*

Esperábamos que ganaran la apuesta.
We hoped that they won the bet.

C. Subjunctive in noun clauses after verbs expressing *doubt, uncertainty,* or *disbelief*

No creías que él tuviera razón, ¿verdad?
You didn't believe that he was right, isn't that so?

D. Subjunctive in noun clauses after verbs expressing ideas of *commanding, advising, allowing,* or *forbidding*

La azafata prohibió que el pasajero fumara.
The stewardess forbade the passenger to smoke.

E. Subjunctive after impersonal expressions

Era necesario que ella trabajara.
It was necessary that she work.

[Ejercicios A–D]

F. Subjunctive in adjective clauses modifying antecedents that are *indefinite, negative,* or *whose existence is questioned*

Buscaba un abogado que se especializara en derecho internacional.
He was looking for a lawyer who specialized in international law.

No hubo nadie que pudiera jugar al golf como Fernando.
There was no one who could play golf like Fernando.

[Ejercicios E–F]

G. Subjunctive in adverbial clauses

   1. The subjunctive is used in adverbial time clauses only when the action referred to in the dependent clause takes place sometime after the main clause action.

   Salimos antes de que llegara el correo.   *We left before the mail arrived.*

   The subjunctive is always used in clauses introduced by **antes de que** because this subordinator always indicates that the action in the dependent clause occurs after the main clause action.

Adverbial time clauses introduced by other subordinators (**cuando, después (de) que, en cuanto, etcétera**) will contain the subjunctive when the action has not yet occurred. Time clauses introduced by these subordinators will contain the past indicative if the action has already taken place.

Dijo que me llamaría cuando llegara. (*action has not yet taken place*)
He said he would call me when he arrived.

Me llamó cuando llegó. (*action has already taken place*)
He called me when he arrived.

Nos avisó que haría sus planes en cuanto pudiera. (*action has not yet taken place*)
He advised us that he would make his plans as soon as he could.

Hizo sus planes en cuanto pudo. (*action has already taken place*)
He made his plans as soon as he could.

2. The subjunctive is always used in adverbial clauses of manner after subordinators like **para que, con tal (de) que,** and so on.

Reunió a sus amigos para que Anita pudiera despedirse.
He called his friends together so that Anita could say goodbye.

Las plantas florecían con tal de que lloviera bastante.
The plants flourished provided that it rained enough.

[Ejercicios G–H]

H. Subjunctive in single clause sentences after words expressing *doubt* (**acaso, tal vez, quizás**) and after **ojalá**

Tal vez terminara el trabajo temprano.   *Perhaps he finished the work early.*

Ojalá que lo terminara temprano.   *I hope he finished it early.*

[Ejercicio I]

■ *Additional Uses of the Past Subjunctive*

A. Past subjunctive in polite requests or statements
The past subjunctive forms of **deber, poder,** and **querer** are often used to create a more polite tone than that conveyed by the indicative.

Quiero saber la verdad.	**Quisiera** saber la verdad.
I want to know the truth.	*I would like to know the truth.*
¿**Puede** ayudarme?	¿**Pudiera** ayudarme?
Can you help me?	*Would you be able to help me?*

[Ejercicio J]

B. Past subjunctive after **como si**
Como si (*as if*) implies an untrue or hypothetical situation. It is therefore followed by the subjunctive (always past subjunctive, never present).

Habla como si fuera un experto en todo.
He talks as if he were an expert in everything.

Gastaba dinero como si tuviera un millón de dólares.
He was spending money as if he had a million dollars.

[Ejercicio K]

C. Past subjunctive in contrary-to-fact sentences

Both Spanish and English have a variety of constructions in which one clause makes a supposition (*If . . .*) and the following clause offers a logical conclusion.

Si llueve, no iremos. (No iremos si llueve.)

si clause   conclusion clause
If it rains, we will not go.

Si tuviera tiempo, leería *War and Peace*. (Leería *War and Peace* si tuviera tiempo.)

si clause   conclusion clause
If I had time, I would read War and Peace.

The first example expresses a possible scenario and its natural outcome. The Spanish *indicative* is used in both the **si** and conclusion clause.

The second example makes an assumption that is contrary to fact: *If I had the time . . .* (I don't, but just suppose I did . . .). In this case, Spanish uses the *past subjunctive* in the **si** clause and the conditional in the conclusion clause.

Note the use of the past subjunctive and conditional in these contrary-to-fact sentences.

Si no **tuviera** que escoger, **estaría** contento.
If I didn't have to choose, I would be content.

Si yo **pudiera, escogería** todo a la vez.
If I could, I would choose everything at the same time.

No **iría** si **pudiera** quedarme aquí.
I would not go if I could stay here.

If compound tenses are used in a contrary-to-fact construction, the **si** clause will use the *past perfect subjunctive*, and the conclusion clause the conditional perfect.

Si **hubiera tenido** tiempo, **habría leído** *War and Peace*.
If I had had time, I would have read War and Peace.

(See **Capítulos 11**, The Conditional, and **10**, Compound Tenses.)

Which of the following sentences express contrary-to-fact situations?

1. Si tuviera coche, no necesitaría ir en taxi.
2. No sé si tiene razón o no.
3. Tendría más amigos si no fuera tan egoísta.
4. Si hubiera llamado al médico antes, no habría sufrido tanto.
5. Si tuvieras un millón de dólares, ¿qué harías?

6. Si gano la beca, voy a Yale en otoño.
7. Si hubiera ganado la beca, habría ido a Yale.
8. No me importa si mi novio tiene dinero o no.
9. Pediría la paella si tuviera hambre.
10. ¿Te molesta si fumo?

[Ejercicios L–P]

Ejercicios

A. Dé oraciones nuevas según las palabras entre paréntesis.

1. Quizás *el empleado* no contara bien el cambio.   (*tú, los vendedores, yo, nosotros, el comprador, Ricardo y yo*)
2. Dudaba que *la compañía* extendiera el préstamo.   (*nosotros, los jefes, el banco, tú, Uds., yo*)
3. Quería que *yo* exigiera el pago.   (*los acreedores, la policía, tú, Tomás y Alberto, su esposo, nosotros*)

B. **¿Cómo estuvo la fiesta?** Conteste, completando la frase **Es verdad que ellos...** y usando el pretérito de los verbos indicados para describir cómo se comportaron los invitados en la fiesta de Margarita.

MODELO   Es verdad que ellos / *comportarse* muy bien   →
Es verdad que (ellos) se comportaron muy bien.

1. *servir* té y galletas
2. *caber* todos en el salón de baile
3. *tocar* discos clásicos
4. *estar* muy bien vestidos
5. *hacer* muy poco ruido
6. *ver* que ya era tarde e *irse* a las dos
7. *poder* tener otra fiesta en ese salón
8. *ser* muy bien educados
9. *poner* todo en orden antes de salir
10. *ir* a misa a la mañana siguiente

C. Ahora repita el ejercicio anterior para describir cómo estuvo la fiesta de Margarita. Complete la frase **Era dudoso que ellos...** usando el imperfecto de subjuntivo de los verbos indicados.

MODELO   Era dudoso que (ellos) se comportaran muy bien.

D. **De viajes y decisiones.** Cambie las siguientes oraciones según el modelo.

MODELO   No quería elegir entre los dos caminos. (*que ellos*)   →
No quería que ellos eligieran entre los dos caminos.

1. Esperaban hacer el viaje muy pronto.   (*que Julio*)
2. Yo quería escoger el itinerario.   (*que la agente de viajes*)
3. Preferían empezarlo mañana, ¿verdad?   (*que nosotros*)

4. Era importante acabarlo lo más pronto posible.   (*que yo*)
5. El fotógrafo les mandó sonreír para la foto del pasaporte.   (*que los turistas*)

E. **Los problemas domésticos.** Conteste las siguientes preguntas afirmativamente.

MODELO   ¿Tenías una casa que fuera demasiado grande para ti?   →
               Sí, tenía una casa que era demasiado grande para mí.

1. ¿No había nadie que pudiera ayudarte con los quehaceres?
2. ¿Encontraste a alguien que quisiera lavar ventanas?
3. ¿Conocían Uds. a un criado que aceptara ese sueldo?
4. ¿Y conociste a una cocinera que supiera preparar comida mexicana?
5. ¿Había una tienda cerca que vendiera las cosas que se necesitan diariamente?

F. **Una cuestión filosófica.** Cambie las siguientes oraciones al negativo.

MODELO   Había un hombre que quería elegir entre varios caminos.   →
               No había ningún hombre que quisiera elegir entre varios caminos.

1. Hubo alguien que dijo, «La elección es la libertad».
2. Siempre había alguien que estaba de acuerdo con él.
3. Se creía que algunos eran capaces de hacer una elección lógica.
4. Pensaba que debía elegir para ser feliz.
5. Había otros filósofos que conocían mejor el problema que él.

G. **¿Cuándo sale el barco?** Complete las siguientes oraciones con la forma correcta del verbo entre paréntesis.

1. El capitán les mandó salir cuando los remeros _____ (*estar*) listos.
2. El barco salió cuando los remeros _____ (*estar*) listos.
3. Se despidió rápidamente antes de que _____ (*llorar*).
4. Pensaba hacer el viaje en cuanto _____ (*conseguir*) el pasaje.
5. Hizo el viaje en cuanto _____ (*conseguir*) el pasaje.

H. **El placer de viajar por avión.** Complete las siguientes oraciones con la forma correcta del verbo entre paréntesis.

1. Paco no podía llegar al aeropuerto a tiempo a menos que (él) _____ (*salir*) con dos horas de anticipación.
2. Siempre tenía sueño a no ser que _____ (*dormir*) ocho horas antes de subir al avión.
3. Esta vez nos dijo que _____ (*llamar*) al aeropuerto en caso de que el avión _____ (*aterrizar*) tarde.
4. Dice que la azafata le sirvió más café sin que él se lo _____ (*pedir*).
5. El camarero le traería revistas con tal de que las _____ (*leer*) sin moverse del asiento.

I. Empiece las siguientes oraciones con **tal vez, quizás** o **ojalá que.**

MODELO   Es cierto que lo compré.   →   ¡Ojalá que lo comprara!

1. Puse el billete en mi billetera.
2. Se me perdió.
3. Tú no tenías la culpa.

4. No me mentiste nunca.
5. Los otros eran muy honestos también.
6. Estaban listos para ayudarme a buscarlo.

J. **¿Sabe Ud. ser muy cortés?** Forme oraciones o preguntas completas combinando las palabras o frases de cada columna. Use el imperfecto de subjuntivo para crear un tono cortés.

MODELOS   Yo quisiera pedir el flan. ¿Y tú?
           ¿Quisiera Ud. hablar un poco más alto, profesora?

yo	querer	hablar más alto
Ud./Uds.	poder	ayudarte
él/ella	deber	prestar más atención a _____
nosotros		tomar/pedir _____
mis amigos		hacerlo todo
_____?		_____?

K. **¿Liberación?** Conteste las siguientes preguntas negativamente, usando **como si.**

MODELO   ¿Es feminista su amiga? →
          No, pero habla como si fuera feminista.

1. ¿Son «chovinistas» todos sus amigos?
2. ¿Apoyan la liberación de la mujer?
3. ¿Ayudan con los quehaceres domésticos?
4. ¿Están bien preparados para la vida moderna?
5. ¿Tiene mucha confianza en sí misma tu amiga Alicia?

L. **¿Qué opina Ud. en estas situaciones?** Complete las siguientes oraciones de una manera lógica, usando una frase que exprese lo contrario a la verdad.

MODELO   No tengo hambre; por eso como poco. Comería más si... →
          Comería más (mucho) si tuviera hambre.

1. No entiendo italiano y no me gusta la ópera. Tal vez me gustaría la ópera si...
2. Hace calor en la Florida; por eso son populares las playas. No serían tan populares si...
3. Sara tiene miedo de ahogarse porque no sabe nadar. No tendría tanto miedo si...
4. Ya que (*since*) no me gusta el fútbol, no voy a los partidos. Quizás iría a los partidos si...
5. En la Argentina se produce muchísimo trigo que luego se exporta a Europa. No se exportaría el trigo si...

M. Complete las siguientes oraciones con el presente o pasado de subjuntivo del verbo entre paréntesis, según el contexto.

1. Cruzó la calle como si no _____ (*ver*) el semáforo.
2. Es justo que lo _____ (*castigar*).
3. Si yo _____ (*sacar*) fotos, las sacaría en colores.
4. Le pidieron que les _____ (*dar*) más tiempo.
5. Era mejor que (ellos) lo _____ (*hacer*) así.

6. ¡Ojalá que su español _____ (*mejorar*) pronto!
7. Dudo que la carta _____ (*llegar*) hoy.
8. Si _____ (*tener*) que elegir entre los dos, no podría hacerlo.
9. Era lástima que Uds. no _____ (*asistir*) al congreso.
10. Siento que tampoco _____ (*venir*) María.

N. Explique por qué se usa el subjuntivo en las siguientes oraciones. Luego cámbie-las al pasado. Si todavía se usa el subjuntivo, diga por qué.

1. Dudo que Mario comparta tus ideas.
2. Siempre va al parque a menos que haga mal tiempo.
3. Es importante que Ud. entienda las consecuencias.
4. Tememos que los productos químicos contaminen el agua.
5. Buscan una universidad que ofrezca un doctorado en filosofía.
6. ¿Crees que sepa que está muriéndose?
7. Me pide que le traiga el periódico todos los días.
8. Nos alegramos de que vayan a firmar el tratado para que termine la guerra.
9. Voy a mostrarle su cuarto para que descanse un poco antes de cenar.
10. ¡Ojalá que sean felices!

O. Exprese en español.

1. They got up early so that they could see the ships.
2. We want them to have a good time.
3. I didn't think he knew what time the ship sailed.
4. If we were richer, we could take a trip too.
5. She always talks as if she knew all the people on board.
6. I would like to reserve a double room, and I would prefer to sit at the captain's table for dinner.
7. It was important that she give him the correct directions to get to the ship.
8. Did you buy a ticket so that we could win a trip?
9. They couldn't find a book that had space for all their color photos.
10. Perhaps he called you at the office while you were abroad.

P. **Ensayo/Conversación.** Piense Ud. en su niñez y en las decisiones que tenía que tomar cuando era niño (niña); piense también en las que no podía o no pudo tomar. Luego escriba un ensayo o dé un discurso sobre el placer y la tristeza que tomar las decisiones proporciona a los niños. Use las siguientes preguntas como guía.

PRIMER PARRAFO

¿Creían sus padres que Ud. era capaz de tomar decisiones de una manera inteligente? ¿Era siempre fácil (difícil) para Ud. elegir entre todas las posibili-dades disponibles? ¿Qué le era posible elegir? ¿los programas de televisión que quería ver? ¿la ropa que quería llevar? ¿el cereal para su desayuno? ¿la hora de acostarse? ¿Tenía que pensar mucho antes de tomar cada decisión?

SEGUNDO PARRAFO

¿Podía Ud. decidir dónde la familia iba a vivir? ¿en qué cuarto iba a dormir? ¿a qué escuela iba a asistir? ¿Insistían sus padres en que Ud. tomara algunas decisiones? ¿Cuáles? ¿Se alegraba Ud. de poder tomarlas? ¿o se enojaba de tener que tomarlas? ¿Recuerda alguna decisión que no quería tomar? ¿La tomó por fin? ¿Qué decidió?

TERCER PARRAFO

¿Qué no le permitían decidir sus padres? ¿Qué le prohibían hacer a Ud.? ¿Le prohibían que cruzara las calles solo/a? ¿que jugara con ciertos niños? ¿que comiera muchos dulces? ¿que saliera solo/a por la noche? ¿Qué le decían cuando Ud. les preguntaba por qué? ¿Le decían que aguardara hasta que creciera? ¿hasta que fuera mayor? ¿que ellos lo hacían por su propio beneficio? ¿Había alguien que le permitiera hacer lo prohibido? ¿Quién era? ¿Tenía Ud. ganas de crecer para poder hacer lo que le diera la gana (*what you felt like doing*)?

Temas para libre expresión

■ *Temas literarios*

A. La metáfora del viaje se usa mucho en literatura para simbolizar la vida humana. Durante un viaje largo, el protagonista de una obra crece y cambia mientras madura y llega a entender mejor la vida. En las novelas *Moby Dick*, *Huckleberry Finn* y *Gulliver's Travels* (entre muchas otras) se utiliza esta metáfora del viaje.

1. ¿En qué son similares el viaje a un país desconocido y el cambio de adolescente a adulto?
2. ¿Qué cree Ud. que una persona debe aprender en el viaje de la adolescencia a la madurez?
3. Si la vida equivale a un viaje, ¿cuándo termina tal viaje?
4. La muerte puede ser el fin de un viaje o el principio de otro. Explique.

B. En el poema «La despedida», Pedro Prado usa varias metáforas y símiles.

1. ¿Qué símil está implícito en esta frase?: «... el barco despliega su velamen como si los altos mástiles florecieran». (Los mástiles con sus velámenes son como...)
2. ¿A qué equivale el viaje? (El viaje es...)
3. ¿Por qué es triste el viaje?
4. ¿Cómo termina el viaje?

■ *Temas personales*

A. Si pudiera hacer un viaje a otro país y vivir allí un año, ¿le gustaría hacerlo? ¿Por qué sí (no)?

Suponga que tiene el dinero suficiente para hacer el viaje y que puede llevar consigo un baúl (*trunk*). ¿Qué llevaría Ud. en él? ¿algo que le trajera suerte? ¿libros? ¿fotos de los miembros de su familia? ¿su almohada favorita? ¿*peanut butter*?

B. El narrador de «La despedida» dice: «Mientras tengamos que elegir no podemos ser felices». Cree que la elección destruye la libertad. ¿Está Ud. de acuerdo? ¿Por qué sí (no)?

   Describa un incidente en el que Ud. tuvo que hacer una elección difícil. Si hubiera hecho una elección diferente en aquel entonces (*back then*), ¿cómo sería su vida ahora?

C. Si fuera posible predecir el futuro, ¿quisiera Ud. saber su propio futuro? ¿Por qué sí (no)?

D. Si Ud. tuviera que elegir entre ser siempre joven pero pobre o ser rico pero envejecer como todos, ¿qué elegiría? ¿Por qué?

Estudio de palabras

Both **tener** and **hacer** are used in Spanish to express many concepts that are expressed with *to be* in English. In addition, these verbs are used in a number of idiomatic expressions.

■ Tener

A. ***Tener = to be***

tener frío *to be cold*	tener la culpa *to be to blame*
tener calor *to be hot*	tener cuidado *to be careful*
tener sueño *to be sleepy*	(no) tener razón *to be right (wrong)*
tener hambre *to be hungry*	tener vergüenza *to be ashamed*
tener sed *to be thirsty*	tener suerte *to be lucky*
tener miedo *to be afraid*	

   The adjective **mucho/a** (*very*) is used to modify any of these expressions.

   Tengo (mucha) hambre porque no almorcé.
   I am (very) hungry because I didn't have lunch.

   El no trajo el abrigo y ahora tiene (mucho) frío.
   He didn't bring his coat and now he is (very) cold.

B. **Other idiomatic expressions with *tener***

   tener ganas de + *infinitive*   *to want to (do something)*
   tener prisa   *to be in a hurry*

tener que + *infinitive*   *to have to (do something)*
tener que ver con   *to have something to do with*
tener por qué + *infinitive*   *to have a reason to (do something)*

Espero que él tenga ganas de acompañarme.
I hope he wants to go with me.

Lo vi ayer, pero él tenía prisa y no quería charlar.
I saw him yesterday, but he was in a hurry and didn't want to chat.

El inspector pensaba que el robo tenía algo que ver con el tráfico de drogas.
The inspector thought that the robbery had something to do with the drug traffic.

No tuvo por qué acusarme.
He didn't have a reason to accuse me.

Los agricultores tienen que levantarse temprano.
Farmers have to get up early.

■ *Hacer*

A. *Hacer* = *to be* in weather expressions

hacer (muy) buen tiempo   *to be (very) good weather*
hacer (muy) mal tiempo   *to be (very) bad weather*
hacer (mucho) calor   *to be (very) hot*
hacer (mucho) frío   *to be (very) cold*
hacer fresco   *to be cool*
hacer (mucho) sol   *to be (very) sunny*
hacer (mucho) viento   *to be (very) windy*

Note that *very* is expressed by **muy** in the first two expressions and by **mucho** in the others.

The following two weather expressions do *not* use **hacer.**

estar nublado   *to be cloudy*
estar despejado   *to be clear*

The verbs **nevar (ie)** and **llover (ue)** express *to rain* and *to snow.*

El cielo está nublado y llueve.
The sky is cloudy and it is raining.

Nieva cuando hace frío.
It snows when it's cold.

B. Other idiomatic expressions with *hacer*

hacer un viaje   *to take a trip*
hacer caso   *to pay attention*

El agente de viajes nos aconsejó hacer el viaje en agosto.
The travel agent advised us to take the trip in August.

Te dijimos que no fueras a la reunión, pero no nos hiciste caso.
We told you not to go to the meeting, but you didn't pay attention to us.

Ejercicios

A. Forme oraciones completas combinando las palabras o frases de cada columna. Haga los cambios necesarios y añada las palabras que falten.

tener	frío	del perro
hacer	calor	de ir
estar	caso	en el verano
llover	miedo	al Mediterráneo
nevar	ganas	del aviso
	mucho	en primavera
		en invierno
		hacer la tarea
		hambre

B. Complete las siguientes oraciones con una expresión apropiada.

1. Cuando tengo _____ me acuesto temprano.
2. El niño tuvo _____ de los tiburones a causa de la película «*Jaws*».
3. Cuando _____ buen tiempo no necesitamos llevar impermeable, pero cuando _____ , sí.
4. La pobre alumna estaba enamorada del profesor, pero él nunca le hacía _____ .
5. El cielo estaba _____ después de la lluvia.
6. Cuando _____ buen tiempo, nadie tiene _____ de estudiar.
7. ¿Tienes _____ o tenemos tiempo para tomar un café?
8. Sí, tienes _____ . Debemos hacer todo lo posible para ayudarlo.
9. Juan acaba de ganar el premio gordo en la lotería; siempre tiene _____ .
10. ¡ _____ cuidado! Hay mucho tráfico.

C. Conteste las siguientes preguntas.

1. Cuando tienes sed, ¿prefieres beber agua o Coca Cola?
2. ¿De qué tiene Ud. vergüenza?
3. ¿Crees que la inflación tiene algo que ver con el desempleo? ¿Por qué sí (no)?
4. ¿Cuándo tienen Uds. prisa?
5. ¿Qué tiempo hace en primavera?
6. ¿Tienes frío en este momento?
7. ¿Es mejor esquiar cuando nieva o cuando llueve?
8. ¿Si pudiera hacer un viaje mañana, ¿adónde iría?
9. ¿Tienes miedo de andar solo/a por la noche?
10. Si no desayunas, ¿tienes hambre a las once de la mañana?

CAPITULO
9

Resumen de estructuras

■ The Definite Articles

	SINGULAR	PLURAL
MASCULINE	**el** niño	**los** niños
FEMININE	**la** niña	**las** niñas

Contractions: de + el = del
a + el = al

■ Gender Patterns

MASCULINE		FEMININE	
-o	el chico	-a	la chica
	el río		la meseta
		-e, -ión, -dad,	la serie	la paternidad
		-tad, -tud,	la nación	la actitud
		-umbre	la ciudad	la certidumbre

■ Formation of Plurals

SINGULAR	PLURAL	
ends in vowel: la mesa	+ -s	las mesas
ends in consonant: el papel	+ es	los papeles
ends in -z: el lápiz	z → c + es	los lápices

■ The Indefinite Articles

	SINGULAR	PLURAL
MASCULINE	**un** niño	**unos** niños
FEMININE	**una** niña	**unas** niñas

Lectura

*Marco Denevi[1] uses an animal character in "**La inmolación por la belleza**" to create a modern fable in the classical style of Aesop. The fable's ironic conclusion provides a poignant commentary on the contemporary obsession with physical beauty. By means of his fable, Denevi suggests that our society's pursuit of a physical ideal—like the hedgehog's **inmolación**—is perhaps ultimately self-destructive.*

La inmolación° por la belleza

°sacrifice

El Erizo° era feo y lo sabía. Por eso vivía en sitios apartados, en matorrales° sombríos, sin hablar con nadie, siempre solitario y taciturno, siempre triste, él, que en realidad tenía un carácter alegre y gustaba de° la compañía de los demás.° Sólo se atrevía a salir a altas horas de la noche, y si entonces oía pasos,° rápidamente erizaba° sus púas° y se convertía en una bola para ocultar° su rubor.°

°Hedgehog / thickets
°**gustaba**... enjoyed
°others
°footsteps / he bristled out / quills
°to hide / shame

Una vez alguien encontró esa esfera híspida,° ese tremendo alfiletero.° En lugar de rociarlo° con agua o arrojarle humo° (como aconsejan los libros de zoología), tomó una sarta° de perlas, un racimo de uvas de cristal, piedras preciosas, o quizá falsas, cascabeles,° dos o tres lentejuelas,° varias luciérnagas,° un dije° de oro, flores de nácar° y de terciopelo,° mariposas artificiales, un coral, una pluma y un botón, y los fue enhebrando° en cada una de las agujas° del erizo hasta transformar a aquella criatura desagradable en un animal fabuloso.

°bristly /pincushion
°sprinkling it / **arrojarle**... blowing smoke on it
°string
°bells / spangles
°lightning bugs / charm / mother-of-pearl / velvet
°stringing
°needles (quills)

Todos acudieron° a contemplarlo. Según quién lo mirase, semejaba la corona de un emperador bizantino, un fragmento de la cola del Pájaro Roc,[2] o si las luciérnagas se encendían,° el fanal° de una góndola empavesada° para la fiesta del Bucentauro, o si lo miraba algún envidioso, un bufón.

°came
°**se**... lit up / lantern / dressed, decorated

El erizo escuchaba las voces, las exclamaciones, los aplausos, y lloraba de felicidad. Pero no se atrevía a moverse por temor de que se le desprendiera° aquel ropaje miliunanochesco. Así permaneció durante todo el verano. Cuando llegaron los primeros fríos había muerto de hambre y de sed. Pero seguía hermoso.

°**se**... might fall off him

---

[1]See the introduction to Marco Denevi in **Capítulo 7.**
[2]Ave fabulosa de las *Mil y Una Noches*

Comprensión

¿Cierto o falso? Corrija las oraciones falsas.

1. El erizo sabía que era feo.
2. Gustaba de la compañía de los demás y vivía con los otros animales.
3. Sentía rubor a causa de su cuerpo feo.
4. Un día alguien le ornamentó las púas con cascabeles, perlas, lentejuelas y otras decoraciones.
5. Los ornamentos transformaron al erizo en una criatura fabulosa.
6. El erizo llevaba todos los ornamentos, pero todavía estaba triste.
7. El erizo estaba contento; lloraba de felicidad.
8. Era feliz porque creía que con los ornamentos estaba hermoso.
9. No quería moverse porque tenía miedo de que se le desprendieran los ornamentos.
10. Así vivió muchos años sin moverse.

ANSWERS: 1. Cierto   2. Falso   3. Cierto   4. Cierto   5. Cierto   6. Falso   7. Cierto
8. Cierto   9. Cierto   10. Falso

Vocabulario

acudir (a)   *to go, attend*
la **aguja**   *needle*
atreverse (a)   *to dare (to)*

la **belleza**   *beauty*
la **corona**   *crown*
feo/a   *ugly*

hermoso/a   *beautiful*
permanecer   *to remain, stay*

Gramática

■ Nouns: More on Gender and Number[3]

A. Gender of Nouns

1. Some frequently used nouns ending in **-a** are masculine.

el clima	*the climate*	el idioma	*the language*
el día	*the day*	el mapa	*the map*
el dilema	*the dilemma*	el problema	*the problem*
el drama	*the drama*	el programa	*the program*

2. Some common nouns ending in **-o** are feminine.

   la foto   *the photo* (*from* **la fotografía**)
   la mano   *the hand*
   la moto   *the motorcycle* (*from* **la motocicleta**)

3. Some feminine nouns that begin with stressed **a-** or **ha-** use the masculine articles **el** and **un** in place of **la** and **una** in the singular, to avoid linking the final **-a** of the article to the initial **a-** of the noun: (**la**) **agua** → **el agua;** (**una**) **agua** → **un agua.** The feminine articles, however, *are* used in the plural: **las aguas, unas aguas.**

   Even when the masculine article is used, the noun remains feminine in gender, and accompanying adjectives are feminine: **el agua fría.** Feminine nouns requiring masculine articles in the singular include the following:

el agua	*the water*	el ama	*the mistress of the house, landlady*
el águila	*the eagle*	el ancla	*the anchor*
el ala	*the wing*	el ánima	*the spirit*
el alma	*the soul*	el hacha	*the axe*

4. Nouns ending in **-s** or other consonants can be either masculine or feminine. Their gender must be memorized.

el análisis	*the analysis*	la hipótesis	*the hypothesis*
el crimen	*the crime*	la metrópolis	*the metropolis*
la crisis	*the crisis*	el papel	*the paper*
el énfasis	*the emphasis*	la tesis	*the thesis*

---

[3]See also **Estructuras básicas.**

5. Some nouns have an opposite gender counterpart: the same form but a different meaning.

el capital	*capital (money)*	la capital	*capital city*
el corte	*cut*	la corte	*court*
el costo	*cost*	la costa	*coast*
el cura	*priest*	la cura	*cure*
el orden	*order (in rank or position)*	la orden	*order (command)*
el policía	*policeman*	la policía	*police force; policewoman*
el puerto	*port*	la puerta	*door*

6. Nouns naming individuals who practice certain jobs or professions are always masculine when they refer to males and feminine when they refer to females. Some nouns of occupation have different forms for masculine and feminine. Other nouns use the same form for both the masculine and feminine. In the case of these nouns, gender is revealed only through the article. Most nouns of occupation fall into one of these groups.

• Nouns whose masculine ends in **-o** change the final **-o** to **-a** to form the feminine.

MASCULINE	FEMININE
el abogado (*lawyer*)	la abogada
el arquitecto (*architect*)	la arquitecta
el bibliotecario (*librarian*)	la bibliotecaria
el bombero (*firefighter*)	la bombera
el camarero (*waiter*)	la camarera
el carpintero (*carpenter*)	la carpintera
el criado (*servant*)	la criada
el crítico (*critic*)	la crítica
el farmacéutico (*pharmacist*)	la farmacéutica
el ingeniero (*engineer*)	la ingeniera
el mecánico (*mechanic*)	la mecánica
el mecanógrafo (*typist*)	la mecanógrafa
el plomero (*plumber*)	la plomera
el taquígrafo (*stenographer*)	la taquígrafa
el tintorero (*dry cleaner*)	la tintorera

• Nouns whose masculine ends in **-or** form the feminine by adding **-a.**

el agricultor (*farmer*)	la agricultora
el contador (*accountant*)	la contadora
el corredor (*broker*)	la corredora
el decorador (*decorator*)	la decoradora
el doctor (*doctor*)	la doctora
el escritor (*writer*)	la escritora
el lector (*reader*)	la lectora
el locutor (*radio announcer*)	la locutora
el orador (*speaker*)	la oradora
el pintor (*painter*)	la pintora

el profesor (*professor*)	la profesora
el vendedor (*salesperson*)	la vendedora

- Nouns ending in **-ista** have the same form for both masculine and feminine.

el artista (*artist*)	la artista
el dentista (*dentist*)	la dentista
el ebanista (*cabinet maker*)	la ebanista
el electricista (*electrician*)	la electricista
el guitarrista (*guitar player*)	la guitarrista
el periodista (*journalist*)	la periodista
el pianista (*pianist*)	la pianista
el telefonista (*telephone operator*)	la telefonista
el violinista (*violinist*)	la violinista

- Some other nouns also have the same forms for masculine and feminine.

el chófer (*chauffeur*)	la chófer
el dependiente (*clerk*)	la dependiente[4]
el estudiante (*student*)	la estudiante
el guía (*guide*)	la guía (*female guide* or *guidebook*)
el juez (*judge*)	la juez
el piloto (*pilot*)	la piloto
el policía (*policeman*)	la policía (*policewoman* or *entire police force*)
el sastre (*tailor*)	la sastre

B. **Plural of Nouns**

1. Nouns ending in **-sis** frequently have the same form for singular and plural.

    el análisis   (*the analysis*) → los análisis   (*the analyses*)
    la hipótesis   (*the hypothesis*) → las hipótesis   (*the hypotheses*)
    la metamorfosis   (*the metamorphosis*) → las metamorfosis   (*the metamorphoses*)
    la neurosis   (*the neurosis*) → las neurosis   (*the neuroses*)

2. Nouns ending in the consonants **-n** or **-s** and having a written accent on the last syllable of the singular drop the accent mark in the plural.

    el montón   (*the pile*) → los montones   (*the piles*)
    la nación   (*the nation*) → las naciones   (*the nations*)

3. Conversely, nouns ending in **-n** and having stress on the next to the last syllable will add an accent mark in the plural, to retain the stress pattern of the singular form.

    el joven   (*the young man*)   los jóvenes   (*the young people*)

---

[4]For some Spanish speakers, the variant **el dependiente** → **la dependienta** is common.

■ Diminutive and Augmentative Forms of Nouns

A. Use of Diminutives, Augmentatives, and Deprecatives

Spanish popular speech uses several different endings to convey ideas of *largeness, smallness, cuteness,* or *repulsiveness.* Diminutive endings generally communicate the idea of *smallness, cuteness,* or *affection.* They are frequently used with proper names: **Juan** → **Juanito.** Conversely, augmentative endings add the idea of *largeness.* In some cases, augmentatives may be used in the deprecative sense to emphasize *repulsiveness* or *wretchedness.* Unfortunately, there are few general rules governing the use of these endings. Common usage varies from region to region, and there is, therefore, no certain way of determining which ending will be used with a given noun. For this reason, usage must often be learned by careful attention to native speech. Here is a partial listing of the most frequently used endings.

DIMINUTIVES		AUGMENTATIVES		DEPRECATIVES	
MASC.	FEM.	MASC.	FEM.	MASC.	FEM.
-ito	-ita	-ote	-ota	-uzo	-uza
also:					
-cito,	-cita *or*				
-ecito	-ecita				
-ico	-ica	-azo	-aza	-ucho	-ucha
-ín	-ina	-ón	-ona	-aco	-aca
-illo	-illa			-uelo	-uela

In general, **-ito** is the most common diminutive suffix. The use of the **-ico** forms depends mostly on regional preference. For example, **momentito** is favored in Mexico, while **momentico** is more common in Colombia.

The suffix **-illo** is usually used as a diminutive, but can also be used in a derogatory sense. **Hombrecillo,** for example, denotes disdain: *an insignificant man.*

Diminutive, augmentative, and deprecative suffixes are also occasionally added to adjectives, particularly those describing size.

el libro grandote *the big book*
la niña pequeñita *the little (tiny) girl*

B. Formation of Diminutives, Augmentatives, and Deprecatives (Based on *-ito* Endings)

1. Words ending in **-o** or **-a** replace these endings with **-ito** and **-ita.**

   momento → momentito
   casa → casita

2. Words ending in any consonant except **-n** or **-r** attach the endings **-ito** or **-ita** directly to the noun.

papel   →   pape**lito**

3. Words whose singular ends in **-e, -n,** or **-r** attach the endings **-cito** or **-cita** instead of **-ito, -ita.**

padr**e**   →   padr**ecito**
jardí**n**   →   jardi**ncito**

4. Words of one syllable ending in a consonant attach **-ecito, -ecita.**

rey   →   **reyecito**
luz   →   **lucecita**

5. Some orthographic changes are necessary.

- **z** → **c** before **-ito**

lápi**z**   →   lapi**c**ito
peda**z**o   →   peda**c**ito

- **c** → **qu** before **-ito**

po**c**o   →   po**qu**ito

- **g** → **gu** before **-ito**

la**g**o   →   la**gu**ito

[Ejercicios A–F]

■ *Uses of the Definite Article*

The definite article is used in the folowing situations:

1. With nouns used in a general sense

When a noun is used in a general sense (to refer to all of the thing or quality being named), the noun is preceded by the definite article. This article usually has no equivalent in English.

La vida es sueño.   *Life is a dream.*
Luchaban por la libertad.   *They were fighting for liberty.*

     The definite article is *not* used before nouns referring to a specific quantity or manifestation of the thing named.

La aspirina es buena para el dolor de cabeza.
Aspirin is good for headaches.

But:

No tenemos aspirina.
We don't have (any) aspirin.

2. With nouns used in a series

When the first noun in a series requires the definite article, an article is used before each of the following nouns. These articles usually have no equivalent in English.

El sombrero, el abrigo y la bufanda estaban en el armario.
The hat, coat, and scarf were in the closet.

3. With articles of clothing and parts of the body (See **Capítulo 3**)

The definite article (not the possessive, as in English) is used with articles of clothing and parts of the body.

Tenía el sombrero en la mano.   *He had his hat in his hand.*

4. With titles of respect (except **don/doña, santo/santa**)

When speaking *about* people normally addressed respectfully as **señor/señora, doctor/doctora, profesor/profesora,** and so on, the definite article must be used before the title. The article in this case has no English equivalent.

La señora Ortega es mi vecina.   *Mrs. Ortega is my neighbor.*

But:

Don Alonso es de Córdoba.   *Don Alonso is from Córdoba.*

When addressing the person directly, however, the article is never used.

Señora Pérez, ¿quiere Ud. más café?   *Mrs. Pérez, would you like more coffee?*

5. With days of the week, seasons of the year, time of day, and dates

The definite article is used with names of the days of the week to express *on*, with the names of seasons, and in expressing the time of day.

Salimos el lunes por la tarde.   *We left (on) Monday afternoon.*
No hay clase los miércoles.   *There is no class (on) Wednesdays.*
El otoño es muy bonito.   *Autumn is very pretty.*
Son las doce y media.   *It is twelve-thirty.*

Note that the definite article is usually omitted with seasons and days of the week after the verb **ser.**

Hoy es viernes.   *Today is Friday.*
Mi estación preferida es primavera.   *Spring is my favorite season.*

With seasons, the article *may* be omitted after the preposition **en.** It is always omitted after **de.**

En (el) invierno nieva mucho.   *It snows a lot in winter.*
Era un hermoso día de primavera.   *It was a lovely spring day.*

6. With names of languages and countries

The definite article is used with names of languages *except* after the prepositions **en** and **de** and the verb **hablar.** (Use of the article is optional after related words like **entender, aprender, estudiar, leer,** or **saber.**)

El francés es una lengua romántica.   *French is a romantic language.*
El embajador también habló ruso.   *The ambassador also spoke Russian.*
El manuscrito está escrito en alemán.   *The manuscript is written in German.*
Era profesor de italiano.   *He was an Italian professor.*

The definite article is usually used with the following names of countries, although there is a growing tendency to omit it.

la Argentina	el Ecuador	el Japón
el Brasil	los Estados Unidos	el Perú
el Canadá	la India	El Salvador
la China		

With **El Salvador,** the article is never omitted. It is always capitalized.

7. With names of meals

The definite article precedes names of meals.

el almuerzo   la cena   la comida   el desayuno

Comemos el almuerzo a mediodía.   *We eat lunch at noon.*

8. With sports and games

The definite article precedes names of sports and games.

Juega bien al tenis.   *He plays tennis well.*
El ajedrez es un juego intelectual.   *Chess is an intellectual game.*

■ Uses of the Indefinite Article

The indefinite article is usually repeated before nouns in a series, like the definite article.

Necesitamos un bolígrafo y un lápiz.   *We need a pen and pencil.*

The indefinite article is omitted in the following situations:

1. Before nouns stating nationality, religion, or political membership

Soy católico y republicano.   *I am a Catholic and a Republican.*
El señor Méndez es abogado.   *Mr. Méndez is a lawyer.*

Note that the article is frequently used when the noun is modified.

El señor Méndez es un abogado célebre.   *Mr. Méndez is a famous lawyer.*

2. With nouns used in apposition

When a noun appears in a phrase used in apposition (to rename the subject), the indefinite article is omitted.

El Prado, museo famoso de Madrid, tiene una colección magnífica de pinturas españolas.
The Prado, a famous museum in Madrid, has a magnificent collection of Spanish paintings.

3. After **sin** and **con**

The indefinite article is omitted after these prepositions. In contrast, English requires the article.

No salgas sin paraguas.   *Don't go out without an umbrella.*

4. Before **otro, cierto, mil,** and **cien(to)**

No tenía otro.
I didn't have another (one).

Hay cierta cuidad en México que tiene jardines flotantes.
There is a certain city in Mexico that has floating gardens.

Siempre nos daba mil excusas.
He always gave us a thousand excuses.

Costó cien dólares.
It cost a hundred dollars.

But:

The indefinite article is always used before **millón.**

Un millón de indios murieron en el terremoto.
A million Indians died in the earthquake.

[Ejercicios G–N]

Ejercicios

A. Busque el género de los siguientes sustantivos en «La inmolación por la belleza». Todos aparecen en la narración.

1. matorral   m. _____ f. _____
2. carácter   m. _____ f. _____
3. noche   m. _____ f. _____
4. bola   m. _____ f. _____
5. esfera   m. _____ f. _____
6. sarta   m. _____ f. _____
7. racimo   m. _____ f. _____
8. luciérnaga   m. _____ f. _____
9. dije   m. _____ f. _____
10. coral   m. _____ f. _____
11. botón   m. _____ f. _____
12. aguja   m. _____ f. _____
13. animal   m. _____ f. _____
14. emperador   m. _____ f. _____

15. fanal   m. _____ f. _____
16. bufón   m. _____ f. _____

17. voz   m. _____ f. _____
18. ropaje   m. _____ f. _____

B. Dé el artículo definido de estos sustantivos.

1. _____ erizo
2. _____ compañía
3. _____ día
4. _____ mano
5. _____ felicidad

6. _____ tesis
7. _____ avión
8. _____ flor
9. _____ foto

10. _____ exclamación
11. _____ temor
12. _____ agua
13. _____ problema

C. Ahora repita el ejercicio anterior, cambiando los artículos y sustantivos al plural.

D. Dé el sustantivo con que se forman los siguientes diminutivos y aumentativos. Explique el significado del sustantivo original y luego el significado del sustantivo con el sufijo.

MODELO   mamacita   →   El sustantivo original es «mamá». «Mamá» significa «madre»; con el sufijo «-cita», el sustantivo implica cariño.

1. librote
2. momentico
3. laguito
4. sillón

5. ventanilla
6. papelito
7. chiquillo

8. hombrón
9. perrazo
10. Paquito

E. Forme diminutivos basados en los siguientes sustantivos.

1. gato
2. niña
3. luz
4. pedazo

5. mujer
6. largo
7. árbol

8. mano
9. poco
10. casa

F. Dé la forma femenina de los siguientes sustantivos masculinos. Luego use la forma plural del sustantivo para explicar lo que hacen tales personas.

MODELO   el arquitecto   →   la arquitecta
         Los arquitectos hacen planes para los edificios.

1. el doctor
2. el dentista
3. el embajador
4. el artista de cine

5. el chófer
6. el guía
7. el maquinista

8. el estudiante
9. el trabajador en una fábrica
10. el abogado

G. Complete las siguientes oraciones con el artículo definido o indefinido cuando sea necesario.

1. _____ amor es _____ tema preferido de _____ poetas.
2. Alfredo no tiene _____ coche: _____ suyo esta en _____ garaje.
3. ¿Tienes _____ dinero? Necesito _____ dólar más.
4. _____ ciudad es muy grande; tiene más de _____ millón de habitantes.
5. Manuel fue _____ comunista.
6. Claude Levi-Strauss es _____ antropólogo famoso.
7. _____ señor González es _____ presidente de nuestro club.

8. _____ chino es _____ idioma difícil.
9. _____ domingo es _____ primer día de _____ semana.
10. _____ sal, _____ pimienta y _____ canela son especias.
11. _____ fútbol es _____ deporte más popular de _____ Canadá.
12. En _____ iglesia había muchas velas.
13. En _____ invierno _____ esquiar es _____ deporte popular.
14. El vuelo salió a _____ dos de _____ tarde.
15. Perdió _____ abrigo y no tenía _____ otro.

H. Conteste las siguientes preguntas, prestando atención especial al uso de los artículos.

1. ¿Llevas el sombrero en clase?
2. ¿Es psicólogo su padre?
3. ¿Cuál es más importante, la fama o la felicidad?
4. ¿A qué hora se reúne esta clase? ¿En qué días?
5. ¿Cuándo es tu cumpleaños?
6. ¿Es más difícil el español que el francés?
7. ¿Qué ciudad es la capital de la Argentina?
8. ¿Cuál le gusta más, el béisbol o el básquetbol? ¿Cuál es más popular en verano?
9. ¿Es Ud. republicano o demócrata?
10. ¿Juega bien al tenis?

I. Pregúntele a un compañero (una compañera) de clase:

1. if he/she has a minute to talk
2. if he/she went to Brazil last summer (Cuba, Japan, El Salvador, etc.)
3. if he/she speaks Russian (Chinese, Japanese, Italian, etc.)
4. if he/she wants to be an accountant (lawyer, firefighter, etc.)
5. if he/she has another notebook
6. if he/she knows what time it is
7. if he/she likes to play golf (tennis, soccer, etc.)
8. if he/she gets up at 7:00 A.M. on Mondays
9. if he/she thinks that winter or spring is the best season
10. if he/she is Catholic (Protestant, Jewish, Moslem, etc.)

J. Pídale a un compañero (una compañera) de clase que le dé a Ud....

1. his/her hand
2. the Sunday paper
3. a little bit of his/her sandwich
4. the Spanish magazine
5. a little cup of coffee
6. the assignment for tomorrow
7. the needle he/she found on the floor
8. his/her new diet
9. his/her notes for history class
10. his/her telephone number

K. Ahora repita el ejercicio anterior, usando pronombres en vez de sustantivos para los complementos directos e indirectos.

MODELO   Pedida: Dámela ahora mismo.
                Respuesta: No, no te la doy. (Bueno, aquí la tienes.)

L. Dígale a otro compañero (otra compañera) de clase lo que Ud. quiere que él /ella haga. Use las siguientes palabras como guía, añadiendo otras palabras que falten.

1. yo / querer / tú / terminar / trabajo
2. yo / mandar / tú / comprar / libro / italiano
3. yo / insistir / tú / hablar / español / clase
4. yo / invitar / tú / tomar / café / con / mí
5. yo / esperar / tú / ir / iglesia / domingos
6. yo / sugerir / tú / estudiar / para ser / médico
7. yo / preferir / tú / usar / llave / para abrir / puerta
8. yo / querer / tú / conocer / Sra. García
9. yo / pedir / tú / sacar / foto
10. yo / sugerir / tú / mirar / mapa

M. Exprese en español.

1. I don't want to be a psychiatrist; neurosis bores me.
2. In New York, we saw a German film and a new play about war and madness (**locura**).
3. Idealists always believe in love and peace.
4. Little Tomás was crying because he lost his sweater again.
5. He wanted me to write him another excuse.
6. Mr. Nero, the "king" of the neighborhood, lives across the street.
7. He always reads detective stories (**novelas policíacas**).
8. Overpopulation is our most serious problem.
9. The little needle (*dim.*) is for sewing (**para coser**); the big needle (*aug.*) is for something else.
10. Mrs. Jiménez, I hope your son gets well soon.

N. **Ensayo/Conversación.** Escriba Ud. un ensayo o dé un discurso relatando algún incidente en que Ud. deseaba algo más que nada en el mundo. Use las siguientes preguntas como guía.

PRIMER PARRAFO

Cuando Ud. era más joven (niño/a), ¿tuvo alguna vez el deseo intenso de tener algo que le parecía inalcanzable (*out of reach*)? ¿Qué era? ¿Cómo se sentía cuando pensaba en esa cosa inalcanzable? ¿Qué era Ud. capaz de hacer para conseguirla? ¿Qué creía que le pasaría a Ud. si la consiguiera? ¿y si no la obtuviera? ¿Conocía a alguien que ya la tuviera? ¿Tenía Ud. ganas de ser como esa persona? ¿Creía Ud. que obtener la cosa deseada le haría feliz? (¿popular? ¿hermoso/a?, etcétera) ¿Por qué?

SEGUNDO PARRAFO

Cuando por fin consiguió lo que quería, ¿descubrió que la cosa deseada no tenía las propiedades mágicas que Ud. pensaba que tenía? ¿O confirmó que sí las tenía? ¿Le costó mucho trabajo conseguirla o se la dio alguien inesperadamente? ¿Qué pasó después? ¿Le hizo a Ud. feliz (popular, hermoso/a, etcétera) tenerla? ¿Por cuánto tiempo? ¿Tenía miedo de que se le acabara el efecto?

TERCER PARRAFO

Las veces que no obtuvo lo que quería, ¿cómo reaccionó Ud.? ¿Lloró? ¿Se puso de mal humor? ¿Dijo a todo el mundo que no le importaba nada? ¿Se sintió humillado/a de no obtenerlo? ¿Se sintió triste? ¿Creía que otra persona tenía la culpa? ¿A quién le echó Ud. la culpa? ¿Por qué a él/ella?

Temas para libre expresión

■ Temas literarios

A. Una fábula es un cuento en que se usan con frecuencia los animales para enseñar una verdad sobre la vida contemporánea o las relaciones humanas. Usualmente termina con una moraleja (una frase que resume la lección que enseña el cuento).

1. ¿Es una fábula el cuento «La inmolación por la belleza»? ¿Por qué sí (no)?
2. ¿Qué nos enseñan la vida y la muerte del erizo?
3. ¿Qué moraleja se debe añadir para terminar el cuento?

B. Con frecuencia la ironía resulta de una sorpresa. Pensamos que algo va a resolverse de una manera determinada, pero cuando no se resuelve como habíamos pensado, resulta irónico. Por ejemplo, el rey Midas pensaba que sería el hombre más feliz del mundo si pudiera convertir todo lo que tocaba en oro. Pero cuando realizó su deseo, llegó a ser muy infeliz. Es irónico que no estuviera contento cuando obtuvo lo que quería.

«La inmolación por la belleza» tiene una base irónica. Identifique la ironía.

1. ¿Es irónica la primera frase del cuento? ¿Por qué sí (no)?
2. ¿Es irónico que parte del adorno del erizo consiste de «piedras preciosas o quizá falsas»? ¿Por qué sí (no)?
3. ¿Es irónico el final del cuento? ¿En qué consiste la sorpresa final?

■ Temas personales

A. Describa Ud. al hombre / a la mujer ideal según su concepto de la belleza. Traiga a la clase algunas fotos (de revistas o periódicos) de hombres o mujeres que Ud. considera guapos. ¿Por qué piensa que son buenos modelos para imitar?

B. ¿Qué actores/actrices de la televisión o del cine encarnan la idea contemporánea de la belleza? Descríbalos.

C. Tenemos una idea estereotipada de la belleza, y si no somos tan «rubios», «delgados», etcétera, como este ideal determina que seamos, nos «inmolamos» para parecer más bellos.

- ¿Qué hacemos para adelgazar?
- ¿para cambiar el color del pelo?
- ¿para obtener el pelo rizado?
- ¿para parecer más altos de lo que somos? ¿más bajos?
- ¿para no envejecer?

D. Se dice que en nuestra sociedad se venera la juventud y es verdad que muchos actores y actrices populares son muy jóvenes. Los jóvenes que aparecen en los anuncios comerciales de los «blue jeans» a veces tienen solamente trece o catorce años.

1. Nombre Ud. algunos actores / actrices muy jóvenes.
2. ¿Cree Ud. que nuestra sociedad explota a estos jóvenes? ¿Por qué sí (no)?
3. ¿Es realista el ideal de la belleza joven? ¿Por qué sí (no)?

Estudio de palabras

The English word *place* can be expressed by several different nouns in Spanish.

■ *Lugar*

Lugar can express *place* in almost any context.

Chela es muy ordenada; siempre pone cada cosa en su lugar.
Chela is very orderly; she always puts everything in its place.

¿Conoces el valle del Cauca? Es un lugar precioso.
Do you know the Cauca Valley? It's a beautiful place.

Lugar is also used in the idiomatic expressions **tener lugar** (*to take place*) and **en lugar de** (*in place of, instead of*).

El congreso tiene lugar en el centro internacional.
The conference takes place in the international center.

El lunes Ricardo va a trabajar en lugar de Roberto.
Monday Ricardo is going to work in place of Roberto.

En lugar de permanecer en el centro, debes ir a las afueras.
Instead of staying in town, you ought to go to the suburbs.

■ *Sitio*

Sitio is generally interchangeable with **lugar,** although **lugar** refers more specifically to a particular spot rather than to a generalized location.

Lo mismo da un sitio que otro.
One place is as good as another.

Buscamos un sitio perfecto para la boda.
We are looking for a perfect place for the wedding.

■ *Paraje*

Paraje also means *place,* but it carries the connotation of a secluded or remote location.

Todas las parejas tenían sus parajes preferidos.
All of the couples had their favorite places.

Aruba es un paraje romántico.
Aruba is a romantic place.

The English verb *to take* has several different equivalents in Spanish.

■ *Llevar* = to take; to carry

Llevar is used to convey the idea of taking a person or thing *to* a place. It also means *to carry.*

¿Me puedes llevar a la farmacia?
Can you take me to the pharmacy?

Paco es muy trabajador; siempre lleva un montón de libros.
Paco is very hard working; he is always carrying a pile of books.

■ *Tomar* = to take

Tomar also means *to take,* but often in the more literal sense of actually making physical contact, taking an object or person in one's hands or arms. **Tomar** is also used with means of transportation: *to take* a plane, bus, train, and so on.

¿Quieres más carne? Tómala.
Do you want more meat? Take it.

Al cruzar la calle, la madre le dijo a su hijito, «Toma la mano».
While crossing the street, the mother said to her little son, "Take my hand."

Después de llegar a Madrid, podemos tomar el autobús a Toledo.
After arriving in Madrid, we can take the bus to Toledo.

■ *Sacar* = to take out

Sacar usually means *to take* an object *out of* a container or *to take* something *from* its usual place.

La anciana abrió la cajita y sacó un anillo de oro.
The old woman opened the little box and took out a gold ring.

Voy a la biblioteca. Necesito sacar algunos libros.
I'm going to the library. I need to take out some books.

El pirata aéreo sacó una pistola.
The skyjacker took out a pistol.

Ejercicios

A. Complete las siguientes oraciones con **lugar, sitio, paraje, tener lugar** o **en lugar de.**

    1. La fiesta de Carnaval siempre _____ en New Orleans antes de la Cuaresma (*Lent*).
    2. Busqué un _____ tranquilo para estudiar.
    3. En la utopía todos viven en una sociedad perfecta en un _____ ideal.
    4. La gente prefería tener presidente _____ rey.
    5. El secretario dio el discurso _____ del senador enfermo.
    6. Los _____ mitológicos son siempre aislados y románticos.
    7. El bibliotecario puso cada volumen en su _____ .
    8. En su _____ yo no diría tal cosa.
    9. ¿Cuándo _____ la fiesta de San Fermín?
    10. No aguanto más este _____ ; hace demasiado frío.

B. Complete las siguientes oraciones con la forma correcta de **llevar, tomar** o **sacar.**

    1. El profesor quiere que los alumnos _____ libros de la biblioteca.
    2. Es mejor _____ el avión porque el tren tarda mucho.
    3. El pajarito más grande siempre _____ comida al más pequeño.
    4. Hay que _____ todo de los bolsillos antes de lavar la ropa.
    5. ¿Debo _____ paraguas?

C. Exprese en español.

    1. Take your hands out of your pockets.
    2. Let's take the bus instead of the train.
    3. Take my hand.
    4. Should I take my books?
    5. The story takes place in Madrid.
    6. Mr. Montalvo wanted me to work in place of Carlos.
    7. What a pretty place!
    8. Do you know the place?
    9. Take the plates to the table, please.
    10. Who took my comb?

LECTURA

Aviso
Salvador Elizondo

GRAMATICA

- Uses of the
  Past Participle
- The Perfect
  Forms
- Additional
  Uses of **haber**

Resumen de estructuras

■ The Past Participle

INFINITIVE	PARTICIPLE ENDING	PAST PARTICIPLE
hablar	**-ado**	hab**lado**
comer	**-ido**	com**ido**
vivir	**-ido**	viv**ido**

Note: There are no stem or spelling changes in the past participle. When the infinitive stem ends in a strong vowel (**a, e, o**) the **i** of the **-ido** ending requires a written accent: **caído, creído, leído, oído, reído, traído.**

■ Irregular Past Participles

abrir: abierto	escribir: escrito	ir: ido	romper: roto	volver: vuelto
cubrir: cubierto	*Also:* describir	morir: muerto	satifacer: satisfecho	*Also:* devolver, envolver
Also: descubrir	freír: frito	poner: puesto	ver: visto	
decir: dicho	hacer: hecho	*Also:* suponer		

■ The Perfect Forms

PRESENT PERFECT INDICATIVE
(I HAVE SPOKEN, ETC.)

he hablado	**hemos** hablado
has hablado	**habéis** hablado
ha hablado	**han** hablado

PRESENT PERFECT SUBJUNCTIVE
(I HAVE SPOKEN, ETC.)

haya hablado	**hayamos** hablado
hayas hablado	**hayáis** hablado
haya hablado	**hayan** hablado

PAST PERFECT INDICATIVE (PLUPERFECT)
(I HAD SPOKEN, ETC.)

había hablado	**habíamos** hablado
habías hablado	**habíais** hablado
había hablado	**habían** hablado

PAST PERFECT SUBJUNCTIVE (-RA)[1]
(I HAD SPOKEN, ETC.)

hubiera hablado	**hubiéramos** hablado
hubieras hablado	**hubierais** hablado
hubiera hablado	**hubieran** hablado

PRETERITE PERFECT[2]
(I HAD SPOKEN, ETC.)

hube hablado	**hubimos** hablado
hubiste hablado	**hubisteis** hablado
hubo hablado	**hubieron** hablado

PAST PERFECT SUBJUNCTIVE (-SE)
(I HAD SPOKEN, ETC.)

hubiese hablado	**hubiésemos** hablado
hubieses hablado	**hubieseis** hablado
hubiese hablado	**hubiesen** hablado

FUTURE PERFECT
(I WILL HAVE SPOKEN, ETC.)

habré hablado	**habremos** hablado
habrás hablado	**habréis** hablado
habrá hablado	**habrán** hablado

CONDITIONAL PERFECT
(I WOULD HAVE SPOKEN, ETC.)

habría hablado	**habríamos** hablado
habrías hablado	**habríais** hablado
habría hablado	**habrían** hablado

---

[1]Spanish has two different forms (**-ra, -se**) of the past perfect (pluperfect) subjunctive, just as there are two forms for the simple past subjunctive. The dominant form varies according to regional preference, but in general the **-ra** forms are more commonly used.

[2]The preterite perfect is largely confined to literary usage. Generally, the past perfect (pluperfect) expresses *had + past participle.*

Lectura

Born in 1932, Salvador Elizondo is one of Mexico's best-known contemporary short story writers. He is the author of various collections of stories including **Narda o el verano** *(1966),* **El retrato de Zoe y otras mentiras** *(1969), and* **El grafógrafo** *(1972).*

*In "**Aviso**," Elizondo reworks one of the adventures of the legendary Greek hero, Odysseus. The story of Odysseus, first chronicled by Homer in the* Odyssey, *recounts the hero's exploits during the Trojan Wars and the trials he faced during his ten-year return voyage after the fall of Troy. Elizondo mentions several of Odysseus's adventures in "**Aviso**": his descent into the caverns of Hades—realm of the dead—to consult with the spirit of the prophet Teiresias, and his escape from the land of the lotus. But "**Aviso**" deals mainly with Odysseus's encounter with the beautiful and deadly sirens.*

*According to Homer's account, Odysseus had to pass by the island of the sirens—beautiful creatures whose songs lured men to destruction—during his return home after the siege of Troy. The goddess Circe had warned Odysseus about the sirens, and helped him form a plan that would enable him to pass safely. Following Circe's advice, Odysseus ordered his sailors to seal their ears with wax so that they would not hear the sirens' enchanting song. But he wanted to hear this marvelous melody for himself. Lest he yield to temptation and approach the sirens, he ordered his men to lash him to the ship's mast. Thus, while listening to the sirens' song, Odysseus passed their island unharmed. In "**Aviso**" Salvador Elizondo, using Odysseus as his narrator, retells the adventure of the sirens, but this time with a surprisingly different conclusion!*

Aviso

La isla prodigiosa surgió° en el horizonte como una crátera colmada° de lirios y de rosas. Hacia el mediodía comencé a escuchar las notas inquietantes de aquel canto mágico.

Había desoído° los prudentes consejos de la diosa y deseaba con toda mi alma descender allí. No sellé con panal los laberintos de mis orejas° ni dejé que mis esforzados compañeros me amarraran al mástil.°

Hice virar° hacia la isla y pronto pude distinguir sus voces con toda claridad. No decían nada; solamente cantaban. Sus cuerpos relucientes° se nos mostraban como una presa° magnífica.

Entonces decidí saltar sobre la borda° y nadar hasta la playa.

Y yo, oh dioses, que he bajado a las cavernas de Hades y que he cruzado el campo de asfodelos° dos veces, me vi deparado° a este destino de un viaje lleno de peligros.

Cuando desperté en brazos de aquellos seres que el deseo había hecho aparecer tantas veces de este lado de mis párpados durante las largas vigías°

	appeared / filled up
	paid no heed to
	No... I did not seal my ears with beeswax
	me... tie me to the mast
	Hice... I veered
	shining
	prize
	saltar... jump overboard
	lotus / offered up
	watches

del asedio,° era presa° del más agudo espanto.° Lancé un grito afilado como una jabalina.°

Oh dioses, yo que iba dispuesto a naufragar° en un jardín de delicias, cambié libertad y patria por el prestigio de la isla infame y legendaria.

Sabedlo, navegantes: el canto de las sirenas es estúpido y monótono, su conversación aburrida e incesante; sus cuerpos están cubiertos de escamas,° erizados° de algas° y sargazo.° Su carne huele a pescado.

siege / prisoner / **del**... of the most acute terror
Lancé... I gave a cry sharp as a javelin
to be shipwrecked

fish scales

bristling / seaweed / sargasso

Comprensión

¿Cierto o falso? Corrija las oraciones falsas.

1. Las sirenas vivían en una isla y cantaban un canto mágico.
2. Ulises (*Odysseus*) pensaba que la isla de las sirenas sería un jardín de delicias.
3. Ulises saltó sobre la borda y nadó hacia las sirenas.
4. Los compañeros de Ulises lo amarraron al mástil para que no pudiera nadar hacia las sirenas.
5. Cuando las vio de cerca, Ulises se enamoró de las sirenas.
6. Quiere que los otros navegantes sepan que las sirenas son muy bellas e inteligentes.
7. Aunque ha vivido mucho tiempo con las sirenas, a Ulises todavía le gusta su canto.
8. Ulises opina que las sirenas huelen a pescado.

ANSWERS: 1. Cierto 2. Cierto 3. Cierto 4. Falso 5. Falso 6. Falso 7. Falso 8. Cierto

Vocabulario

el **brazo** *arm*
el **canto** *song*
dispuesto/a *willing, ready*
el **grito** *shout*

la **isla** *island*
oler (huelo) (ue) (a) *to smell (like, of)*
el **párpado** *eyelid*

la **patria** *country*
el **peligro** *danger*
el **ser** *being*

Gramática

■ *Uses of the Past Participle*

A. **The Past Participle Used as Adjective**

1. Used as an adjective, the past participle agrees in number and gender with the noun it modifies.

   La catedral, construida en el siglo XVI, es un ejemplo excelente de la arquitectura colonial.
   The cathedral, built in the sixteenth century, is an excellent example of Colonial architecture.

   Los suéteres hechos en Irlanda son de lana pura.
   Sweaters made in Ireland are pure wool.

   [Ejercicios A–B]

2. A past participle functioning as an adjective can appear at the beginning of a sentence to indicate a completed action. The English equivalent of this usage is an introductory clause such as *having/after/when/as soon as* + *complement.*

   Terminado el trabajo, podemos salir.
   Having finished the work (When we finish the work) we can leave.

   Concluida la cena, la criada sirvió el postre.
   As soon as the meal was finished, the maid served dessert.

   [Ejercicio C]

3. Used with **estar,** the past participle tells what state or condition is (or was) the result of a previous action. No reference is made to the person or persons who performed the action. Used in this way, the past participle must agree in number and gender with the noun modified.

   La novela está escrita en español.
   The novel is written in Spanish.

   El mural está pintado en colores brillantes.
   The mural is painted in brilliant colors.

   In contrast, the true passive construction tells who does (or did) a specific action. (See **Capítulo 12.**)

   [Ejercicio D]

4. The past participle is used to describe a physical position that is being maintained or prolonged.
   With verbs such as *to sit, to stand, to lean,* and so on, English does not

always distinguish between the action itself and the physical posture that results from the action. The phrase *Mary is sitting down* can mean either that she is *in the act of sitting down* or that she is *currently seated*.

Spanish *does* distinguish between action and resultant posture. The action is conveyed by the use of the progressive tense (**estar** + *present participle;* see **Capítulo 14**). The resulting physical position is described by **estar** + *past participle,* which agrees with the subject.

ACTION	María está sentándose.
	Mary is sitting down.
PHYSICAL POSITION	María está sentada.
	Mary is sitting down (seated).

Spanish past participles most frequently used with **estar** to describe physical positions include the following:

estar acostado/a *to be lying down*	estar parado/a *to be standing*
estar arrodillado/a *to be kneeling*	estar sentado/a *to be sitting*
estar colgado/a *to be hanging*	

[Ejercicios E–F]

B. **The Past Participle Used with *ser* to Form the Passive Voice**

The passive voice is formed with the verb **ser** + *past participle* + **por.** The past participle must agree with the subject. (See **Capítulo 12.**)

La batalla fue ganada por los griegos.	*The battle was won by the Greeks.*
El canto fue oído por los marineros.	*The song was heard by the sailors.*

C. **The Past Participle Used with *haber* in the Compound or Perfect Forms** (See next section, The Perfect Forms.)

■ *The Perfect Forms*

A. **Formation and Meaning of the Perfect**

Every simple tense has its corresponding compound or perfect form. In general, Spanish compounds have the same formation pattern and meaning as their English equivalents. English perfect tenses (*have* + *past participle*) are expressed by the Spanish **haber** + *past participle.* The Spanish past participle always ends in **-o** in the perfect; its ending never changes.

SIMPLE FORMS	ENGLISH PERFECT FORMS	SPANISH PERFECT FORMS
PRESENT	PRESENT PERFECT	PRESENT PERFECT
I learn (**aprendo**)	I have learned	**he aprendido**

PAST	PAST PERFECT	PAST PERFECT
I learned (**aprendí**)	I had learned	• *Pluperfect:* **había aprendido** • *Preterite perfect:* **hube aprendido**
CONDITIONAL	CONDITIONAL PERFECT	CONDITIONAL PERFECT
I would learn (**aprendería**)	I would have learned	**habría aprendido**
FUTURE	FUTURE PERFECT	FUTURE PERFECT
I will learn (**aprenderé**)	I will have learned	**habré aprendido**
PRESENT SUBJUNCTIVE	PRESENT PERFECT SUBJUNCTIVE	PRESENT PERFECT SUBJUNCTIVE
. . . I (may) learn (**aprenda**)	. . . I (may) have learned	**...haya aprendido**
IMPERFECT SUBJUNCTIVE	PLUPERFECT SUBJUNCTIVE	PLUPERFECT SUBJUNCTIVE
. . . I (might) learn (**aprendiera**)	. . . I (might) have learned	**...hubiera (hubiese) aprendido**

When making perfect forms negative, **no** (or another negative word; see **Capítulo 12**) precedes the entire verb phrase. No word ever separates **haber** and the past participle.

No he visto a una sirena.
I have not seen a siren.

Nunca he visto a una sirena. (No he visto nunca a una sirena.)
I have never seen a siren.

Object pronouns immediately precede the perfect forms.

Las he visto en una isla griega.
I have seen them on a Greek island.

When an object pronoun occurs in a negative sentence, the negative word precedes the object pronoun.

No las he visto.
I have not seen them.

Nunca las he visto. (No las he visto nunca.)
I have never seen them.

B. **Time Sequence with Perfect Forms**

Perfect (from Latin *perfectum*) means *completed*. The auxiliary verb **haber** indicates when the action was completed.

PRESENT PERFECT

• Reports actions or states that took place in the past. When reporting past actions, the present perfect is frequently interchangeable with the preterite in contemporary usage.

He terminado la tarea.
I (have) finished the work.

• The present perfect also summarizes past actions or states, and often implies that a past action is still going on in the present.

Hemos visto muchos museos esta mañana.
We have seen a lot of museums this morning.

Siempre ha sido muy trabajador.
He has always been (and still is) very hard working.

PAST PERFECT
(PLUPERFECT)

• Reports actions or states that took place or existed *before* another action in the past.

Habíamos servido el café cuando Pablo llegó.

   prior past action   later past action
We had served the coffee when Paco arrived.

FUTURE PERFECT

• Reports actions or states that will already have taken place or existed by some later future time.

Ya habré llegado yo cuando tú llegues.

 prior future action later future action
I will have arrived already when you arrive.

CONDITIONAL PERFECT

• Reports what would have taken place (often contingent on some other action in the past). (See also **Capítulo 8,** Contrary-to-fact Sentences.)

Ulises habría escapado si hubiera seguido el consejo de la diosa.
Odysseus would have escaped if he had followed the advice of the goddess.

PRESENT PERFECT
SUBJUNCTIVE

• Used after the present, future, or a command in the main clause to relate an action that took place before the action of the main clause.

Me alegro de que María haya ganado.

main clause   prior action
I'm glad Mary has won.

• Used after past tenses or the conditional to relate an action that took place at the same time or before the action of the main clause.

Me alegraba de que María hubiera ganado.

main clause   prior action

I was glad that Mary had won.

[Ejercicios G–M]

■ *Additional Uses of* haber

A. Forms of the verb **haber** are used to express *there is* and *there are* in all tenses and moods. The third person singular form is always used, never the plural.

Note these forms of **haber** and their English equivalents.

Present	**hay**	*there is, there are*
Preterite	**hubo**	*there was, there were*
Imperfect	**había**	*there was, there were*
Future	**habrá**	*there will be*
Conditional	**habría**	*there would be*
Present Subjunctive	**haya**	*. . . there might be*
Imperfect Subjunctive	**hubiera**	*. . . there might have been*

No hay peligro.   *There is no danger.*
No había ninguna isla cerca de la costa.   *There were no islands near the coast.*
Habrá tiempo para discutirlo después.   *There will be time to discuss it afterwards.*

Hay cantos que no podemos olvidar.   *There are songs that we can't forget.*

B. **Haber** is also used in the idiomatic constructions **haber de** + *infinitive* and **hay que** + *infinitive*.

1. **haber de** + *infinitive* = *must*

When *must* = *is to* or *is supposed to*, **haber de** + *infinitive* is used.

Hemos de pasar cerca de la isla.
We must (are supposed to) pass near the island.

Habían de llegar el lunes.
They were supposed to arrive Monday.

2. **hay que** + *infinitive* = *to have to, must, to be necessary to*

Hay que expresses obligation in an impersonal way.

Hay que sellar las orejas con panal.
{
One has to seal his ears with wax.
One must seal his ears with wax.
It is necessary to seal one's ears with wax.
}

Hay que pedir su consejo. $\left\{\begin{array}{l} \textit{One has to ask her advice.} \\ \textit{One must ask her advice.} \\ \textit{It is necessary to ask her advice.} \end{array}\right.$

[Ejercicios N–P]

Ejercicios

A. Dé oraciones nuevas según las palabras entre paréntesis.

1. *El chófer* herido estaba en el hospital. (*las mujeres, los soldados, el pasajero, la víctima*)
2. *La olla* pintada a mano es preciosa. (*el florero, la cafetera, las copas, los vasos*)
3. *Los muebles* vendidos en México eran mejores. (*la plata, los sarapes, el cuero, las sillas*)

B. **¿Qué hay de nuevo?** Conteste formando oraciones completas combinando las palabras o frases de cada columna. Cambie los verbos a adjetivos del participio pasado.

MODELO   Hay una novela escrita en español.

hay	una novela	escribir	en español
había	un animal	ver	en voz alta
	una canción	describir	en la calle
	unos paquetes	oír	de cartón (plástico,
	unas flores	decir	metal, etcétera)
	un periódico	leer	en el suelo
	unos jóvenes	encontrar	en serio
	___?___	morir	de otro país
		cubrir	___?___
		poner	
		descubrir	
		volver	
		caer	
		abrir	
		hacer	

C. Cambie la frase inicial al participio pasado.

MODELO   Después de terminar los ejercicios, salimos.
            Terminados los ejercicios, salimos.

1. Después de concluir el viaje, Ulises siguió otras aventuras.
2. Después de descubrir la isla, los navegantes tenían miedo.
3. Después de sellar sus orejas, los marineros no oyeron nada.
4. Después de oír las sirenas, Ulises saltó sobre la borda.
5. Después de oler las sirenas, Ulises se arrepintió de haber saltado.

D. Describa el resultado de las siguientes acciones. Use el tiempo presente según el modelo.

MODELO   Hicimos la casa de adobe.   →   La casa está hecha de adobe.

1. Se perdieron muchos marineros.
2. Los dioses ofrecieron un consejo.
3. El sueño cerró sus párpados.
4. Una tempestad rompió el mástil.
5. El huracán destruyó muchas islas.

E. **¿Cómo están ahora?** Cambie las oraciones para describir una postura física prolongada.

MODELO   El cura está arrodillándose ante el altar.   →
         El cura está arrodillado ante el altar.

1. Las sirenas están sentándose.
2. El bote se para delante de la isla.
3. Estoy acostumbrándome al peligro.
4. Ulises se amarra al mástil.
5. El bote se está hundiendo.

F. Exprese en español.

1. the resolved problem
2. the fallen angel
3. a broken arm
4. some lost navigators
5. made in Mexico
6. an enchanted island
7. his closed eyelids
8. the hidden danger
9. a sitting child
10. the sleeping man

G. Dé oraciones nuevas según las palabras entre paréntesis.

1. Ojalá que *el piloto* haya llegado.   (*las azafatas, tú, Carlos y yo, el equipaje, yo, Mariela y Paco*)
2. Era dudoso que *Ud.* lo hubiera sabido.   (*nosotros, ellos, tú, yo, ella, Uds.*)

H. Cambie los verbos indicados a la forma correspondiente del perfecto compuesto.

MODELOS   La diosa *avisó* a Ulises.   →   La diosa *había avisado* a Ulises.
          Ulises *salta* sobre la borda.   →   Ulises *ha saltado* sobre la borda.

1. La isla *surgió* en el horizonte.
2. *Comencé* a escuchar las notas inquietantes.
3. No *dejé* que mis compañeros me amarraran al mástil.
4. *Voy* a la isla.
5. Me *despierto* en brazos de las sirenas.
6. *Lanzo* un grito de angustia.
7. *Avisaría* a los otros navegantes.
8. El canto de las sirenas *sería* estúpido.
9. Escamas *cubren* sus cuerpos.
10. *Olerían* a pescado.

I. ¿Qué (no) habrán hecho en la universidad sus amigos antes de graduarse? Forme oraciones completas con las siguientes palabras. Use el perfecto de futuro.

1. nosotros / haber / estudiar / mucho
2. yo / haber / pagar / _____ dólares / de matrícula (fees)
3. tú / haber / cumplir / los _____ años
4. Uds. / haber / violar / algunas reglas
5. Paco / haber / vender / todos sus libros

J. Si Ud. hubiera ido al extranjero el verano pasado, ¿qué habría hecho? Conteste cambiando los verbos indicados al perfecto de condicional.

1. *Reservaría* un cuarto con baño.
2. *Obedecería* todas las leyes del país.
3. *Seguiríamos* el horario de la excursión.
4. *Conocería* mejor las costumbres del país.
5. *Pagaríamos* los derechos en la aduana.

K. Dé la primera persona singular de estos infinitivos en:
   a. el presente de subjuntivo
   b. el imperfecto de subjuntivo
   c. el presente perfecto de subjuntivo
   d. el pluscuamperfecto de subjuntivo

1. arrojar
2. surgir
3. comenzar
4. descender
5. dejar
6. distinguir
7. cantar
8. decidir
9. saltar
10. aparecer

L. Complete las siguientes oraciones con el *perfecto de subjuntivo* del verbo entre paréntesis. Use el presente o el pasado según el contexto.

1. Esperaba que tú _____ (decir) la verdad.
2. Dudo que Felipe _____ (hacer) la tarea.
3. Me alegro de que los marineros _____ (poder) salvar a los náufragos.
4. Es increíble que los ladrones no le _____ (robar) el reloj de pulsera.
5. No creo que Cintia _____ (vivir) en Lisboa.
6. Quizás Raúl _____ (cambiar) de opinión.
7. El quería que yo _____ (terminar) el trabajo antes de practicar el tenis.
8. Dudaba que el fantasma _____ (aparecer) a medianoche.
9. Se alegraban de que los votantes _____ (botar) al dictador.
10. Tal vez el banco _____ (perder) el cheque.

M. Pregúntele a un compañero (una compañera) de clase si él (ella) ha hecho algo de interés recientemente. Use las siguientes oraciones o invente otras. Después dígale a la clase lo que (no) ha hecho su informante.

1. ¿Has leído un buen libro?
2. ¿Has estado en otra ciudad?
3. ¿Has hecho una cita con el dentista?
4. ¿Has llevado tu coche al taller mecánico?

5. ¿Has viajado a alguna parte por avión?
6. ¿Has oído una canción nueva?
7. ¿Has pagado la matrícula?
8. ¿Has roto un espejo? ¿Has tenido mala suerte?
9. ¿Has estado enfermo/a?
10. ¿Has bajado de peso? ¿subido?

N. Complete las siguientes oraciones con la forma correcta del verbo **haber**.

1. Mañana _____ mucha gente en el centro porque es día de fiesta.
2. El mes pasado (nosotros) _____ de pagar el alquiler con anticipación.
3. Es raro; ya no quedan libros en la librería. Ayer _____ muchos.
4. ¿ _____ que escribir un trabajo final para la clase de historia?
5. No tengas miedo; no _____ problema.

O. Exprese en español.

1. We had left the party before the neighbors complained.
2. They had heard some noise and had smelled the smoke.
3. Had the host tried to talk to them before?
4. No, he has always been stubborn (**testarudo**).
5. But he was glad that they had called the police.
6. The firemen will have discovered the cause of the fire by now.
7. I would have told you if anyone had died.
8. One guest was kneeling beside a broken bottle.
9. When the party was over, everyone went to Clara's house.
10. I hope you've brought more wine.

P. **Ensayo/Conversación.** ¿Ha soñado Ud. a veces con emigrar a otro país? ¿a otro planeta? Piense en las ventajas y desventajas de vivir en el extranjero o en otro mundo. Luego escriba un ensayo o dé un discurso sobre lo que hubiera ocurrido si Ud. hubiera emigrado. Use las siguientes preguntas como guía.

PRIMER PARRAFO

¿Qué ventajas hay en mudarse a un lugar diferente? ¿Cree Ud. que haya más oportunidades? ¿que se pueda ganar más dinero? ¿que la vida sea más sencilla? ¿que Ud. tenga la oportunidad/necesidad de aprender otra lengua? ¿Sería mejor o peor que nadie lo (la) conociera a Ud. en tal lugar?

SEGUNDO PARRAFO

¿Adónde ha pensado ir? ¿a España? ¿A Tahití? ¿a la luna? ¿A Venus? ¿Por qué no se ha ido todavía? ¿Hay problemas de transporte? ¿de comunicación? ¿de empleo? ¿problemas políticos? ¿Conoce Ud. a otras personas que ya se hayan mudado a ese sitio? ¿Les gusta? ¿Qué le han dicho a Ud. sobre la vida allá? ¿Qué le aconsejan a Ud.? ¿Ha pedido Ud. más información? ¿A quién(es) se la ha pedido? ¿Qué ha averiguado (*found out*) Ud. hasta ahora? ¿Hay mucha diferencia entre vida de aquí y la de allá? ¿Cuáles cree Ud. que son las diferencias más significantes? ¿Cuáles le interesan más? ¿Es posible que algunas diferencias le molesten si va a vivir allá?

TERCER PARRAFO

Supongamos que Ud. hubiera decidido dejar su patria para ir a vivir a otro lugar. ¿Qué hubiera hecho para prepararse? ¿Hubiera tenido Ud. que aprender otro idioma? ¿conseguir un pasaporte? ¿comprar ropa especial? ¿cambiar dinero? ¿Le hubieran dado una fiesta de despedida sus amigos? Si se hubiera ido de veras, ¿se habría quedado por mucho tiempo? ¿o habría vuelto dentro de poco? ¿Se hubiera quedado más tiempo si alguien le hubiera ofrecido empleo? ¿si hubiera tenido más dinero?

Temas para libre expresión

■ Temas literarios

A. El narrador de una obra es el personaje que el autor escoge para contarla. El narrador y el autor son dos personas distintas.

1. ¿Quién es el autor de «Aviso»?
2. ¿Quién es el narrador?
3. ¿A quién(es) dirige su relato el narrador?
4. ¿A quién(es) dirige su relato el autor?

B. Salvador Elizondo ha adaptado el cuento griego de Ulises para producir una visión irónica del héroe. Casi convierte a Ulises en figura cómica.

1. Relate el cuento de Ulises y las sirenas según la versión original de Homero.
2. ¿En qué se diferencia el relato de Salvador Elizondo?
3. ¿Cómo eran las sirenas en la fantasía de Ulises?
4. Según Ulises, ¿cómo son en realidad? ¿Cuáles son sus características más desagradables?
5. En el mito de Homero, Ulises es un «hombre prudente». ¿Cómo es Ulises en este cuento? ¿Por qué?

■ Temas personales

A. Como Ulises, todos hemos tenido la experiencia de idealizar a una persona o una cosa. Describa algo (o alguien) así como su fantasía lo idealiza.

B. Ulises pensaba que las sirenas eran muy bellas, pero después de conocerlas mejor se desilusionó y cambió de opinión. Relate una experiencia que a Ud. lo (la) ha desilusionado. Por ejemplo:

• Pensaba que era muy romántico aprender a esquiar, pero...
• Pensaba que era fácil dejar de fumar (comer sal, azúcar), pero...
• Pensaba que el español era difícil (fácil), pero...
• Pensaba que mi familia necesitaba un gato (pájaro, perro, caballo), pero...

Estudio de palabras

Aparecer and **parecer** both mean *to appear,* but they are not interchangeable.

■ *Aparecer*

Aparecer means *to actually materialize* physically in a given place, or *to appear as a vision or apparition.*

Juan siempre aparece a la hora de comer.
John always appears at meal time.

El fantasma apareció a medianoche.
The ghost appeared at midnight.

■ *Parecer*

Parecer means *to appear* in the sense of *to seem.*

Carla parece muy cansada hoy.
Carla appears (seems) very tired today.

Parecer changes meaning slightly when used reflexively. **Parecerse a** expresses *to look like* or *resemble* a specified person or thing.

Carlos se parece a su padre.
Carlos resembles his father.

Tirar, echar, arrojar, botar, and **lanzar** can all express *to throw,* and often no careful distinction is made among them. There are, however, some differences in meaning.

■ *Tirar*

To throw something, often with the intent of injuring someone, or *to throw* something *away* in the sense of disposing of something no longer useful = **tirar.**

Me tiró el vaso a la cabeza.   *He threw the glass at my head.*
Tiramos las latas a la basura.   *We threw the cans into the garbage.*

■ Echar

To throw, often in the gentler sense of tossing = **echar.** This verb can also express *to toss out* or *to evict.*

Eché el sobre al cesto para papeles.
I threw the envelope into the wastebasket.

Lo echaron del bar.
They threw him out of the bar.

■ Arrojar

To throw with force, frequently accompanied by some sign of violence, effort, or emotion = **arrojar.**

Se puso furioso y arrojó el vaso contra la pared.
He became furious and threw the glass against the wall.

■ Botar

In addition to meaning *to throw,* in Latin America **botar** often means to fire or evict someone.

Lo botaron en las últimas elecciones.
They threw him out in the last elections.

■ Lanzar

In addition to its literal meaning of *to throw,* this verb is often used figuratively with nouns that express vocalization to mean *to break out in* or *to give.* Its use emphasizes the suddenness and intensity of the vocalization.

De repente el herido lanzó un gemido de agonía.
Suddenly the wounded man gave a moan of agony.

Pez and **pescado** both express *fish,* but in different contexts.

■ Pez

Pez refers to the *living fish.*

El dorado es un pez de colores brillantes.
The dorado is a fish of brilliant colors.

■ *Pescado*

Pescado refers to *fish after it has been caught*. The use of the word implies that it will be eaten. **Pescado** is also often used to refer to seafood in general.

El pescado que se sirve en ese restaurante está muy sabroso.
The fish they serve in that restaurant is very good.

Ejercicios

A. Complete las siguientes oraciones con una de estas palabras: **tira, botar, parece, pez, arrojó, échalo, pescado, aparece.**

    1. El delfín _____ ser _____ , pero en realidad es mamífero porque no se reproduce por huevos.
    2. Cuando rompió su juguete, el niño se puso furioso y lo _____ .
    3. En el béisbol el hombre que _____ la pelota es un jugador importante.
    4. Todos dicen que el niño se _____ a su abuelo.
    5. En México, una bruja llamada «la llorona» siempre _____ de noche en las encrucijadas (*crossroads*).
    6. Está podrido (*rotten*); _____ .
    7. El empleado nuevo es muy perezoso. He oído decir que lo van a _____ .
    8. El pescadero vendía _____ fresco.
    9. Me _____ buen tipo.

B. Conteste las siguientes preguntas.

    1. ¿A quién se parece Ud.?
    2. ¿Te parece buena idea jugar al *poker* en Las Vegas?
    3. ¿Te gusta el pescado?
    4. ¿En qué mes aparecen los calendarios nuevos?
    5. ¿Cómo se llama el jugador que tira la pelota?
    6. ¿Qué se hace con la basura?
    7. ¿Qué quiere decir «votar por alguien es botar a alguien»?
    8. ¿A quién quisiera Ud. botar? ¿Por qué?
    9. ¿Qué peces viven en agua salada? ¿en agua fresca?
   10 ¿Qué te parece el uso de la energía solar?

LECTURA

***Los animales
en el arca***
Marco Denevi

GRAMATICA

- The Future
- The Conditional

Resumen de estructuras

■ Future and Conditional

Formation and Endings

	FUTURE ENDINGS		CONDITIONAL ENDINGS[1]	
Stem: infinitive	-é	-emos	-ía	-íamos
	-ás	-éis	-ías	-íais
	-á	-án	-ía	-ían

The Future

HABLAR		COMER		VIVIR	
hablaré	hablaremos	comeré	comeremos	viviré	viviremos
hablarás	hablaréis	comerás	comeréis	vivirás	viviréis
hablará	hablarán	comerá	comerán	vivirá	vivirán

The Conditional

HABLAR		COMER		VIVIR	
hablaría	hablaríamos	comería	comeríamos	viviría	viviríamos
hablarías	hablaríais	comerías	comeríais	vivirías	viviríais
hablaría	hablarían	comería	comerían	viviría	vivirían

Verbs with Irregular Stems in the Future and Conditional

consonant+ -r-	caber: cabré	-dr-	poner: pondré	-r-	decir: diré
	haber: habré		salir: saldré		hacer: haré
	poder: podré		tener: tendré		
	querer: querré		valer: valdré		
	saber: sabré		venir: vendré		

Compounds of these verbs will show the same irregularity in the future and conditional: **tener** → **man**tener: **mantendré;** **decir** → **pre**decir: **prediré; poner** → **pro**poner: **propondré;** and so on.

---

[1]Note that the conditional endings are identical to the **-er/-ir** endings used to form the imperfect. (See **Capítulo 7.**)

Lectura

"**Los animales en el arca**" *is taken from Marco Denevi's[2] collection* **Falsificaciones.** *Most of the short sketches in the book are based on historical events or on stories taken from the Bible or classical mythology. Denevi usually begins with a well-known historical or mythical episode and then retells it, re-examining it in the light of his own creative imagination. His retellings often have intriguingly different conclusions than their original sources. In fact, Denevi often writes several versions of a given episode, each with a different ending. He has, for example, written several accounts of the Biblical story of creation (one of which appears in this text in* **Capítulo 7**). *This proliferation of differing versions of a given event evokes the collection's title. Which is the "falsification," the traditional account or Denevi's retelling? Who can say what really happened in Noah's ark?*

Los animales en el arca

Sí, Noé cumplió la orden divina y embarcó en el arca un macho° y una hembra° de cada especie° animal. Pero durante los cuarenta días y las cuarenta noches del diluvio,° ¿qué sucedió? Las bestias, ¿resistirían las tentaciones que les ofrecían la larga convivencia° y el encierro° forzoso? Los animales salvajes, las fieras° de los bosques y los desiertos, ¿se someterían a la etiqueta de un viaje por mar? La proximidad de las eternas víctimas y los eternos victimarios, ¿no desataría° más de un crimen? Ya estoy viendo al león, al águila y a la víbora° mandar al otro mundo, de un zarpazo° o de una mordedura,° a algún pobre animalito indefenso. ¿Y quiénes serían los más indefensos, sino los más hermosos? Porque los hermosos no tienen otra protección que su belleza. Pero ¿de qué les serviría en medio de aquella tripulación° heterogénea, hacinada° en un barco de clase única que, para colmo,° cabeceaba° en el vórtice de una tormenta que a todos los volvía irritables y malhumorados? Sólo se salvarían los de piel más dura, los de carne menos agradable, los erizados° de púas,° de cuernos,° de garras° y de picos,° los que alojan° el veneno, los que se ocultan en la sombra, los más feos y los más fuertes. Cuando al cabo del viaje Noé descendió nuevamente a tierra, repobló el mundo con los sobrevivientes. Pero las criaturas más hermosas, las más delicadas y gratuitas,° los puros lujos con que Dios, en la embriaguez° del quinto día de la Creación, había adornado el Jardín del Edén, aquellas criaturas al lado de las cuales nuestro pavo real y nuestra gacela son horribles mamarrachos° y la liebre° una fiera sanguinaria, ay, aquellas criaturas tal vez no descendieron jamás del arca de Noé.

male
female / species

flood
living together with
others /
confinement
wild beasts
no... wouldn't it loose
viper / blow of the
paw / bite

crew / stacked
para... to top it all
off / was pitching

bristling / quills
horns / claws /
beaks / harbor

extravagant
rapture

poorly drawn
figures / rabbit

[2]See the introduction to Marco Denevi in **Capítulo 7.**

Comprensión

¿Cierto o falso? Corrija las oraciones falsas.

1. Noé construyó el arca para cumplir una orden del rey.
2. Muchos animales de cada especie embarcaron con Noé.
3. El diluvio duró cuarenta días y cuarenta noches.
4. Los animales vivieron juntos en el arca sin problemas.
5. Los animales fuertes mataron a los débiles que no podían defenderse.
6. Sólo los más fuertes sobrevivieron para repoblar el mundo.
7. Es posible que las criaturas más bellas que Dios creó nunca descendieran del arca.

ANSWERS: 1. Falso 2. Falso 3. Cierto 4. Falso 5. Cierto 6. Cierto 7. Cierto

Vocabulario

el **águila** *eagle*	el **león** *lion*	la **sombra** *shadow, shade*
cumplir *to obey; to fulfill*	el **lujo** *luxury*	**someter** *to submit, subject*
indefenso/a *defenseless*	la **piel** *skin, hide*	**suceder** *to take place*

Gramática

■ The Future

A. The Future as Equivalent to the English Future

The future has basically the same use in Spanish as it does in English: to describe what *will* happen. The simple present tense may also convey this sense of future time.

I'll send it to you tomorrow. { Te lo mandaré mañana.
Te lo mando mañana.

These words that express future time will frequently accompany the future forms in Spanish.

esta mañana   *this morning*
esta tarde   *this afternoon*
esta noche   *this evening*

mañana   *tomorrow*
pasado mañana   *day after tomorrow*
la semana próxima   *next week*
la semana que viene   *next week*
el mes próximo   *next month*
el mes que viene   *next month*
el año próximo   *next year*
el año que viene   *next year*

Note that the future is *not* used to express *will* when *will* means *want to*. **Querer** is used for that purpose.

Voy al cine. ¿Quieres ir conmigo?
I'm going to the movies. Will you go with me?

B. The Future of Probability

Spanish frequently uses the future to express conjecture (what is probably true) in the present.

—¿Qué hora es?   *"What time is it?"*
—Serán las dos.   *"It is probably two o'clock."*

El no durmió anoche; estará muy cansado hoy.
He didn't sleep last night; he's probably very tired today.

Alguien llama a la puerta; ¿quién será?
Someone is at the door; who can it be (is it probably)?

[Ejercicios A–F]

■ *The Conditional*

A. The Conditional as Equivalent to the English Conditional

Both Spanish and English conditional forms express *should* or *would*. When used in complex sentences, both the future and the conditional express actions that will take place some time after the time of the main clause verb. The future (*will*) describes a future action from the perspective of the present.

Me dice que escribirá la carta.

present   future action

He tells me that he will write the letter.

The conditional (*would*) describes a future action from the perspective of the past.

Me dijo que escribiría la carta.

past   future action

He told me that he would write the letter.

Note that when *would* refers to a habitually repeated past action, Spanish uses the imperfect tense.

Siempre tomaba el autobús.   *He would always take the bus.*

The verb **soler (ue),** meaning *to be accustomed to* or *used to* can also be used to express *would* when referring to a habitually repeated past action.

Comía a la una.
Solía comer a la una. } *I would (used to) eat at one o'clock.*

B. The Conditional of Probability

Spanish uses the conditional to express conjecture (what was probably true) in the past.

—¿Qué hora era cuando me llamaste?   *"What time was it when you called me?"*
—Sería la una.   *"It was probably one o'clock."*

Los animales estarían muy contentos cuando desembarcaron del arca.
The animals were probably very happy when they left the ark.

No estaban en la clase ayer. Estarían enfermos.
They weren't in class yesterday. They were probably sick.

C. The Conditional in Softened or Polite Statements

The Spanish conditional, like the past subjunctive (see **Capítulo 8**), is sometimes used to express requests or criticisms in a more polite or "softened" way.

Querría el caldo gallego.   *I would like the **caldo gallego**.*
¿Podría ayudarme con mis ejercicios?   *Could you help me with my exercises?*
¿No sería mejor hacerlo ahora mismo?   *Wouldn't it be better to do it right now?*

[Ejercicios G–K]

D. The Conditional in Contrary-to-fact Sentences

Spanish uses the conditional with the past (imperfect) subjunctive to express conditions that are regarded as contrary to fact. (For a more detailed explanation, see **Capítulo 8**.) The contrary-to-fact sentence is made up of two clauses (frequently separated by commas). The **si** clause makes a supposition that is contrary to fact; the conclusion clause then states what would happen if the contrary-to-fact part of the sentence were true.

Si yo fuera Ud., yo le diría que no.
If I were you, I would tell him no.

Si él tuviera una herencia grande, compraría un yate.
If he had a large inheritance, he would buy a yacht.

Note that, in these examples, the imperfect subjunctive is used in the **si** clause, and the conditional in the conclusion clause. The pluperfect subjunctive may also be used in the **si** clause. In this case the conditional perfect is usually used in the conclusion clause.

Si lo hubiera sabido, no lo habría invitado.
If I had known, I would not have invited him.

[Ejercicios L–N]

Ejercicios

A. Dé oraciones nuevas según las palabras entre paréntesis.

1. *La fiera* luchará con el león.   (*tú, nosotros, Noé, Uds., los otros animales, yo*)
2. *Los animales* no comprenderán la etiqueta de un viaje por mar.   (*nosotros, ella, Uds., los extranjeros, tú, yo*)
3. *Yo* cumpliré la orden.   (*Noé, Aníbal y yo, tú, Marco y Raúl, nosotros*)

B. Noé ha recibido la orden divina y el arca está construida. ¿Qué más hay que hacer? ¿Y qué piensa Noé sobre el futuro de su arca? Conteste formando oraciones completas con las siguientes palabras. Añada las palabras necesarias y use el futuro.

1. yo / poner / macho / y / hembra / especie / arca
2. animales / descender / arca / y / repoblar / mundo
3. arca / llevar / comida / todos
4. elefante / comer / más / burro
5. hipopótamo / exclamar / «nosotros / no / caber»
6. aves / poner / nidos / mástiles
7. esposa / decir / «yo / no / poder / cuidar / tantos»

8. débiles / morir / durante / viaje
9. más / fuertes / sobrevivir
10. si / tener / suerte, / arca / venir / tierra / otra vez

C. Conteste las siguientes preguntas según las indicaciones, usando el futuro para indicar probabilidad.

MODELO ¿Qué hora es? (las ocho) → Serán las ocho.

1. ¿Quiénes están listos para embarcar? (todos)
2. ¿Cuál es el ave más bonita? (el pavo real)
3. ¿Qué animales tienen garras? (el león y el tigre)
4. ¿Qué ave vuela muy alto? (el águila)
5. De todas las criaturas, ¿cuáles no desembarcan? (las débiles)

D. Con otro estudiante, haga y conteste las siguientes preguntas según el modelo. Use **ir + a + *infinitivo*** en la pregunta y ***el futuro*** en la respuesta.

MODELO estudiar la lección hoy (mañana) → ¿Vas a estudiar la lección hoy?
No, la estudiaré mañana.

1. hacer la maleta ahora (más tarde)
2. leer los cuentos de Denevi (de Pedro Prado)
3. resistir la tentación de comer mucho (mantener el régimen)
4. poner los libros en ese estante (en el suelo)
5. ver la exhibición de Picasso (de Miró)

E. Ud. y un amigo están planeando un viaje. Forme oraciones completas usando las siguientes palabras para describir sus preparativos, conjugando los verbos en el futuro. Añada las palabras que falten.

MODELO comprar / pasajes / mucho / anticipación →
Compraremos los pasajes con mucha anticipación.

1. ir / agencia de viajes / y / arreglar / itinerario
2. agente / mostrarnos / folletos / lugares / exótico
3. hacer / planes / visitar / mucho / países
4. saber / itinerario / antes / partir
5. poder / viajar / lugares / interesante
6. conocer / cultura / historia / países

F. Exprese en español.

1. They will come for (to have) coffee after the meeting.
2. I'll put the jewels in a little package.
3. Alfonso will give me the money tomorrow.
4. Don't worry; gold will be worth more next year.
5. Who can that be? It's probably Mary.
6. Then it must be midnight.
7. We will leave at eight A.M. sharp.
8. Will you go with her?
9. No, she will want to be with him.
10. Well, you'll have better luck next time.

G. Dé oraciones nuevas según las palabras entre paréntesis.

1. *Los más fuertes* se salvarían. (*tú, la víbora, los más inteligentes, nosotros, yo, el águila*)
2. *Noé* mantendría el orden durante el viaje. (*yo, los elefantes, tú, la esposa de Noé, nosotros*)
3. *Nosotros* descenderíamos del arca. (*las criaturas delicadas, la liebre, tú, yo, los animales más feos*)

H. ¿Cómo se comportaría la gente en un viaje de cuarenta días y cuarenta noches de tempestad continua y brutal? Forme oraciones lógicas—en serio o en broma—, combinando las palabras o frases de cada columna. Haga los cambios necesarios y use el condicional.

yo	saltar	la etiqueta del viaje
mi madre	sobrevivir	el peligro de la tempestad
el/la profesor(a)	salvarse	de tristeza
los niños	saber	sobre la borda del barco
los más amables	poder	muchos consejos
un ladrón	decir	en su cuarto, en el salvavidas (*lifeboat*),
el capitán	permanecer	en __?__
todos nosotros	llorar	reírse de todo
__?__	seguir	ayudar a __?__
	__?__	__?__

I. **Cosas de niños.** Cambie los verbos indicados al pasado y al condicional según el modelo.

MODELO   Mamá *dice* que me *mandará* a vivir con mi abuela.   →
Mamá *dijo* que me *mandaría* a vivir con mi abuela.

1. Mi abuela *dice* que me *dará* muchos dulces.
2. Mis padres *creen* que nosotros *mantendremos* sus tradiciones.
3. Mis hermanas *saben* que *será* papá, aunque *está* disfrazado de Santa Claus.
4. El locutor *avisa* que *vendrá* una tormenta grande.
5. Pero *creo* que después de la tormenta *saldrá* un arco iris (*rainbow*).
6. Dios *dice* que *pondrá* el arco iris en el cielo como símbolo de su amor.
7. *Dicen* también que pronto *tendrán* armas suficientes para destruir el mundo.
8. *Creo* que pocos *sobrevivirán* una guerra nuclear.
9. Me *imagino* que me *salvaré* en una nave espacial.
10. Me *parece* que los niños *serán* los más indefensos.

J. Dos esposos están hablando de lo que harían si tuvieran su propia casa. Forme oraciones completas con las siguientes palabras. Use el condicional y haga los cambios necesarios.

MODELO   plantar / árboles / jardín   →   Plantaríamos árboles en el jardín.

1. limpiar / casa / entero / semana
2. poner cortinas / ventanas / y / alfombras / suelos

3. satisfacer / apetito / bueno / comida / porque / cocinar / como / Julia Child
4. poder / vivir / feliz / y / nadie / molestarnos
5. ofrecer / casa / amigos / para / fiestas

K. **¿Por qué sería eso?** Conteste usando el condicional e inventando los detalles necesarios para explicar las siguientes situaciones.

MODELO Juan no desayunó. →
No tendría hambre; tendría prisa; etcétera.

1. Ninguno terminó el examen.
2. María estaba muy pálida.
3. Mis vecinos dormían poco.
4. Los turistas gastaron mucho dinero.
5. Yo siempre estudiaba; tú, nunca.

L. **Si (no) fuera así,...** Combine las siguientes oraciones simples para formar oraciones que expresen lo contrario de la verdad.

MODELO Juan no estudia. No aprueba los exámenes. →
Si Juan estudiara, aprobaría los exámenes.

1. No soy rico. No puedo comprar un *Rolls Royce*.
2. Estoy enfermo. Voy a ver al médico.
3. No eres Robert Redford; tampoco eres artista de cine.
4. Mañana no es sábado; por eso tengo que ir a clase.
5. No tengo sueño. No voy a acostarme ahorita.
6. Mis amigos nunca viajan. No hablan otra lengua.
7. Ese restaurante no es bueno. Siempre está vacío.
8. No cabe otra persona en el coche. Tienes que andar.

M. Con otro estudiante, exprese las siguientes preguntas en español y luego contéstelas.

MODELO If you were going to Mexico, would you study Spanish? →
Si tú fueras a México, ¿estudiarías español?
Sí, si yo fuera a México, estudiaría español.

1. If you were sick, would you come to class?
2. If you had a car, would you take me home?
3. If you wanted to be a great chef (**cocinero**), would you work at McDonald's?
4. Would you be honest if you were a politician?
5. Would you vote for me if I were a candidate?

N. Exprese en español.

1. Would you like coffee or tea while you wait?
2. Carlos probably missed (*perder*) the bus.
3. He told us that he would arrive late.
4. He would always take the bus when there was a lot of traffic.
5. He should know that he can't do that.

6. If you were in a hurry, would you drive your car into town?
7. She told me that she would help me with the letter.
8. If I had a typewriter, I would type it for you.
9. If we had known the truth, we would never have sent the letter.
10. We invited him to lunch, but he wouldn't come if Ana were there.

O. **Ensayo/Conversación.** Piense Ud. en el futuro. ¿Cómo será el mundo del año 2050? Escriba un ensayo o dé un discurso sobre su propia visión del futuro y lo que Ud. haría para mejorar el porvenir. Use las siguientes preguntas como guía.

PRIMER PARRAFO

En el año 2050, ¿cómo será la gente? ¿Seremos todos bárbaros? ¿intelectuales? ¿Llevaremos una vida sana? ¿Habrá guerra o paz en el mundo? ¿Habrá ganado un solo dogma político o coexistirán todas las ideas políticas (sociales, religiosas)? ¿Habrá conflictos sociales? ¿Dónde vivirá la gente? ¿Viviremos en otro(s) planeta(s)? ¿en casas (apartamentos, cavernas)? ¿Tendremos que trabajar? ¿Qué haremos para ganarnos la vida? ¿Comeremos comida parecida a la de hoy o nos alimentaremos con pastillas? ¿Cómo iremos de un lugar a otro? ¿en coches? ¿en naves espaciales? ¿en trenes supersónicos? ¿a pie? ¿a caballo? ¿Habremos progresado mucho o habremos retrocedido?

SEGUNDO PARRAFO

Si Ud. tuviera la oportunidad, ¿qué haría para garantizar un futuro mejor? ¿Cambiaría el sistema de educación? ¿Mejoraría el sistema de comunicaciones? ¿Pondría en orden el sistema económico? ¿Se atrevería a meterse con el sistema del Seguro Social? ¿Aumentaría o bajaría los impuestos? ¿Cómo realizaría Ud. estos cambios? ¿Se haría elegir presidente o sería dictador (dictadora) de su país? ¿del continente? ¿del mundo? ¿Qué insistiría Ud. en que cada persona hiciera? Y si algunos no lo hicieran, ¿qué les sucedería? ¿En qué sería diferente del de hoy el mundo del año 2050 si Ud. estuviera encargado/a de dirigirlo? ¿Sería muy diferente del mundo que Ud. propuso en el primer párrafo?

Temas para libre expresión

■ *Temas literarios*

A. «Los animales en el arca» se basa en el cuento bíblico de Noé, pero también tiene otras resonancias literarias. Con frecuencia se usa el tema del viaje metafóricamente para simbolizar la vida. Así hace Pedro Prado en «Despedida» (**Capítulo 8**). En el cuento de Denevi, el viaje de los animales en el arca también nos hace pensar en la vida humana.

1. ¿Cuáles son los dos grupos en que se dividen los animales?
2. ¿Cómo se comportan?

3. ¿Cuáles sobreviven?
4. La «ley de la selección natural» explica lo que (según Denevi) les pasó a los animales en el arca. ¿Qué es la «ley de la selección natural»?
5. ¿Quién formuló esta ley?
6. ¿Le parece justa la ley?

B. También es posible leer «Los animales en el arca» como una alegoría. Es decir, los animales en el arca simbolizan a los seres humanos, que también se dividen en dos grupos: las «eternas víctimas» y «los victimarios». A veces la belleza es la víctima del conflicto entre los dos.

1. ¿Quiénes serán «las víctimas» en nuestra sociedad? ¿y «los victimarios»?
2. ¿Cree Ud. que es posible que todos seamos víctimas de nuestra propia manera de vivir, de las computadoras y de nuestra tecnología?
3. ¿Ha sido Ud. alguna vez víctima de una computadora?
4. Nombre algunas cosas (o algunos seres) que han sido destruidas por la tecnología.
5. ¿Es verdad que hoy la vida y la belleza parecen muy frágiles?
6. ¿Cómo destruimos la vida hoy en día? ¿y la belleza natural?
7. ¿Es posible que destruyamos el mundo entero algún día? Explique.

■ *Temas personales*

A. Había un ave pequeñita, del tamaño de un broche de oro, que se llamaba el colomí. Sus alas eran muy frágiles, más frágiles que la seda, y eran de colores tan luminosos que parecían emitir luz en la sombra. La ráfaga más pequeña podría hacerle trizas (*shreds*) las alas. Cantaba sólo de noche para que los otros animales pudieran dormirse escuchando su canto maravilloso. Comía sólo la miel (*honey*) de las flores; cualquier cosa agria o salada le enfermaba.

Cuente Ud. lo que le habría pasado al colomí en el arca.

B. Describa otro animal, pájaro o reptil que no desembarcó del arca. ¿Qué le habría pasado? ¿Por qué?

C. Si Ud. fuera león, águila, pavo real, murciélago (*bat*), víbora, liebre, fiera...

   • ¿dónde viviría?
   • ¿qué comería?
   • ¿qué le gustaría hacer durante el día?
   • ¿y durante la noche?

Estudio de palabras

In English and Spanish, many words can be created by adding prefixes and suffixes to root words. Here are some common Spanish prefixes.

■ Re-

The Spanish prefix **re-,** like its English equivalent, repeats or reduplicates the action of the root word. For example, **repoblar** means *to repopulate* (*to populate again*).

What are the roots of these verbs? What do they mean?

reanimar	recrear	reencarnar
recaer	recrecer	rehacer
recoger	reembarcar	revivir

■ Des-

The Spanish prefix **des-** is a negative prefix that is usually the equivalent of *dis-* or *un-*. It reverses the action conveyed by the verb. Thus, **desembarcar** (the opposite of **embarcar**) means *to disembark*.

What are the roots of these verbs? What do they mean when preceded by **des-**?

desabotonar	desconectar	deshacer
desaparecer	desconfiar	desmontar
desapreciar	desconocer	destapar
desatar	descubrir	

■ Sobre-

The prefix **sobre-** literally means *over*. Often used figuratively, it conveys the idea of an extraordinary degree (of something) and, in this sense, corresponds to the English prefix *super-*.

What are the meanings of these words?

sobreabundancia	sobreexcitar	sobresaliente
sobrealimentar	sobrenatural	sobreviviente
sobrecama	sobrepeso	sobrevolar
sobrecargar	sobreponer	

■ *In-*

Spanish **in-,** another negative prefix, expresses *un-* or *in-*, and negates the root word. Thus, **indefenso** means *defenseless.*

What do these words mean?

inaccesible	incómodo	increíble
inaudible	incomprensible	indomable
incapacidad	inconsistente	inédito
incertidumbre		

The following are two very common Spanish suffixes.

■ *-azo*

The suffix **-azo** is generally used as an augmentative ending to denote crudeness or ugliness. (For other augmentative endings, see **Capítulo 9.**) **Perrazo,** for example, evokes a large, ugly, and possibly vicious dog. With the following words, however, **-azo** indicates a blow given with a particular part of the body.

ala (*wing*) → alazo (*blow with the wing*)
codo (*elbow*) → codazo (*blow with the elbow*)
puño (*fist*) → puñetazo (*blow with the fist*)
zarpa (*claw, paw*) → zarpazo (*blow with the claw, paw*)

■ *-dor(a)*

The suffix **-dor(a)** is the suffix used to indicate the initiator of an action. It is usually equivalent to *-er* or *-or.* Thus, **jugar** = *to play;* **jugador** = *player.*

What actions do these people perform?

comprador(a)	explorador(a)	trabajador(a)
conquistador(a)	exportador(a)	vencedor(a)
contador(a)	importador(a)	vendedor(a)
descubridor(a)		

Ejercicios

Forme nuevas palabras añadiendo un prefijo/sufijo a cada palabra de esta lista. Luego complete las siguientes oraciones con la forma apropiada de las palabras que Ud. haya creado.

mortal   poblar   humano
pescar   valorizar   vencible
leer   ofensivo   imaginable
admisible   poderoso   curable
moral   puño   vestirse
preciar   esquiar

1. Sí, leí el *Quijote* hace años, pero tengo que _____ la novela para la clase de literatura española.
2. El médico opina que la pobre mujer sufre de un cáncer _____ .
3. El hombrón le dio un _____ y todos empezaron a darse golpes.
4. Julio pasa todas sus vacaciones en Aspen; es un _____ magnífico.
5. Me _____ y me eché en la cama.
6. Alguien que no muere nunca es _____ .
7. Paco siempre habla de barcos y peces; creo que va a ser _____ .
8. Pronto van a _____ el peso; la situación económica es muy mala.
9. *Superman* es un ser mítico que es _____ .
10. La Armada Española de 1588 era muy grande y poderosa; la llamaron la Armada _____ .
11. Es _____ que algún país use los armamentos atómicos.
12. El crimen fue terrible e _____ .
13. Siempre _____ el consejo que le daban sus amigos.
14. Tenemos que controlar la población; si no, vamos a _____ la tierra.
15. El juez dijo que su testamento era _____ .

CAPITULO
12

203

Resumen de estructuras

■ Affirmatives and Their Negative Counterparts

AFFIRMATIVES

algo   *something, anything*
todos/as   *everybody, all*
alguien   *someone, somebody, anyone, anybody*
algún, alguno/a   *some (one), any (of a group)*
algunos/as   *some, several (of a group)*
cualquier(a)   *any, any one at all*

siempre   *always*
algún día   *someday*
una vez   *once*
alguna vez   *sometime, ever*
a veces   }
algunas veces   } *sometimes, at times*
también   *also*
o   *either*
o... o   *either . . . or*

NEGATIVES

nada   *nothing, not anything*

nadie   *no one, nobody, not anybody*
ningún, ninguno/a   *no one, none, not any (anyone)*
ningunos/as   *none, not any*

nunca   }
jamás   } *never, not ever*

tampoco   *neither, not either*
ni   *neither*
ni ...ni   *neither . . . nor*

■ The Passive Voice: Tense Summary

Simple Tenses

INDICATIVE

PRESENT: Marco es invitado.
   Marco is invited.

IMPERFECT: María era invitada.
   María was invited.
PRETERITE: Lupita fue elegida.
   Lupita was elected.

FUTURE: Francisco será elegido.
   Francisco will be elected.

CONDITIONAL: Lupita y Francisco serían elegidos.
   Lupita and Francisco would be elected.

SUBJUNCTIVE

PRESENT: Dudo que Marco sea invitado.
   I doubt that Marco is invited.

IMPERFECT: Dudaba que María fuera invitada.
   I doubted that María was invited.

Compound Tenses

INDICATIVE

PRESENT: Marco ha sido invitado.
   Marco has been invited.

PLUPERFECT: María había sido invitada.
   María had been invited.

FUTURE PERFECT: Lupita habrá sido elegida.
   Lupita will have been elected.

CONDITIONAL PERFECT: Francisco habría sido elegido.
   Francisco would have been elected.

SUBJUNCTIVE

PRESENT PERFECT: Dudo que Marco haya sido
   invitado.
   I doubt that Marco has been invited.
PLUPERFECT: Dudaba que María hubiera sido
   invitada.
   I doubted that María had been invited.

Lectura

*Born in Barcelona in 1926, Ana María Matute is one of Spain's most celebrated contemporary writers. Since publishing her first short story at the age of sixteen, Matute has written many highly acclaimed novels, including **Los Abel** (1948), **Fiesta al noroeste** (1952), **Los hijos muertos** (1958), and **Primera memoria** (1960). She is also noted for her collections of short stories, several of which, such as **Caballito loco** (1962), are written for children. Still others, such as **Los niños tontos** (1956) and **Algunos muchachos** (1968), have as their principal theme the world of childhood.*

*Like Enrique Anderson Imbert, Matute often writes fantastical stories. She constantly reminds her readers that the world is full of powerful, mysterious, and unseen forces. Death and the supernatural are always part of her artistic world, and frequently intrude into the everyday lives of her characters. The short story "**El tiovivo**" is taken from **Los niños tontos**, which frequently focuses on children surprised in the midst of childhood's innocence by the sudden intrusion of death, the ultimate mystery.*

El tiovivo

El niño que no tenía perras gordas° merodeaba° por la feria con las manos en los bolsillos, buscando por el suelo. El niño que no tenía perras gordas no quería mirar al tiro al blanco,° ni a la noria,° ni, sobre todo, al tiovivo de los caballos amarillos, encarnados° y verdes, ensartados en barras° de oro. El niño que no tenía perras gordas, cuando miraba con el rabillo del ojo,° decía: «Eso es una tontería que no lleva a ninguna parte. Sólo da vueltas y vueltas,° y no lleva a ninguna parte». Un día de lluvia, el niño encontró en el suelo una chapa° redonda de hojalata:° la mejor chapa de la mejor botella de cerveza que viera nunca. La chapa brillaba tanto que el niño la cogió y se fue al tiovivo, para comprar todas las vueltas. Y aunque llovía y el tiovivo estaba tapado° con la lona,° en silencio y quieto, subió en un caballo de oro, que tenía grandes alas. Y el tiovivo empezó a dar vueltas, vueltas, y la música se puso a dar gritos por entre la gente, como él no vio nunca. Pero aquel tiovivo era tan grande, tan grande, que nunca terminaba su vuelta, y los rostros de la feria, y los tolditos,° y la lluvia, se alejaron° de él. «Qué hermoso es no ir a ninguna parte», pensó el niño, que nunca estuvo tan alegre. Cuando el sol secó° la tierra mojada,° y el hombre levantó la lona, todo el mundo huyó,° gritando. Y ningún niño quiso volver a montar en aquel tiovivo.

Right margin glosses:

perras... money / merodeaba... wandered (looking for money)
tiro... shooting gallery / noria... Ferris wheel
encarnados... red / **ensartados**... mounted on poles
rabillo... corner of his eye
da... it goes around and around
chapa... metal bottle cap / hojalata... tin
tapado... covered
lona... canvas tarp

tolditos... awnings / **se**... moved away
secó... dried
mojada... wet / huyó... fled

Comprensión

¿Cierto o falso? Corrija las oraciones falsas.

1. El niño que andaba por la feria no tenía dinero.
2. Quería tirar al blanco más que montar en el tiovivo.
3. El niño se decía que el tiovivo era una tontería, pero en realidad quería montar en el tiovivo más que nada.
4. Encontró una moneda (*coin*) en el suelo.
5. El niño no tenía ni una moneda, pero quería usar la chapa de una botella de cerveza para comprar todas las vueltas del tiovivo.
6. El tiovivo estaba tapado con una lona porque era día de lluvia.
7. Había muchos niños en el tiovivo.
8. El niño montó en un caballo de oro que tenía grandes alas.
9. El caballo empezó a volar.
10. Cuando el hombre levantó la lona vio algo horrible. Se supone que el niño estaba muerto.

ANSWERS: 1. Cierto   2. Falso   3. Cierto   4. Falso   5. Cierto   6. Cierto   7. Falso   8. Cierto   9. Falso   10. Cierto

Vocabulario

el **bolsillo**   *pocket*
la **botella**   *bottle*
brillar   *to shine*
coger   *to catch, sieze, grasp*

montar en (bicicleta, tiovivo)   *to ride (a bicycle, merry-go-round)*
ponerse a + *inf.*   *to begin to (do something)*

el **rostro**   *face*
el **suelo**   *ground*
el **tiovivo**   *merry-go-round*
la **tontería**   *foolish thing*

Gramática

■ Negatives

A. Spanish sentences are made negative by placing **no** immediately in front of the verb. **No** never comes between **haber** or **estar** + participle in the perfect or progressive.

El niño (no) quiere ir a la feria.
The boy wants (does not want) to go to the fair.

El niño (no) ha encontrado una chapa.
The boy has (not) found a bottle cap.

El tiovivo (no) está dando vueltas.
The merry-go-round is (not) going around.

B. When other negative words such as **nada, nadie,** and so on, follow the verb, **no** (or some other negative) must precede the verb. If the negative precedes the verb, **no** is not needed.

No comemos nunca allí. } *We never eat there.*
Nunca comemos allí.

No lo va a creer nadie. } *No one is going to believe it.*
Nadie lo va a creer.

Esteban nunca cree que nadie pueda entenderlo.
Esteban never believes that anyone can understand it.

Note that when a negative word precedes the verb, all other words of this type must be negative in Spanish, even where English uses an affirmative (*anyone, someone, etc.*). Thus, **nadie** (*no one*), a negative, is used in the last Spanish example where English uses *anyone*, an affirmative.

C. The negative is used after **que** (*than*) in comparisons.

Carlos estudia más que nadie.   *Carlos studies more than anyone.*

D. If the verb is not expressed, **no** usually follows the word it negates.

¿Piensan Uds. que podemos ganar? Yo no.   *Do you think that we can win? I don't.*

—¿Han llegado ya?   *"Have they arrived yet?"*
—Todavía no.   *"Not yet."*

E. **Alguien** and its negative counterpart **nadie** refer only to persons, unknown or not previously mentioned. The personal **a** (see **Capítulo 15**) is required when **alguien** and **nadie** are used as objects of verbs.

Alguien está en el pasillo.   *Someone is in the hall.*
No veo a nadie.   *I don't see anyone.*

F. The indefinite **cualquier(a)** (*any* or *anyone at all*) is shortened to **cualquier** before all nouns.

Cualquiera puede hacer el trabajo.
Anyone can do the work.

Cualquier diccionario español-inglés nos ayuda con la ortografía.
Any Spanish-English dictionary will help us with the spelling.

Podemos usar cualquier receta para el gazpacho.
We can use any recipe for gazpacho.

G. **Algun(o)** and its negative **ningun(o)** can refer to either persons or things. **Alguno** becomes **algún** and **ninguno** becomes **ningún** before masculine singular nouns. In the plural, **algunos** and **algunas** express *some, any, several* (of a group).

Siempre alguna amiga me llama por teléfono.
Some girl friend always calls me.

Algún muchacho te llama.
Some boy is calling you.

Algunos pertenecen al club campestre.
Some (of them) belong to the country club.

The plural forms **ningunos** and **ningunas** are rarely used. The singular is used instead.

—¿Tienes algunos libros?   *"Do you have some books?"*
—No, no tengo ninguno.   *"No, I don't have any."*

—¿Hay algunas botellas en la mesa?   *"Are there some bottles on the table?"*
—No, no hay ninguna.   *"No, there aren't any."*

Ningunos and **ningunas** are used, however, with words that have no singular form: **ningunas gafas** (*no eyeglasses*).

H. **Nunca** and **jamás** both mean *never*. In questions, **jamás** means *ever* and anticipates a negative answer. When either a negative or affirmative answer is possible, **alguna vez** expresses *ever*.

Nunca (Jamás) he estado en Hong Kong.
I have never been in Hong Kong.

—¿Has visto jamás perro tan flaco?   *"Have you ever seen such a skinny dog?"*
—No, nunca.   *"No, never."*

¿Has estado alguna vez en Buenos Aires?
Have you ever been in Buenos Aires?

I. When **o... o** (*either . . . or*) and **ni... ni** (*neither . . . nor*) are used to connect singular nouns preceding the verb, a plural verb is generally used.

Ni Juana ni Carla pueden bailar.   *Neither Juana nor Carla can dance.*

J. **Algo** and **nada** may both be used as adverbs meaning *somewhat* or *not at all.*

Van a llegar algo tarde. *They are going to arrive somewhat late.*
Ese coche no es nada barato. *That car is not at all cheap.*

[Ejercicios A–F]

■ *The Passive Voice*

A. The True Passive

In the active voice, the subject performs the action of the verb. In the passive voice, however, the subject receives the action. In Spanish, the true passive voice is used primarily when the agent (person or being who performs the action) is actually expressed. Compare these sentences:

ACTIVE Matute escribió el cuento «El tiovivo».
*Matute wrote the story "**El tiovivo**."*

PASSIVE El cuento «El tiovivo» fue escrito por Matute.
*The story "**El tiovivo**" was written by Matute.*

ACTIVE El camarero rompió la botella.
The waiter broke the bottle.

PASSIVE La botella fue rota por el camarero.
The bottle was broken by the waiter.

Note that the true passive is formed with any tense of **ser** + *past participle* (which must agree in number and gender with the subject). The agent is usually expressed, following the preposition **por.**

The true passive may also be used if the agent is not expressed, but still strongly implied.

Ella será respetada. *She will be respected (by someone).*

If the action is mental or emotional rather than physical, **de** is frequently used instead of **por** to introduce the agent.

Ellos son admirados de todos. *They are admired by everyone.*

[Ejercicios G–J]

B. The *se* Substitute for the Passive

When the agent is neither expressed nor strongly implied, an impersonal construction with **se** and the third person singular or plural of the verb is used as a substitute for the passive voice.

Aquí se venden entradas. *Tickets are sold here.*
Se ha escrito mucho sobre la muerte. *Much has been written about death.*

In this construction, the subject (always inanimate: a thing, concept) usually follows the verb.

VERB	SUBJECT	
Se encontró	**una** chapa.	*A bottle cap was found.*
Se encontr**aron**	**unas** chapas.	*Some bottle caps were found.*

C. **Use of Objects with the *se* Passive**

1. Direct Object Nouns

   People (animate nouns) are treated as direct objects in the **se** passive construction. Such direct object nouns are preceded by the personal **a.**

   Se vio a un niño montado en el caballo.
   A boy was seen mounted on the horse.

2. Direct Object Pronouns

   When a direct object pronoun is used instead of the noun, **se** always comes first, followed by the object pronoun immediately preceding the verb.

   Se vio **al niño**.   Se **le** vio.
   The boy was seen.   *He was seen.*

   Se mató **a la víbora.**   Se **la** mató.
   The snake was killed.   *It was killed.*

   Note that the masculine object pronoun used is **le/les;** the feminine pronoun is **la/las.**

3. Indirect Object Pronouns

   Indirect object pronouns may be used with the passive **se** construction. Here, too, the **se** comes first, then the indirect object pronoun directly precedes the verb.

   Se nos dio el premio.   *The prize was given to us.*
   Se les dieron todos los boletos.   *All of the tickets were given to them.*

D. **Impersonal Statements with the *se* Passive**

The pronoun *se* is frequently used to express a general opinion or fact. In this usage, the verb is always in the third person singular. English often conveys such general statements by using *one, you, they,* or *people* as subject of the sentence.

Se aprende mucho en este curso.
One learns a great deal in this course.

Se dice que Matute es una cuentista magnífica.
They say (It is said) that Matute is a magnificent storyteller.

E. **The Third Person Plural as Substitute for the Passive**

When the subject of the sentence is a person, modern Spanish tends to avoid both the passive voice and its reflexive substitute, expressing the entire sentence in the active voice, with the third person plural pronoun *they* as subject.

Se dice que murió joven. ⎫
Dicen que murió joven. ⎬ *They say (It is said) that he died young.*

El médico no fue llamado a tiempo. ⎫ *They didn't call the doctor (The doctor*
No llamaron al médico a tiempo. ⎬ *wasn't called) in time.*

Note that both the reflexive and the third person plural substitute for the passive are used only when the agent is neither expressed nor strongly implied. The true passive is always used when the agent is expressed.

[Ejercicios K–O]

Ejercicios

A. **Día de feria.** Conteste las siguientes preguntas negativamente.

MODELO   ¿Buscas algo en el suelo? → No, no busco nada en el suelo.

1. ¿Tienes algo que decirme sobre la feria?
2. ¿Quieren todos mirar el tiro al blanco?
3. ¿Juegan siempre esos niños con la pistola de hojalata?
4. ¿Hay también una noria en la feria?
5. ¿Puede cualquiera montar en la noria?
6. ¿Tenían siempre los niños perras gordas para gastar?
7. ¿Quiso algún adulto montar en el tiovivo?
8. ¿Les gustaba también beber cerveza y comer tacos?
9. ¿Te dijo alguien que estaba cerrada por la lluvia?
10. ¿Vendrán Paco o Raúl mañana para ayudarme a desmontar el toldito?

B. **¿Cuál fue la pregunta?** Dé las preguntas para las siguientes respuestas, según el modelo.

MODELO   No vino nadie ayer. →
            ¿Vino alguien (vinieron algunos) ayer?

1. No fui a ninguna parte el verano pasado.
2. Yo tampoco tengo ganas de quedarme aquí todo el invierno.
3. No me gustan ni la lluvia ni la nieve.
4. Nunca llevo ni botas ni impermeable.
5. No sirve para nada mi traje de baño en este clima frío.
6. No he estado nunca en una isla tropical.
7. No conozco a nadie que haya viajado al Caribe.
8. Jamás hemos estado ni en Aruba ni en Jamaica.
9. No hay ningún pasaje que no cueste un dineral (*fortune*).
10. Nadie me ofreció un viaje gratis.

C. Exprese las siguientes oraciones negativas en español de dos maneras, según el modelo.

MODELO   No one has any money.   →   No tiene dinero nadie.
Nadie tiene dinero.

1. He never wants to wear a suit.
2. She doesn't drink coffee either.
3. I don't have anything.
4. No one can see it now.
5. We never eat breakfast.

D. Con otro estudiante, conteste las siguientes preguntas negativamente y luego afirmativamente, según el modelo.

MODELO   —¿No te ayuda nadie?   →   —No, nadie me ayuda.
—Sí, alguien me ayuda.

1. ¿No te diviertes nunca?
2. ¿No tienes hambre tampoco?
3. ¿No viene nadie a visitarte?
4. ¿No te escribe nadie?
5. ¿No has visto jamás a un ser extraterrestre?

E. Busque en la columna A las respuestas lógicas para las preguntas de la columna B.

A	B
1. ¿Le gusta el helado?	a. No, no me gusta nada el pollo.
2. ¿Has comido alguna vez arroz con pollo?	b. ¡Nunca lo empezaron!
3. ¿Conoces a esa muchacha?	c. Sí, más que nada. Pero engorda mucho.
4. ¿Todos están listos?	d. Sí, dicen que nadie aprobó el examen.
5. ¿No crees que sea peligroso?	e. No, no conozco a nadie aquí.
6. ¿Te ofreció una copa de vino?	f. Sí, pero hay algunos que no quieren salir todavía.
7. ¿Nos van a suspender a todos?	g. No, no hay ningún peligro.
8. ¿Ya lo han terminado?	h. No, nunca me ofrece nada.

F. Exprese en español.

1. Anyone can buy a pistol.
2. No horse has wings.
3. Have you ever seen a merry-go-round?
4. Have you ever seen such a thing?
5. Neither Mari nor Chela wants to see that movie.
6. No one came to the fair yesterday.
7. Mari is so negative; she doesn't like anything.
8. Carlos is taller than anyone here.
9. Why has no woman astronaut ever gone to the moon?
10. Do you want someone to bring beer?

G. Dé oraciones nuevas según las palabras entre paréntesis.

1. *El cuento* fue escrito por mi hermano. (*el poema, los artículos, la descripción, las instrucciones, los ejercicios*)
2. El drama será aplaudido por el público. (*la ópera, los músicos, las orquestas, el director, la película*)

H. Con otro estudiante, haga y conteste las siguientes preguntas. En la respuesta, use la voz pasiva que corresponde al tiempo de la pregunta.

MODELO ¿Ve el niño el tiro al blanco? →
Sí (No), el tiro al blanco (no) es visto por el niño.

1. ¿Encuentra el niño una chapa?
2. ¿Comprará el niño todas las vueltas?
3. ¿Ha montado el muchacho en el caballo de oro?
4. ¿Levantó el hombre la lona?
5. ¿Quizás todos hayan visto al niño muerto?

I. **¿Cómo se resolvió el misterio?** Complete las siguientes oraciones, expresando en español las frases en inglés.

1. El misterio (*has been explained*).
2. El artículo que lo explica (*was read*) por todos.
3. Pero dudo que (*it was understood*) por todos.
4. Una investigación (*had been made*) por la policía.
5. El informe final (*will be given*) por el jefe.

J. **Continúa el caso.** Complete las siguientes oraciones con la voz pasiva del verbo entre paréntesis para saber qué pasó en el tribunal.

MODELO La verdad _____ (admitir) por el acusado. →
La verdad es (fue, será, etcétera) admitida por el acusado.

1. Los tribunales _____ (abrir) por el alguacil.
2. Las reglas del proceso _____ (explicar) por el juez.
3. El caso _____ (presentar) por los abogados.
4. Una objeción _____ (hacer) por la abogada del acusado.
5. El testimonio _____ (dar) por los testigos oculares.

K. Dé oraciones nuevas según las palabras entre paréntesis.

1. Aquí se alquilan *coches*. (*motos, una casa, cámaras, máquinas de escribir, un camión*)
2. Se acabó *la fiesta*. (*las entradas, el vino, las vacaciones, la conferencia, las clases*)

L. Complete las siguientes oraciones con la forma correcta de **se** + *verbo*.

1. Todos fueron asustados por el niño muerto.
   _____ _____ a todos.
2. Los gritos fueron oídos por los vecinos.
   _____ _____ los gritos.
3. Los testigos fueron entrevistados por la policía.
   _____ _____ a los testigos.

4. Una investigación fue hecha por el detective.

_____ _____ una investigación.

5. El informe final fue publicado por el jefe.

_____ _____ el informe final.

M. **Ahora sí se acaba el misterio.** Cambie a la voz pasiva con **se,** manteniendo el tiempo verbal de la oración original.

1. El criminal fue castigado.
2. La verdad fue descubierta por casualidad.
3. La confesión fue recibida la semana pasada.
4. Todos los detalles serán publicados en el diario del domingo.
5. Francisco ha sido nombrado reportero para el año que viene.

N. Exprese en español.

1. They say it's going to rain.
2. You can ride a merry-go-round in that park.
3. The police weren't called in time.
4. A thief was seen in the neighborhood the night of the crime.
5. He was seen in their house.

O. **Ensayo/Conversación.** ¿Hay a veces ferias, fiestas, desfiles (*parades*) o circos en el lugar donde Ud. vive? Escriba un ensayo o dé un discurso sobre un espectáculo típico de su región. Use las siguientes preguntas como guía.

PRIMER PARRAFO

¿Qué clase de espectáculos hay donde Ud. vive? ¿Hay una feria regional? ¿una feria del estado (condado)? ¿un desfile de Navidad? ¿del Día de Gracias? ¿del Cuatro de Julio? ¿del Día de San Patricio? ¿de Cristóbal Colón? ¿Hay en su región una fiesta que no se celebre en ningún otro lugar? ¿Cuál es? ¿Hay fiestas especiales en invierno? ¿en verano?

SEGUNDO PARRAFO

¿Viene un circo a su ciudad (pueblo)? ¿Hay un desfile? ¿Se levanta una tienda (*tent*) para la presentación del espectáculo? ¿Qué se ve en el circo? ¿Qué tipo de animales hay en el circo? ¿leones? ¿elefantes? ¿caballos? ¿perros? ¿Están todos enjaulados? ¿Andan libres algunos? ¿Hay actos de payasos y de acróbatas? ¿Cuál fue la última vez que Ud. fue al circo? ¿Se divirtió? ¿Qué acto le impresionó más? ¿la doma de los leones? ¿los acróbatas del trapecio alto? ¿los caballos o elefantes entrenados?

TERCER PARRAFO

¿Se trabaja duro (*hard*) en el circo? Si Ud. tuviera la oportunidad, ¿le gustaría huir con el circo? ¿Por qué sí (no)? ¿Se idealiza la vida del circo? ¿Por qué?

CUARTO PARRAFO

¿Para qué sirven los espectáculos como el circo y la feria, los desfiles y las fiestas públicas? Si Ud. pudiera elegir a su gusto, ¿qué espectáculo traería al lugar donde Ud. vive? ¿Por qué?

Temas para libre expresión

■ Temas literarios

A. El cuento «El tiovivo» es una especie de alegoría: el tiovivo simboliza algo abstracto.

1. ¿Qué simboliza el tiovivo?
2. ¿Cómo cambia la actitud del niño hacia el tiovivo que «sólo da vueltas y vueltas y no lleva a ninguna parte»?
3. ¿Cómo está el niño después de montar en el tiovivo?
4. ¿Qué cree Ud. que vieron los otros cuando el hombre levantó la lona?

B. Según el concepto tradicional, la muerte es algo temible (*to be feared*). En los dibujos medievales, por ejemplo, la muerte se representa como un esqueleto o un monstruo terrible. ¿En que se diferencia el concepto de la muerte que evoca el cuento «El tiovivo»?

1. ¿Es significativo el hecho de que el niño quiere montar en el tiovivo?
2. ¿Es temible la muerte para el niño? ¿para los otros que presencian su muerte?
3. ¿Cómo se siente el niño después de montar en el tiovivo?
4. ¿Cómo simboliza el tiovivo la eternidad de la muerte?
5. Dé un resumen de las diferencias entre el concepto tradicional de la muerte y el concepto que nos presenta Matute.

■ Temas personales

A. Cada cultura tiene su propia actitud hacia la muerte. En México, por ejemplo, se celebra la muerte como parte integral de la vida. El dos de noviembre se celebra el Día de los Difuntos. Todos van al cementerio llevando velas y flores para adornar las tumbas. A veces traen comida y se sientan en la hierba a beber y comer al lado de las tumbas de los parientes muertos. Para celebrar el Día de los Difuntos también se venden dulces y pasteles en forma de esqueletos y calaveras (*skulls*) y se cantan canciones tristes y a veces humorísticas con el tema de la muerte.

En los Estados Unidos, en cambio, algunos creen que evitamos el tema de la muerte y que no queremos afirmar su existencia. ¿Qué piensa Ud.? ¿Está de acuerdo o no?

- Si piensa que evitamos el tema de la muerte, explique con ejemplos.
- Si piensa que aceptamos la muerte como parte íntegra de la vida, explique con ejemplos.

B. En Venezuela y otras partes de la América Latina se considera angelitos a los niños hasta los siete años. El niño, como un angelito, es inocente y puro. Cuando muere un niño, su muerte se celebra con un baile, comida y bebidas. No se llora la muerte de un «angelito» porque se cree que el niño va directamente al cielo y les prepara el camino del Paraíso (*Heaven*) a sus padres.

1. ¿Cree Ud. que la muerte de un niño es más o menos trágica que la muerte de una persona mayor? Explique.
2. ¿Le parece grotesco dar una fiesta para celebrar la muerte de alguien? Explique.
3. ¿La celebración es elemento de los funerales en los Estados Unidos? Explique, dando ejemplos.

Estudio de palabras

Trabajar, funcionar, and **obrar** all mean *to work,* but they are not interchangeable. Each verb occurs in a particular context.

■ Trabajar

Trabajar means *to work* in the sense of having a job (**trabajo**) or working at a job or task.

Roberto trabajó en una fábrica pero perdió su puesto cuando vendieron la compañía.
Robert had a job in a factory, but he lost his position when they sold the company.

Juan nunca sale para divertirse; trabaja demasiado.
John never goes out to have a good time; he works too hard.

■ Funcionar

Funcionar means *to work* in the mechanical sense of *"running."* Machines, engines, appliances, watches, and so on, are said *to work* in this way.

Este reloj no funciona bien; siempre está astrasado.
This watch doesn't work (run) well; it is always slow.

■ Obrar

Obrar means *to work* in the sense of construction, building, executing, or putting into practice; or *to work* when there is a moral implication.

Ese arquitecto tiene buenas ideas, pero no las obra bien.
That architect has good ideas, but he doesn't execute them well.

Hay que obrar bien para servir a Dios.
One must work well (do good works) to serve God.

The nouns **trabajo, obra, tarea,** and **quehacer** all express *work,* but, like their verbal counterparts, they are all used in different contexts.

■ *Trabajo*

Trabajo means *work* in the general sense of employment or task to be done.

Muchos obreros buscan trabajo en las fábricas.
Many workers are looking for work in factories.

No puedo almorzar; tengo demasiado trabajo.
I can't eat lunch; I have too much work.

Trabajo can also mean *class paper.*

Tengo que escribir un trabajo sobre Shakespeare para la clase de inglés.
I have to write a paper on Shakespeare for English class.

■ *Obra*

Obra means artistic *work* (novel, play, painting) or the *entire artistic production* of a particular artist.

Me gusta la obra de Cervantes.
I like Cervantes's work.

Obra also means *work* in any moral or religious sense.

El mundo entero es la obra de Dios.
The whole world is the work of God.

With **maestra, obra** means *master work.*

La Gioconda es una obra maestra.
The Mona Lisa is a master work.

■ *Tarea*

Tarea means *work* in the sense of a specific task to be done, often with the implication of drudgery.

La tarea del campo es muy dura.
Work in the fields is very hard.

It can also mean *homework, schoolwork,* or *assignment.*

La tarea para mañana es la lección once.
The homework for tomorrow is Lesson Eleven.

■ *Quehacer*

Quehacer means *work* in the sense of *chore*. The word **quehacer** is usually less specific in its reference to a given task than is **tarea**. It simply means **lo que hay que hacer.**

Todos los muchachos tienen que terminar sus quehaceres.
All the boys have to finish their chores.

> **Los quehaceres domésticos** are *housework.*

Hoy en día hay muchas máquinas que ayudan al ama de casa con los quehaceres domésticos.
Nowadays there are many appliances that help housekeepers with the housework.

Darse cuenta and **realizar** both mean *to realize*, but in different contexts.

■ *Darse cuenta*

Darse cuenta (de) means *to realize* in the sense of coming to an intellectual insight.

Cuando trato de escribir poesía siempre me doy cuenta de que no soy poeta.
When I try to write poetry, I always realize I'm not a poet.

■ *Realizar*

Realizar means *to realize* or *carry out* a project.

No realizamos el sueño de explorar el espacio hasta el siglo XX.
We didn't realize the dream of exploring space until the twentieth century.

Ejercicios

A. Complete las siguientes oraciones con una de estas palabras: **trabajo(s), obra, tarea, quehaceres, funciona, obra maestra, quehaceres domésticos, realizó, se dé cuenta.**

1. Voy a buscar una criada que me ayude con los _____ .
2. ¿Cuál es la _____ para mañana?
3. ¿Cuántos _____ tuviste que escribir el semestre pasado?
4. Un coche que no _____ bien es un desastre.
5. Después de terminar la pintura, mi amigo exclamó «¡Es una _____ »!
6. La _____ de Picasso se caracteriza por la experimentación con la perspectiva.
7. Espero que _____ del error antes de entregar su proyecto.
8. El pobre Icaro no _____ su sueño de volar como pájaro.
9. Hoy en día el desempleo es un problema grave y muchos obreros buscan

   _____ .
10. No puedo salir hoy; tengo muchos _____ .

B. Conteste las siguientes preguntas.

1. ¿Qué tarea tienes para la próxima clase de español?
2. ¿Trabaja Ud.? ¿Dónde?
3. ¿Adónde lleva Ud. su coche cuando no funciona bien?
4. ¿Cómo se llama la obra más famosa de Miguel de Cervantes?
5. ¿Qué quehaceres domésticos hace Ud. con frecuencia?
6. ¿A qué edad se dio cuenta Ud. de que Santa Claus no existía?
7. ¿Cómo se debe obrar para entrar al Paraíso?
8. ¿Qué obras de caridad realiza CARE?
9. ¿De quién es la obra *Tom Sawyer*?
10. ¿Dónde le gustaría trabajar después de graduarse?

CAPITULO
13

Resumen de estructuras

■ Adverbs

Derived from Feminine Form of Adjective + **mente**

inmediato →	inmediata	inmediatamente	*immediately*
rápido →	rápida	rápidamente[1]	*rapidly*
natural →		naturalmente	*naturally*

Common Adverbs Not Derived from Adjectives

MANNER	TIME	PLACE	DEGREE
así	ahora	arriba	más
bien	ayer	abajo	menos
de prisa	hoy		
despacio	mañana	aquí	tan
mal	pronto	ahí	tanto
nunca	todavía	allí	
siempre			muy
		acá	demasiado
		allá	
			mucho
			poco

Adverbs with Both Idiomatic and **-mente** Forms

en serio	seriamente	*seriously*
en seguida	inmediatamente	*immediately*
por completo	completamente	*completely*
por desgracia	desgraciadamente	*unfortunately*
de súbito	súbitamente	*suddenly*
de repente	repentinamente	*suddenly*
con cuidado	cuidadosamente	*carefully*

■ Conjunctions

y (e)	*and*	mas	*but*	
o (u)	*or*	sino	*but (rather)*	
pero	*but*	sino que	*but (rather)*	

---

[1]Adjectives with a written accent retain the accent when **-mente** is added.

Lectura

~~~~~~

*Writers born during or after the Second World War have grown to adulthood under the ominous shadow of the threat of nuclear war. Many of these writers are now giving artistic expression to their fears of nuclear disaster. In "*__Los juegos de la infancia__,*" the young author Luis Britto García describes a nuclear holocaust through the eyes of a child, who confuses the desperate struggle for survival with his childhood games and sees the refugees' flight as "__este largo juego de viaje__." Their frantic attempts to hide from the air attacks are, for the child, a continual game of hide-and-seek interspersed with guessing games to determine the routes of the warring planes and the identity of the charred artifacts that rain down from the sky. One by one the others disappear, until at last the child wanders alone, wondering why the hide-and-seek players never show themselves.*

Los juegos de la infancia

En las noches hay bonitos fuegos y durante el día las corrientes de aire caliente que ascienden facilitan el volar cometas,° cometas que sin embargo no elevamos porque primero° los familiares° dijeron que no y luego no había con qué hacerlas° y, en fin, otras cosas nos preocupan. Antes debíamos ir mucho a la escuela y acostarnos temprano, pero ahora que no hay escuela todas las horas nos pertenecen y aun las de las noches,° cuando es malo dormirse por más sueño que uno tenga. Antes tanta soledad que tenías en tu mundo de niño y la poca esperanza de que los mayores condescendieran a participar en los juegos, y ahora todos juegan, no hacen más que jugar desde el día en que bajaron los aviones de los cielos y comenzaron estos largos escondites° entre los árboles, donde mamá, o papá, por ejemplo, a veces se hacen un ovillo° y tras el follaje y con los ojos te suplican no hagas ruido, no dejes que vean donde estoy,° o a veces la tía también juega y se separa de nosotros y se esconde tan bien que nunca la encontramos, de manera que podemos imaginárnosla° dentro de un cráter, con los ojos cerrados, contando primero hasta cien, después hasta mil, finalmente hasta un millón, hasta acabarse los números que enseñaban en la escuela antes de la mañana en que nos dijeron que la escuela se había vuelto humo y cenizas° y pensamos que habían volado hasta los cielos y se habían perdido sin remedio todas las letras, los números y los dibujos del mundo que estaban guardados en ella.

También es bueno jugar a las adivinanzas.° Qué de misterios encierra un trozo de tela chamuscada° que cae de los cielos, preguntarse si vistió a una niña o a una muñeca, qué de curiosidades en las cenizas que llueven constantemente, discutir si fueron de cosechas° de arroz o de cebada,° qué de perplejidades, en este largo juego de viaje, despierta el hallazgo° de las ruinas de un pueblo en el cual no quedan habitantes a quienes preguntar el nombre, y entonces aventurar:° era el pueblo de la tía abuela, porque todavía queda algo de la colina° en el norte, o bien: era el pueblo del primo segundo, porque hay

Marginal glosses:
kites
in the first place / **los**... our relatives
no... there was nothing to make them from
todas... all of the hours belong to us, even the night hours

times of hiding
se... curl themselves into a ball

te... they beg you, "Don't make noise, don't let them see where I am . . ."
de... so that we can imagine her

se... had become smoke and ash

jugar... to play guessing games
tela... scorched material
harvests / barley
finding

venture a guess
hill

anzuelos fundidos en lo que fue el cauce del río.° O bien, apostar° sobre la ruta de los aviones en el cielo: darán la vuelta° y envenenarán° el norte. Están de regreso, han incendiado el sur. No, van al oeste, contaminarán los lagos. No, vuelven al este, esterilizarán los bosques. Qué de variado este largo juego de escondites° y de desapariciones, con niños nuevos que salen a veces de escondrijos° que no pensábamos y niñas conocidas que no vemos más; qué de diferencias entre los que nos acurrucamos° en las noches y los que amanecemos. Qué soledad, por fin, ahora que se han escondido todos, todos, y después de contar hasta cien, por días y por días vagas buscándoles por el país en el que llueven rojos tizones,° pavesas° de cuadernos y cenizas de rasgados velos nupciales.°

anzuelos... melted fishhooks in what was the bank of the river / to bet
darán... they will turn / will poison
juego... game of hide-and-seek
hiding places
los... those of us who curl up

firebrands / ashes

rasgados... torn wedding veils

Comprensión

¿Cierto o falso? Corrija las oraciones falsas.

1. El narrador del cuento es un niño.
2. El niño todavía va a la escuela todos los días.
3. Todos juegan al escondite y gritan y hacen mucho ruido mientras juegan.
4. También juegan a las adivinanzas y tratan de averiguar la identidad de las cosas quemadas que llueven del cielo.
5. El niño probablemente había vivido en una ciudad grande porque no sabe nada del campo.
6. Los aviones contaminan los lagos y destruyen los bosques.
7. Al final, el niño encuentra a muchos otros jóvenes que juegan con él.
8. El niño anda contando hasta cien porque todavía piensa que está jugando al escondite.

ANSWERS: 1. Cierto 2. Falso 3. Falso 4. Cierto 5. Falso 6. Cierto 7. Falso 8. Cierto

Vocabulario

acabarse *to use up, run out of*
amanecer *to dawn*
apostar (ue) *to bet*

el **bosque** *forest*
el **cielo** *sky*
esconder(se) *to hide (oneself)*
pertenecer *to belong*

el **regreso** *return*
sin remedio *hopelessly*
volar (ue) *to fly*

Gramática

■ *Adverbs*

Adverbs modify verbs, adjectives, or other adverbs. They tell *how, when,* or *where* an action is performed, or indicate degree or amount.

A. Formation of Adverbs with *-mente*

Most Spanish adverbs are formed by adding the suffix **-mente** to the feminine singular form of the adjective. If the adjective has the same form for masculine and feminine, **-mente** is added to the common form.

perfecto/a	Lo hizo perfectamente. *He did it perfectly.*
rápido/a	Se escondieron rápidamente. *They hid themselves rapidly.*
fácil	Los niños dibujan fácilmente. *Children draw easily.*
libre	Puedes hablar libremente. *You can speak freely.*

When two or more adverbs modify the same word, only the last adverb adds the **-mente** ending. The others retain the feminine or neutral form of the adjective.

El muchacho recitó rápida y perfectamente cuando el maestro le pidió que contara hasta cien.
The boy recited rapidly and perfectly when the teacher asked him to count to one hundred.

The **con** + *noun* construction may be substituted for many adverbs ending in **-mente.**

con cuidado → cuidadosamente *carefully*
con cariño → cariñosamente *affectionately*

B. Position of Adverbs

Adverbs usually follow the verbs they modify, but precede adjectives.

Los aviones aparecieron súbitamente en el cielo.
The planes appeared suddenly in the sky.

El pueblo fue totalmente destruido.
The town was totally destroyed.

There is, however, considerable flexibility in Spanish regarding word order with adverbs. Placing adverbs at the beginning or end of a sentence emphasizes the adverb.

Súbitamente aparecieron los aviones en el cielo.
El pueblo fue destruido **totalmente.**

In a phrase consisting of **no** + *adverb*, the adverb comes first.

—¿Has encontrado el anzuelo que perdiste en el río?
—Todavía no.
"Have you found the fishhook that you lost in the river?"
"Not yet."

C. **Comparison of Adverbs**

Adverbs use the same formula as adjectives to express comparisons of equality and inequality. (See **Capítulo 3.**)

1. Comparisons of equality: **tan** + *adverb* + **como**

   La muchacha juega tan bien como su hermano.
   The girl plays as well as her brother.

2. Comparisons of inequality: **más** + *adverb* + **que; menos** + *adverb* + **que**

   Hoy llueve más lentamente que ayer.
   Today it is raining more slowly than yesterday.

   Las cenizas caen menos rápidamente ahora.
   The ashes are falling less rapidly now.

3. Irregular comparisons

   The adverbs **bien, mal, mucho,** and **poco** have irregular forms for comparisons of inequality.

ADVERB		IRREGULAR COMPARISON	
bien	*well*	mejor	*better, best*
mal	*badly*	peor	*worse, worst*
mucho	*much*	más	*more, most*
poco	*little*	menos	*less, least*

   Pablo cuenta mal, pero Carmen cuenta peor.
   Pablo counts badly, but Carmen counts worse.

   Tú juegas bien a las adivinanzas, pero yo juego mejor.
   You play guessing games well, but I play better.

D. *Muy* and *mucho*

Muy can precede any adjective or adverb except **mucho**. **Muchísimo** expresses *very much*.

—¿Te gustó la película?   *"Did you like the film?"*
—Sí, muchísimo.   *"Yes, very much."*

Muy used alone can never form a reply. If it does not accompany an adjective or adverb, it is replaced by **mucho**.

—¿Es muy difícil el trabajo?   { —Sí, lo es.
                                      —Sí, mucho.

"Is the work very difficult?"   { *"Yes, it is."*
                                       "Yes, very."

E. *Sólo* and *solo*

The adverb **sólo** means *only*. Its written accent distinguishes it from the adjective **solo/a** that means *alone*.

El niño estaba solo.   *The boy was alone.*
Sólo quería encontrar a los otros.   *He only wanted to find the others.*

F. Adverbs of Place

The most common adverbs of place are the following:

aquí   *here*
ahí   *there (near the person spoken to)*
allí   *there (far away)*
allá   *there (far away)*

Note that the distinction in spatial relationship roughly corresponds to that conveyed by the demonstratives **este, ese, aquel,** although in contemporary speech these distinctions are often not carefully observed.

With verbs of motion, the more commonly used adverbs of place are the following:

aquí   *here*
acá   *here*
allá   *there (far away)*

Aquí en la tierra no hay cráteres, pero allá en la luna hay muchos.
Here on earth there are no craters, but there on the moon there are many.

Me gustaría ir allá para verlos.
I would like to go there to see them.

■ Conjunctions

A. **y** or **e** = **and**

Y → E

inglés y español   →   español e inglés
historia y arte   →   arte e historia

Y becomes **e** before any word that begins with **i-** or **hi-**. However, **y** remains before the diphthong **hie-**.

Este semestre estudiamos literatura y español.
This semester we are studying literature and Spanish.

El semestre que viene vamos a estudiar literatura e inglés.
Next semester we are going to study literature and English.

Las escuelas bilingües enseñan historia americana e hispánica.
Bilingual schools teach American and Hispanic history.

Los aviones envenenan árboles y hierba y contaminan los lagos.
The planes poison trees and grass, and contaminate the lakes.

B. **o** or **u** = **or**

O → U

ocho o siete   →   siete u ocho
hoy o ayer   →   ayer u hoy

O becomes **u** before any word that begins with **o-** or **ho-**.

No es una nube; es humo o cenizas.
It's not a cloud; it is smoke or ashes.

Los niños pasaban todos los días jugando a las adivinanzas u otros juegos.
The children spent every day playing guessing games or other games.

Todos los sobrevivientes se esconden; no importa si son mujeres, niños u hombres.
All of the survivors hide; it doesn't matter whether they are women, children, or men.

C. **Pero** = **but**

Pero usually conveys *but*.

El niño tiene sueño, pero sabe que es malo dormirse.
The boy is sleepy, but he knows it is bad to fall asleep.

D. **Mas** = **but**

Mas also means *but*. However, its use is mainly literary.

Mas se negó a darse por vencido.
But he refused to give up.

E. **Sino, sino que = but (rather), but (on the contrary)**

Sino expresses *but* only when a negative is followed by an affirmative word or phrase that contradicts it.

No fueron cometas, sino aviones.
They weren't kites, but planes.

No fue lluvia, sino un polvo fino de cenizas.
It wasn't rain, but a fine dust of ashes.

If the contradicting portion of the sentence contains a verb (and thus functions as a clause), **sino que** is used instead of **sino.**

No volaron hacia el oeste, sino que volvieron al sur.
They didn't fly toward the west, but rather returned to the south.

F. **Conjunctions with *(de) que***

Some conjunctions are formed by adding **que** or **de que** to a preposition or adverb.

PREPOSITIONS	CONJUNCTIONS
sin	sin que *without*
para	para que *so, so that*
hasta	hasta que *until*

ADVERBS	CONJUNCTIONS
antes	antes (de) que *before*
después	después (de) que *after*

Los campesinos podían descansar después de que cosecharon el arroz.
The farmers could rest after harvesting the rice.

Esperaron hasta que pudieran cosechar la cebada.
They waited until they could harvest the barley.

(For the use of the subjunctive in dependent adverbial clauses introduced by many of these conjunctions, see **Capítulos 2** and **8.**)

Ejercicios

A. Complete las siguientes oraciones con un adverbio derivado del adjetivo indicado.

MODELO   Este ejercicio es *fácil*; se hace _____ .   →
Este ejercicio es *fácil*; se hace fácilmente.

1. El Sr. Díaz es muy *cortés*; siempre me saluda _____ .
2. Tomasito es un niño *arbitrario*; siempre insiste _____ en salirse con la suya (*getting his own way*).
3. Doña Evita parece *inteligente*; hace las decisiones _____ .

4. En la fábrica hay un ruido *constante;* las máquinas funcionan _____ .
5. El domingo es un día *lento;* pasa muy _____ .
6. La pobre Ana es *patética;* tiene tuberculosis y tose _____ .
7. Hubo un accidente *terrible* en la esquina; todos fueron heridos _____ .
8. La novia de Marcos está tan *triste;* canta _____ las canciones de amor.
9. Pedro es un obrero *honesto;* trabaja _____ todo el día.
10. Es una cuestión *moral.* Tratemos de resolverla _____ .

B. **Por fin se acabó la guerra.** Exprese en español los adverbios indicados entre paréntesis y luego colóquelos en las oraciones.

1. (*carefully:* two ways) El refugiado apartó el follaje.
2. (*suddenly:* two ways) Apareció una gran nube en forma de hongo.
3. (*rapidly*) Los bomberos acudieron a apagar el incendio.
4. (*clearly and distinctly*) El locutor explicó los detalles de la batalla.
5. (*very much*) No nos queremos pero nunca peleamos entre nosotros.
6. (*constantly*) Los soldados se quejaron de la comida del campamento.
7. (*easily*) Era probable que no se pudiera mejorar.
8. (*fatally*) El piloto fue herido cuando su avión se estrelló (*crashed*).
9. (*silently and swiftly*) El enemigo avanza hacia la tierra ocupada.
10. (*finally*) Después de unos meses de guerra casi continua, los combatientes firmaron el tratado de paz.

C. **Emergencia.** Conteste brevemente, reemplazando el adverbio indicado con frase adverbial.

MODELO ¿Quedó curado *completamente* después del ataque al corazón? →
        Sí, quedó curado *por completo.*

1. ¿Me lo dices *seriamente?*
2. ¿Pediste una ambulancia *inmediatamente?*
3. ¿Y seguiste *cuidadosamente* las instrucciones del médico?
4. ¿Lo llevaron *seguidamente* a la sala de operaciones?
5. ¿Y con todo se murió la víctima anoche, *desgraciadamente?*

D. **¿Cuándo? ¿Cómo? ¿Dónde?** Con otro estudiante, haga y conteste las siguientes preguntas usando adverbios en las respuestas.

MODELO ¿Cuándo te dormiste anoche? → Me dormí temprano anoche.

1. ¿Cuándo haces la tarea?
2. ¿Cómo haces tu tarea?
3. ¿Dónde la haces?
4. ¿Cómo manejas cuando hay muchísimo tráfico?
5. ¿Cómo manejas cuando hay poco tráfico?
6. ¿Cuándo limpiaste tu cuarto?
7. ¿Cuándo vas a limpiarlo otra vez?

E. **Las ferias de antaño.** Conteste las siguientes preguntas usando comparaciones de desigualdad.

MODELO ¿Fuimos a la feria tan alegremente como el año pasado? →
No, fuimos a la feria más/menos alegremente que el año pasado.

1. ¿Tomás montó en el tiovivo tan fácilmente como yo?
2. ¿Mi caballo de oro andaba tan rápidamente como el suyo?
3. ¿Concha cogió el anillo de bronce tan agresivamente como su hermano?
4. ¿Los fuegos artificiales estallaron (*exploded*) tan ruidosamente como los del cuatro de julio?
5. ¿Ese cohete subió tan despacio como el otro?

F. **Igualdad entre parientes.** Cambie las comparaciones de desigualdad por comparaciones de igualdad para que nadie se sienta ofendido.

MODELO La tía Eloisa baila menos graciosamente que su hermana. →
La tía Eloisa baila tan graciosamente como su hermana.

1. Mi primo Luis me saluda más cordialmente que mi mejor amigo.
2. Mi abuelita religiosa reza más fervorosamente que el cura.
3. Nuestra hijita habla menos claramente que la niña del vecino.
4. Mi tío el senador defiende los impuestos más apasionadamente que mi abuelo el socialista.
5. Mis padres mantienen un horario fijo más rigurosamente que yo.

G. Con otro estudiante, haga y conteste las siguientes preguntas, usando comparaciones irregulares en las respuestas.

MODELO ¿Corres tanto como tu compañero/a de cuarto? →
No, corro menos que él (ella).

1. ¿Juegas tan bien al tenis como Jimmy Conners?
2. ¿Cocinas tan bien como Julia Child?
3. ¿Estudias tanto como tu mejor amigo/a?
4. ¿Trabajas tanto en casa como en la biblioteca?
5. ¿Pagas tanto por tu ropa como Brooke Shields?
6. ¿Hablas español tan bien como un gato siamés?
7. ¿Estás muy cansado/a de estudiar?

H. Complete el párrafo con las siguientes adverbios para descubrir lo que le pasó al final al último niño del mundo: **sólo, allí, donde, antes, también, fatalmente, ahora, todos los días, rápida, súbitamente, muy, nunca, tristemente, despúes.** Use cada palabra o frase sólo una vez.

El niño no entendía lo que le había pasado. _____ sabía que _____ había asistido a la escuela _____ . Pero _____ no había escuela y quedaban _____ pocos niños. _____ ellos _____ desaparecieron. El niño _____ había pasado tanto tiempo solo. Andaba _____ por el país arruinado. _____ aparecieron los aviones en el cielo y el niño se escondió debajo de un tronco de árbol. Desde _____ escuchaba el ruido de los cohetes y veía el fuego que _____ y _____ se acercaba al tronco _____ estaba.

I. Complete las siguientes oraciones con una de estas conjunciones: **y (e), o (u), pero, sino, sino que, para que, antes de que, después de que.**

1. Raúl, Francisco _____ Ignacio eran muy buenos amigos.
2. Iban a entrar en la universidad en septiembre _____ octubre.
3. Raúl _____ Francisco querían ser compañeros de cuarto, _____ desgraciadamente no fueron aceptados en la misma universidad.
4. Francisco no estudiaba ingeniería _____ arquitectura.
5. No le gustaba construir casas _____ quería diseñar apartamentos muy originales.
6. Raúl estudiaba ingeniería _____ pudiera construir edificios novedosos.
7. _____ se especializara en el diseño de interiores, Ignacio había estudiado el arte moderno _____ impresionista.
8. _____ se gradúen, los tres amigos van a trabajar juntos.

J. Exprese en español.

1. Suddenly I heard a noise.
2. Come here. I want to show you where he was hiding.
3. We have to wait until they find his guitar.
4. He didn't want to become a lawyer, but rather a musician.
5. He plays guitar with a group called "Fire and Ice."
6. The group plays very badly, but he sings marvelously.
7. They will need seven or eight more weeks to practice for the concert.
8. Well, I'll bet they play as well as anyone right now.

K. **Ensayo/Conversación.** ¿Qué piensa Ud. hacer después de terminar sus estudios aquí en la universidad? Escriba un ensayo o dé un discurso sobre las posibilidades que Ud. cree que el futuro le presenta. Use las siguientes preguntas como guía.

PRIMER PARRAFO

¿Ha elegido ya una profesión u oficio que le interese mucho? ¿Qué tipo de trabajo es? ¿Por qué le atrajo esa carrera más que ninguna otra? ¿Sabía desde muy joven lo que quería hacer cuando fuera mayor? ¿Cuándo se dio cuenta de que ya había tomado esa decisión? ¿O es que todavía no ha decidido totalmente? ¿Cómo se está preparando para su primer empleo? ¿Qué ha hecho hasta ahora? ¿Qué le queda todavía por hacer?

SEGUNDO PARRAFO

¿Es probable que Ud. practique la misma profesión por toda su vida? Si fuera necesario que Ud. cambiara de oficio o de profesión, ¿cuál elegiría entonces? ¿Sería necesario que Ud. regresara a la universidad? ¿que obtuviera otro título? ¿empezar completamente de nuevo? ¿Conoce Ud. a alguien que haya cambiado de carrera después de muchos años? ¿Realizó el cambio sin problemas? ¿o con mucha dificultad? ¿Se alegra ahora de su decisión?

¿Cree que se va a casar algún día? ¿Cuándo? ¿inmediatamente después de graduarse? ¿después de establecerse en su profesión? ¿Ya sabe Ud. con quién se va a casar? ¿dónde van a vivir? ¿cuántos hijos tendrán? ¿Tendrán niños muy pronto o esperarán un poco? ¿Cree Ud. en el concepto de «vivir felices para siempre»? Si dice que sí, ¿cómo se consigue esta felicidad matrimonial? Si dice que no, explique por qué no cree en este concepto.

Temas para libre expresión

■ Temas literarios

A. La frase «punto de vista» se refiere a la perspectiva desde la cual se relatan los sucesos de una narración.

1. ¿Desde qué punto de vista se narra «Los juegos de la infancia»?
   - ¿Quién habla?
   - ¿En qué persona verbal hace la narración?

2. ¿Cómo se sabe la edad aproximada del narrador al final?

3. ¿Cómo se sabe que el narrador se queda solo?
   - ¿Cómo cambia la narración al final?
   - ¿Qué indica el cambio de la primera persona plural a la segunda persona singular?

B. ¿Le parece irónica la idea del «juego» que se presenta aquí? ¿Por qué sí (no)?

C. Compare la visión del mundo después del holocausto nuclear que aquí presenta Luis Britto García con la que crea Marco Denevi en «Génesis» **(Capítulo 7).**

1. ¿Cuál de las visiones le parece más romantizada? ¿Por qué?
2. ¿Es realista el cuento de Luis Britto García? ¿Por qué sí (no)?

■ Temas personales

A. En muchas ciudades se hace circular peticiones que piden la limitación de la producción de las armas nucleares.

1. ¿Hay un movimiento para limitar las armas nucleares en su comunidad? ¿Quiénes fomentan este movimiento?
2. ¿Firmaría Ud. una petición para limitar las armas? ¿Por que sí (no)?

B. Hay mucha gente que cree que una guerra atómica es inevitable. ¿Qué piensa Ud.?

Yo creo que una guerra atómica es... porque...

- imposible
- posible, pero no muy probable
- probable, pero podemos evitarla
- muy probable
- inevitable

Estudio de palabras

■ Cardinal Numbers

1	uno		30	treinta	
2	dos		31	treinta y uno	
3	tres		40	cuarenta	
4	cuatro		50	cincuenta	
5	cinco		60	sesenta	
6	seis		70	setenta	
7	siete		80	ochenta	
8	ocho		90	noventa	
9	nueve		100	ciento, cien	
10	diez		101	ciento uno	
11	once		200	doscientos/as	
12	doce		300	trescientos/as	
13	trece		400	cuatrocientos/as	
14	catorce		500	quinientos/as	
15	quince		600	seiscientos/as	
16	dieciséis (diez y seis)		700	setecientos/as	
17	diecisiete (diez y siete)		800	ochocientos/as	
18	dieciocho (diez y ocho)		900	novecientos/as	
19	diecinueve (diez y nueve)		1.000	mil	
20	veinte		1.100	mil cien	
21	veintiuno (veinte y uno)		2.000	dos mil	
22	veintidós (veinte y dos)		1.000.000	un millón (de)	
23	veintitrés (veinte y tres)		2.000.000	dos millones (de)	

NOTE: Spanish uses a period where English uses a comma. Spanish uses a comma where English uses a decimal point.

A. Before a masculine noun, the number **uno** is shortened to **un**. Before a feminine noun, **uno** becomes **una**.

un niño   *one boy*   treinta y un niños   *thirty-one boys*
una niña   *one girl*   treinta y una niñas   *thirty-one girls*

Un is not used before **cien, ciento,** or **mil; un** *is* used before **millón.**

Tenemos que pagar $\left\{\begin{array}{l}\text{mil dólares.}\\ \text{un millón de dólares.}\end{array}\right.$

We have to pay $\left\{\begin{array}{l}\textit{one thousand dollars.}\\ \textit{one million dollars.}\end{array}\right.$

B. If a noun is used after **millón** or **millones,** the preposition **de** must precede it. If another number follows **millón** or **millones,** the preposition **de** is not required.

un millón de habitantes   *1,000,000 inhabitants*
un millón doscientos habitantes   *1,000,200 inhabitants*

C. The number **ciento** becomes **cien** before any noun and before **mil** or **millón.**

cien casas   *100 houses*   cien mil   *100,000*
cien libros   *100 books*   cien millones   *100,000,000*

Ciento is always used before numbers smaller than 100.

ciento dos   *102*
ciento veinte y seis   *126*
tres mil ciento cuarenta y nueve   *3,149*

Compounds of **ciento** are written as one word, and agree in number and gender with the word they modify.

doscientos niños   *200 boys*
doscientas niñas   *200 girls*

■ *Ordinal Numbers*

primer(o/a)   *first*   sexto/a   *sixth*
segundo/a   *second*   séptimo/a   *seventh*
tercer(o/a)   *third*   octavo/a   *eighth*
cuarto/a   *fourth*   noveno/a   *ninth*
quinto/a   *fifth*   décimo/a   *tenth*

Ordinal numbers agree in number and gender with the noun they modify. **Primero** and **tercero** drop the final **-o** before a masculine singular noun.

el sexto rey   *the sixth king*
la segunda reina   *the second queen*
el primer capítulo   *the first chapter*

Ejercicios

A. Cuente Ud. de diez a cien (diez por diez).

B. Cuente de cien a mil (cien por cien).

C. Exprese en español.

1. 100 dollars
2. 500 miles
3. 1 man
4. 101 reasons
5. 1,000 cars
6. 752 inhabitants
7. 361 students
8. 2,000,000 soldiers
9. 88 buildings
10. 200,000 houses

D. Exprese en español.

1. The first lesson is always easy.
2. He thinks he's the eighth wonder (maravilla) of the world.
3. The third president was assassinated.
4. The second time I went to Spain, I studied in Salamanca.
5. October is the tenth month of the year.

CAPITULO

14

LECTURA

Rafael la vio entrando al café
Lilia Martínez

GRAMATICA

- Uses of the Present Participle
- The Progressive Forms

Resumen de estructuras

■ The Present Participle

Regular Verbs

INFINITIVE	PARTICIPLE ENDING	PRESENT PARTICIPLE
hablar	-ando	hablando
comer	-iendo	comiendo
vivir	-iendo	viviendo

Stem-changing Verbs

-Ir verbs whose stem vowel changes in the third person of the preterite have this same stem change in the present participle.

sentir (ie, **i**) → sintió → sintiendo
dormir (ue, **u**) → durmió → durmiendo

Also:

arrepentirse (ie, i)	divertir (ie, i)	reír (i, i)
competir (i, i)	medir (i, i)	repetir (i, i)
conseguir (i, i)	mentir (ie, i)	sentir (ie, i)
convertir (ie, i)	morir (ue, u)	servir (i, i)
corregir (i, i)	pedir (i, i)	sugerir (ie, i)
despedir (i, i)	preferir (ie, i)	vestir (i, i)

Note: There is no stem change in the present participle of **-ar** and **-er** verbs.

Spelling Change Verbs

If the infinitive stem ends in a vowel, the **-i-** of the present participle ending changes to **-y-**: **-iendo** → **-yendo**.

caer: cayendo   oír: oyendo
Also: construir   creer   leer   traer

Irregular Present Participles

decir: diciendo   ir: yendo   poder: pudiendo   venir: viniendo

■ The Progressive Forms

Indicative

SIMPLE FORMS

Present: estoy hablando   *I am talking*
Imperfect: estaba hablando   *I was talking*
Preterite: estuve hablando   *I was talking*
Future: estaré hablando   *I will be talking*
Conditional: estaría hablando   *I would be talking*

PERFECT FORMS

Present Perfect: he estado hablando   *I have been talking*
Past Perfect:[1] había estado hablando   *I had been talking*

Future Perfect: habré estado hablando   *I will have been talking*
Conditional Perfect: habría estado hablando   *I would have been talking*

Subjunctive

Present: quizás esté hablando   *perhaps I am talking*

Past: quizás estuviera hablando   *perhaps I was talking*

Present Perfect: quizás haya estado hablando   *perhaps I have been talking*

Past Perfect: quizás hubiera estado hablando   *perhaps I had been talking*

---

[1]The past perfect progressive (indicative) is always formed with the imperfect (not the preterite) of **haber**.

Lectura

*Lilia Martínez frequently writes from the point of view of adolescent girls. Her characters portray both the comedy and tragedy of growing up. In "**Rafael la vio entrando en el café**," the author describes the first meeting of Rafael and a young woman in a cafe frequented by the working class. The story expresses the thoughts and first impressions of both characters in a style that reproduces the continuous flow of their thoughts and conversation. Because Lilia Martínez has not punctuated the narrative in the usual way, this format may be somewhat confusing on first reading.*

In a narrative, there are two ways of expressing what someone said or thought. Direct discourse records a person's exact words, and is enclosed in quotation marks.

Rafael said, "I have a business meeting."

Indirect discourse merely reports what a person said. It is not punctuated with quotation marks, but is usually in a past tense and is introduced by the relative pronoun that, *which indicates that what follows is an account of what someone said.*

Rafael said that he had a business meeting.

*In "**Rafael la vio entrando al café**," direct discourse is not punctuated with quotation marks. Instead, it is introduced by the relative pronoun* **que** *as if it were indirect discourse. Thus, the first words of the second paragraph would normally be punctuated as follows:*

Cuando ella llegó a su casa su mamá le dijo, «Otra vez vino a buscarte la señora de la ropa.... »

The lack of punctuation marks gives the narrative the free flow characteristic of thought processes, but it may also make the story a challenge on first reading. Try reading the story out loud, picking out the direct discourse statements introduced by **que**. *These statements record exactly what a person said or thought.*

Rafael la vio entrando al café

Rafael la vio entrando al café acompañada de sus amigas y pensó que qué chava° tan bonita y con rayitos° en el cabello, como a mí me gustan y se irguió° dentro de su traje azul nuevecito, de casimir inglés importado y se quedó mirándola con ganas de abrir la boca pero pensando que si la abría se le iba a escurrir la baba° y que eso no era muy correcto que digamos. Y ella, cuando oyó que sus amigas ordenaron leche, con la voz más ronca° que pudo pidió también una leche, pero malteada, mientras agitaba las pestañas° como si le hubiera entrado una basurita° en los ojos pero pensando que eso era de lo más sexy y mientras estiraba el dedo meñique° veía a Rafael con el rabillo° del ojo, admirándola, y se decía que sería mucho que no me surtieran efecto° los trescientos pesos que me gasté en el salón de belleza, los setecientos del vestido, los otros trescientos de los zapatos y los noventa y cinco de las medias

girl (*slang*) / ribbons
se... he sat up straight

se... he was going to drool
husky
eyelashes
piece of dust
estiraba... she stretched out her little finger / corner
no... might not have the desired effect

y escuchaba a sus amigas hablando de lo que ella pensaba eran bobadas° típicas de niñas de veinte años, de esta telenovela° o de esta película y ella se fastidiaba con ganas° y se sintió humillada de que ninguna de sus acompañantes se dignara comentarle siquiera que tu vestido está muy bonito y que dónde lo compraste y sintió rabia° de perder la ocasión de decirles que lo encargué° de Roma, aunque fuese mentira, y Rafael seguía mirándola pensando que yo voy a pagarle lo que tome y que cuando ella vea mi porte° no va a atreverse a decir que no y voy a acompañarla a su casa o a invitarla a algún lugar y a decirle que me gusta y cuando sus miradas se cruzaron los dos sonrieron medio tímidamente y él se acercó y dijo con una voz altísima que hizo voltear° a todos los que estaban en el café, que si me permiten pagar su cuenta muchachas y ella se quedó encantada con la voz de Rafael, estilo Enrique Lizalde, pensó, y después de medirlo de un golpe de vista° le dijo que no gracias y él preguntó que por qué y ella contestó que porque no y él le dijo que anda, no seas así y ella murmuró que bueno, ya que insistes y él pagó con un billete de a quinientos y ella sintió deseos de chiflar de asombro,° pero se calló porque las amigas sí chiflaron y cuando salieron del café ella pensó que se comportan como bobas y Rafael la siguió y le dijo que te acompaño a tu casa y ella quería decirle que sí, pero pensó que si no fuese porque vivo en una pocilga,° aceptaba, y se limitó a contestarle que no, porque tengo una cena en el deportivo,° pero que si quieres mañana te veo aquí y él le dijo que mañana no porque también yo tengo una reunión de negocios y me es imposible y que si lo deseas pasado mañana nos vemos con seguridad y cuando ella preguntó que qué tipo de negocios él no supo contestarle y le dio vergüenza recordar que trabajaba de cajero° en un banco y que su sueldo de tres meses se lo había gastado en el traje y en pagar el consumo de ella y de sus amigas y solamente murmuró titubeando° que los negocios son secretos y se despidieron.

Cuando ella llegó a su casa su mamá le dijo que otra vez vino a buscarte la señora de la ropa y estoy segura de que ya se te acabó el dinero que te pagaron en la tienda y creo que usas ropa demasiado costosa y que sale muchísimo más cara en abonos,° como la compras tú, y ella no escuchaba a su madre por pensar en Rafael, en pasado mañana y en que por la forma de vestir, seguro que es un chavo° de dinero.

	foolish things
	soap opera
	se... she was fidgeting anxiously
	anger
	I ordered
	behavior, conduct
	to turn around
	de... quickly with a glance
	chiflar... whistle in surprise
	pigsty
	sports club
	cashier
	stammering
	en... on credit
	guy (*slang*)

Comprensión

¿Cierto o falso? Corrija las oraciones falsas.

1. Rafael vio a la muchacha entrando al café sola.
2. Cuando la vio, pensó que era muy bonita y quería impresionarla con su porte.
3. Rafael llevaba un traje bastante viejo.
4. La muchacha pidió una cerveza y Rafael quería pagar su cuenta, pero ella no lo permitió.
5. La muchacha llevaba un vestido nuevo que había encargado de París.
6. Rafael trabajaba como cajero en un banco y no ganaba mucho dinero.
7. Los dos se mienten cuando hablan de sus planes para la noche y el día próximo.
8. La muchacha trabajaba en una tienda donde ganaba un buen sueldo.

ANSWERS: 1. Falso 2. Cierto 3. Falso 4. Falso 5. Falso 6. Cierto 7. Cierto
8. Falso

Vocabulario

el **bobo,** la **boba** *fool*
el **cabello** *hair*
callarse *to be silent*
comportarse *to behave*
(*oneself*)

gastar *to spend (money)*
las **medias** *hose*
pasado mañana *the day after tomorrow*

el **salón de belleza** *beauty parlor*
el **sueldo** *salary*

Gramática

■ Uses of the Present Participle

The use of the Spanish present participle generally corresponds to the use of the English present participle (the verb form ending in *-ing*). There are, however, several exceptions.

A. The Spanish present participle can be used alone to convey the sense of *by* + *present participle* (*-ing*).

Estudiando se aprende.
By studying one learns.

B. The Spanish present participle cannot be used as the noun subject of a sentence. The infinitive must be used to express an English *-ing* form used as the subject of a sentence.

(El) Fumar es malo para los pulmones.
Smoking is bad for the lungs.

(El) Esquiar es un deporte popular en el invierno.
Skiing is a popular sport in winter.

Note that the use of the definite article before an infinitive subject is optional in modern Spanish.

C. The Spanish present participle cannot be used as an adjective.[2] English present participles used as adjectives are usually expressed in Spanish by a relative clause introduced by **que** or by an adjective phrase introduced by **de.**

Los niños **que hablan inglés** asisten a una escuela especial.
*The **English-speaking** children attend a special school.*

Ella acaba de comprar una máquina **de lavar.**
*She has just bought a **washing** machine.*

Los niños se rieron del loro **que habla** (el loro hablador).
*The children laughed at the **talking** parrot.*

In other cases, Spanish has an adjective that corresponds to the English present participle used as adjective.

agua corriente   *running water*
un camino tortuoso   *a winding road*

[Ejercicios A–C]

---

[2]With verbs of perception, the present participle functions as a verbal adjective, since it modifies a noun or pronoun. But it does not agree with the word modified: **Rafael la vio entrando al café.** (*Rafael saw her entering the cafe.*)

■ *The Progressive Forms*

A. Uses of the Progressive and Progressive with *estar*

Each Spanish simple verb form has a corresponding progressive form consisting of a conjugated form of **estar** + *present participle*. Since the Spanish progressive is used *only* to show an *action in progress* at a specific point in time, it is used much less frequently in Spanish than in English.

The simple progressive is formed with **estar** + *present participle*.

PRESENT PROGRESSIVE

Estoy hablando por teléfono.
I am talking on the phone.

Note that the tense of **estar** corresponds to the tense of the progressive form.

The perfect progressive is formed with **haber** + **estado** + *present participle*.

PRESENT PERFECT PROGRESSIVE

He estado hablando por teléfono.
I have been talking on the phone.

Note that the tense of **haber** corresponds to the tense of the perfect progressive. **Haber** is always followed by **estado** (invariable in form) and the present participle.

- The progressive forms express an action *in progress*.
- The Spanish progressive is *not* used to refer to future time. **Ir** + **a** + *infinitive* or the future tense is used instead.

    Mañana voy a pagar la cuenta. ⎱
    Mañana pagaré la cuenta.   ⎰   *Tomorrow I am going to pay the bill.*

- The Spanish progressive is *not* used with verbs that do not describe true actions.

    ¿Cómo te sientes?   *How are you feeling?*
    Todavía pensaba en el examen.   *I was still thinking about the test.*

- The progressive forms of **ir** and **venir** are used infrequently.

    Iba hacia la estación.   *He was going toward the station.*

B. Progressive Forms with Verbs Other Than *estar*

The verbs **ir, venir, andar, llegar, salir,** and **seguir** may also be used with the present participle to form progressives. Their use stresses either the movement or the continuing aspect of the action.

Sigue tirando piedras al perro.
He keeps throwing rocks at the dog.

El mendigo andaba pidiendo limosna por el amor de Dios.
The begger was (going around) asking for alms for the love of God.

C. **Object Pronouns with Progressive Forms**

Object pronouns either precede **estar** or are attached to the present participle.

Me la está dictando. ⎫
Está dictándomela. ⎭   *He is dictating it to me.*

When pronouns are attached to the present participle, a written accent mark is required on the stressed vowel of the present participle.

[Ejercicios D–L]

Ejercicios

A. Dé oraciones nuevas según las palabras entre paréntesis.

1. *Escribiendo* una oración dos veces, es fácil comprenderla.   (*leer, oír, escuchar, decir*)
2. *Durmiendo* tarde se pierde mucho.   (*venir, levantarse, estudiar, ir*)
3. *Practicando* mucho, Paco aprendió a jugar al hockey sobre el hielo.   (*pelear, resbalar, caer, patinar*)

B. Conteste las preguntas según el modelo, usando el participio presente.

MODELO   ¿Podemos aprender el francés rápidamente? (vivir en Francia)   →
     Sí, viviendo en Francia, Uds. pueden aprender el francés rápidamente.

1. ¿Cuándo vio Rafael a la chica?   (entrar al café)
2. ¿Pudo Rafael comprar un traje de casimir importado?   (ahorrar el sueldo de tres meses)
3. ¿Cómo impresionó a las chicas?   (pagar la cuenta con un billete de a quinientos)
4. ¿Cómo evitó una cita para el día siguiente?   (fingir que tenía una reunión de negocios)
5. ¿Cómo ganó Rafael el dinero que gastó en el café?   (trabajar de cajero en un banco)

C. Exprese en español. Cuidado: hay frases que no se pueden traducir con el participio presente.

1. Francisco is a member of the working class.
2. Drinking is his only fault.
3. He tries to impress people by talking about the club.
4. Living in Caracas is very expensive.
5. *Dos equis* is the drinking man's beer.
6. I saw her drinking a malted milk in the cafeteria.
7. By working hard he was able to become president of the bank.
8. He tried to impress the girl by telling her he was an executive.
9. The bar has a dancing bear.
10. Seeing the girl for the first time, he fell in love with her.

D. Dé oraciones nuevas según las palabras entre paréntesis.

1. *Ella* estaba bebiendo una leche malteada. (*nosotros, tú, Juana y yo, Rafael, yo, las chicas*)
2. Espero que *tú* estés divirtiéndote. (*Paco, mis amigos, ella, Uds.*)
3. *Las chicas* siguieron charlando de la telenovela. (*tú, yo, las señoras, Margarita y yo, Graciela, ellos*)

E. **¿Qué están haciendo?** Conteste las siguientes preguntas, cambiando el verbo indicado al progresivo simple. En la respuesta use el mismo tiempo verbal de la pregunta.

MODELO   ¿La muchacha *se acerca* al joven?   →
              Sí, la muchacha *se está acercando* al joven.

1. ¿Los locutores *hablan* en voz alta?
2. ¿El joven *miraba* a una chica bonita que andaba por la calle?
3. ¿Ellas lo *vieron* con el rabillo del ojo?
4. ¿*Comerás* en este café mañana a la misma hora?
5. ¿Dónde *trabajaría* ese chico?
6. ¿Raúl te *dijo* que quizás trajera a alguien a la fiesta?
7. ¿Tal vez Concha *lea* demasiado?
8. ¿Crees que *vuelvan* en este momento? Yo no.

F. Complete las siguientes oraciones con la forma correcta de **ir, andar, venir, salir** o **seguir** para formar el progresivo.

1. Le hemos dicho que no *siga* con ese cuento pero _____ contándolo.
2. Les advierto que no *salgan* a último momento, pero siempre _____ corriendo.
3. Le dije que no *viniera* más a pedirme dinero, pero aquí _____ pidiéndomelo otra vez.
4. La señora Avila le dijo a Juanito que no *anduviera* tanto en la biblioteca, pero fue inútil. En este momento _____ chiflando (*whistling*) por los estantes.
5. Marcela le rogó a Paco: «No *vayas* contando siempre ese chiste pesado.» Pero ahora mismo Paco _____ contándoselo a los Martínez.

G. **¿Qué han estado haciendo recientemente?** Conteste, cambiando el verbo indicado al perfecto del progresivo. En la respuesta use el mismo tiempo verbal de la oración original.

MODELO   *He trabajado* mucho recientemente.   →
              He estado trabajando mucho recientemente.

1. *Hemos dicho* que está mintiendo.
2. *Había pasado* mucho tiempo en el café.
3. Le *habrán preguntado* sobre la ropa costosa.
4. Ojalá que *hayas seguido* su consejo.
5. Los otros *habrían chiflado* cuando salió del café.
6. Quizás *hubieran gastado* demasiado dinero.

H. **Otra vez.** Siga cambiando el verbo indicado al perfecto del progresivo.

MODELO *Estoy trabajando* con un amigo del banco. →
He estado trabajando con un amigo del banco.

1. *Estará gastando* mucho dinero.
2. Ojalá que *esté pagando* la ropa en abonos.
3. Ojalá que no *estuviera agitando* las pestañas.
4. La gente del café *estuvo haciendo* comentarios.
5. Las jóvenes *estaban hablando* de las películas.
6. No *estarías ganando* mucho dinero trabajando de cajero.
7. *Estoy comportándome* como bobo.

I. Con otro estudiante, haga y conteste las siguientes preguntas.

MODELO ¿Los profesores han estado trabajando mucho? (espero que) →
Espero que los profesores hayan estado trabajando mucho.

1. ¿Has estado pagando las deudas? (temo que no)
2. ¿Estamos hablando de los negocios? (quizás)
3. ¿Estabas despidiéndote de tus amigos cuando te vi? (es posible que)
4. ¿No te habían estado mintiendo? (ojalá que)
5. ¿No te has atrevido a llamarla? (siento decirte que)

J. Complete las frases de la columna A con una terminación lógica de la columna B.

A	B
1. Pensando en su vestido nuevo,	a. cuando te llamé?
2. ¿Qué estabas haciendo	b. hablábamos en voz baja.
3. Viéndolo pagar con un billete de a quinientos,	c. engordarás mucho.
4. Disimulando (*Disguising*) la voz,	d. empezaron a llorar.
5. Seguía leyendo el menú	e. gozando de nuestro clima agradable.
6. Comiendo mucho arroz	f. María no quería pedir mucho.
7. Abrazándose,	g. otro restaurante en ese barrio.
8. Creyendo que todos estaban dormidos,	h. pensaron que era un chavo de dinero.
9. Están construyendo	i. trató de imitar a Richard Burton.
10. Espero que hayas estado	j. cuando vino la camarera.

K. Usando las siguientes preguntas como guía, pregúntele a otro estudiante qué ha estado haciendo últimamente. Luego dígale a la clase lo que ha averiguado sobre su compañero (compañera).

1. what he/she is doing right now
what he/she is doing tonight
if he/she is going to study
if he/she is going to the movies
if he/she has been studying a lot lately
if he/she has been to any good movies

2. what TV programs he/she is watching these days
   what he/she likes to eat while watching TV
   if he/she thinks TV programs are getting better or worse
3. where he/she is going on vacation this year
   what he/she would be doing if he/she were there right now
4. what verb tenses we're studying today
   which ones we were studying last week
   what we're going to study tomorrow
   if it's true that we've been studying the preterite this week
5. if he/she can finish a novel in one day by reading a lot
   if he/she is reading a novel right now
   what he/she has been reading lately
   if he/she would have been reading more novels if he/she hadn't been
   studying so much
6. if he/she knows a Spanish-speaking person
   if speaking a foreign language is important to him/her
   if he/she is speaking Spanish more now than he/she was before
   if he/she is going to keep on speaking Spanish after graduating

L. **Ensayo/Conversación.** ¿Cómo son las reglas de comportamiento y las costumbres de esta universidad? ¿Son fijas o siguen cambiando según los gustos y preferencias de los estudiantes de cada época? Escriba un ensayo o dé un discurso sobre las costumbres universitarias, usando las siguientes preguntas como guía.

PRIMER PARRAFO

¿Cómo se saludan los estudiantes? ¿dándose la mano de cierta manera? ¿diciendo ciertas palabras o frases de fórmula? ¿inclinando la cabeza solamente? ¿Tienen alguna manera predilecta de despedirse? ¿Cuál es?

SEGUNDO PARRAFO

¿Dónde se reúnen de preferencia los estudiantes? ¿en un café (bar)? ¿en la piscina (playa)? ¿en un restaurante? ¿en una calle (esquina) especial? Pasando por allí, ¿es obvio que es un sitio predilecto de los estudiantes?

TERCER PARRAFO

Los estudiantes de hoy, ¿se visten como los de los años sesenta y setenta? ¿Qué tipo de ropa llevan para demostrar rebeldía? ¿conformidad? ¿seriedad? ¿el estatus social? ¿el ser miembro de un grupo? ¿Todo el mundo lleva *bluejeans*? ¿Andan luciendo (*showing off*) ropa con marcas famosas? ¿Se puede saber la política o la ideología de una persona con sólo verla pasar? Y Ud., ¿manifiesta la suya con su modo de vestir?

CUARTO PARRAFO

¿Qué características o detalles se puede saber de una persona sólo por su modo de vestir? ¿por su modo de comportarse? ¿por el coche que maneja? ¿Es peligroso juzgar a una persona sólo a base de su apariencia? ¿Por qué sí (no)? ¿Alguna vez juzgó Ud. mal a alguien por su apariencia? ¿Qué llevaba o qué hacía la persona para que Ud. la juzgara así? ¿Se avergonzó Ud. (*Were you ashamed*) de haber estado pensando tal cosa?

Temas para libre expresión

■ Temas literarios

A. En el cuento «Rafael la vio entrando al café», Lilia Martínez describe el primer encuentro de dos jóvenes en un café. Usa varias técnicas literarias para darnos la impresión de que estamos participando en el encuentro, viéndolo todo y siguiendo los pensamientos de ambos jóvenes.

1. ¿Qué tiempos verbales usa la autora para darnos la impresión de presenciar algo que está ocurriendo en el momento presente?
2. ¿Por qué no escribe su narración con la puntuación que normalmente se usa?
3. ¿Le parece a Ud. eficaz la técnica que usa la autora para comunicarnos los pensamientos de los personajes?
4. ¿En qué son similares el estilo de la autora y el proceso de pensar?

B. Ambos jóvenes dicen y hacen una serie de cosas que crean una falsa impresión.

1. ¿Qué mentiras dicen?
2. ¿Qué hacen para dar una falsa impresión? ¿Por qué se comportan así?
3. Según lo que dicen y hacen, ¿qué pensaría de ellos un desconocido? ¿Cómo son en realidad los jóvenes?

■ Temas personales

A. A veces las personas se dicen mentiras para impresionar. Imagínese que Ud. tiene un *blind date*. Durante la primera (¡y quizás la última!) cita, Ud. se forma una primera impresión (buena o mala) de su compañero/a. De las siguientes cualidades, ¿cuáles son las más importantes para Ud. cuando va a formar un juicio? Póngalas en el orden de importancia que tienen para Ud.

- la manera de vestirse de su compañero/a
- su aspecto físico (¿Es alto/a, bajo/a, etcétera?)
- su manera de hablar
- su inteligencia
- su trabajo
- su posición social (¿Pertenece a un club exclusivo? ¿Es rico/a o pobre? ¿Vive en un barrio elegante?)
- su sentido de humor
- su coche
- su comportamiento (¿Es cortés? ¿Tiene interés en las opiniones de Ud.?)
- su habilidad atlética (¿Baila bien? ¿Juega bien al tenis?)

De estas cualidades, ¿cuáles son las más importantes para los jóvenes del cuento? ¿Cómo se sabe?

B. Los jóvenes del cuento tienen una cita para pasado mañana. ¿Puede Ud. imaginar lo que va a pasar? Describa la cita. ¿Le parece que van a ser novios? ¿amigos? ¿Por qué? ¿Van a pelear? ¿Por qué? ¿Van a tener otra cita? ¿Por qué?

C. Las chicas del cuento hablan de las telenovelas. Comente Ud. las telenovelas, usando las siguientes preguntas como guía.

1. ¿Qué es una telenovela?
2. ¿Son populares en este país las telenovelas?
3. ¿Cuáles son las telenovelas más populares?
4. ¿Cuál es su favorita? Descríbala.
5. ¿Quién es su personaje favorito? ¿Por qué?
6. Mucha gente cree que las telenovelas son dañinas (*harmful*) porque sólo tratan de bobadas. ¿Está Ud. de acuerdo? ¿Por qué sí (no)?

Estudio de palabras

Not all uses of **por** and **para** fall into clearly contrasting usages. Both often express *for*. But, in general, the differences between **por** and **para** correspond to the differences reflected in these two constructions:

¿**para** qué? = *for what purpose?*
¿**por** qué? = *why?*

Para refers to specific purposes, uses, destinations, and so on. **Por** refers to more general questions of motivation or reasons behind actions, and to approximate times and places.

■ *Por*

1. **Por** is used to express *for* meaning *for the sake of, on behalf of,* or *on account of,* implying motivation behind an action.

   Lo felicitaron por su éxito en el drama.
   They congratulated him for his success in the play.

   El soldado dice que lucha por la libertad de su patria.
   The soldier says that he is struggling for the freedom of his country.

2. **Por** is used to express *for* meaning *in exchange for,* particularly with verbs of buying and selling.

   ¿Cuánto pagaste por ese libro?   *How much did you pay for that book?*
   Me dio cinco dólares por el disco.   *He gave me five dollars for the record.*

3. **Por** is used to express velocity, rate (*per*), or specific units of measure.

El hotel cuesta treinta dólares por día.   *The hotel costs thirty dollars per day.*
La carne se vende por kilo.   *Meat is sold by the kilo.*
El agente pidió el veinte por ciento.   *The agent asked for twenty percent.*

4. **Por** is used to express *for* meaning *in place of,* or for cases of mistaken identity.

El embajador habló por el presidente.   *The embassador spoke for the president.*
Lo tomaron por el presidente.   *They mistook him for the president.*

5. **Por** is used to convey approximate time, a specific *duration* of time, or time of day when the hour is not specified.

La gran crisis económica ocurrió por los años treinta.
The great economic crisis occurred around the thirties.

Trabajó (por) dos horas por la mañana.
He worked for two hours in the morning.

Note that many native speakers omit **por** with specific periods of time.

Trabajó dos horas.

6. **Por** is used to refer to approximate place (*through, around, in the vicinity of*).

Paseamos por el parque.   *We went through the park.*
No hay nadie por aquí.   *There's no one around here.*

7. **Por** is used to express *by* when referring to the agent in the passive voice.

Las meninas fue pintada por Velázquez.
Las meninas was painted by Velázquez.

8. **Por** is used to express *through, by,* or *along* (*via*).

El ladrón entró por la ventana.
The thief entered through (via) the window.

Andábamos por la orilla del río.
We were walking along the bank of the river.

Por favor, pasen Uds. por aquí.
Please, go through here.

9. **Por** is used to mean *for* after verbs such as **ir, venir, llamar,** and **mandar** to convey the object of an errand.

Fui por la medicina.   *I went for the medicine.*
La lavandera viene por la ropa.   *The washerwoman is coming for the clothes.*

10. **Por** is used to express means of transportation.

Fuimos por avión.   *We went by plane.*

11. **Por** is used in certain idiomatic expressions.

por ahora   *for now, for the time being*
por fin   *finally, at last*
por lo menos   *at least*
por lo visto   *apparently*
por supuesto   *of course*

■ *Para*

1. **Para** is used to indicate a specific purpose or aim (*in order to, to*). In this case, **para** is always followed by an infinitive.

Voy a la carnicería para comprar carne.
I'm going to the meat market to buy meat.

Estudió toda la noche para aprender el vocabulario de memoria.
He studied all night in order to learn the vocabulary by heart.

2. **Para** is used to indicate a specific destination or intended recipient of a thing or action (*for*).

El lunes salimos para París.   *On Monday we are leaving for Paris.*
Los chocolates son para su novia.   *The chocolates are for his girl friend.*

3. **Para** is used to indicate what something is used for or suitable for.

Es una copa para vino.   *It's a wine glass.*
¿Para qué sirve esta sartén grande?   *What is this big frying pan good for?*
Es para hacer paella.   *It is to make paella.*

4. **Para** is used to express *by* or *for* in reference to a *specific point of time* in the future.

Uds. deben escribir los ejercicios para mañana.
You should write the exercises for tomorrow.

Vamos a planear una fiesta para la semana que viene.
We are going to plan a party for next week.

5. **Para** is used to express *for* in implied comparisons (*considering*).

Para (ser) francés habla bien el español.
For a Frenchman he speaks Spanish well.

Es muy alto para su edad.
He is very tall for his age (considering his age).

6. **Para** is used to express judgments.

Para mí, la salud es más importante que el dinero.
For me, health is more important than money.

Para Diego, Nueva York es la única ciudad importante.
According to Diego, New York is the only important city.

Ejercicios

A. Complete las siguientes oraciones con **por** o **para.**

1. Cuando voy a Nueva York me gusta viajar _____ tren.
2. ¡No comas ese pastel! Es _____ la fiesta.
3. El médico le dijo que debe dejar de fumar _____ curar su tos (*cough*).
4. _____ la mañana se puede caminar _____ las calles casi desiertas y tomar un café en un restaurante al aire libre.
5. _____ mí la primavera es la estación más bella.
6. ¿Cuándo vas al taller _____ el coche? Lo necesitamos ahora.
7. El banco nos presta dinero al dieciocho _____ ciento.
8. Juan está enfermo y el jefe quiere que yo trabaje _____ él.
9. ¿Cuánto pagaste _____ los aretes de plata que trajiste de México?
10. Mañana los Montalvo salen _____ Caracas.
11. Los juguetes son _____ los niños, pero a los adultos les gustan los juguetes también.
12. El coche va a estar listo _____ el miércoles.
13. Creo que es una copa _____ champaña.
14. No queremos que ellos se queden aquí _____ tres semanas.
15. _____ una persona tan inteligente, dice unas tonterías increíbles.

B. Conteste las siguientes preguntas, empleando **por** o **para.**

1. ¿Para qué estudias? ¿Por qué estudias?
2. ¿Para quiénes es importante el precio del petróleo?
3. ¿Qué frutas se venden por kilo?
4. ¿Qué ejercicios tienen Uds. que hacer para mañana?
5. ¿Para qué sirve un parachoques?
6. ¿Adónde vas para tomar un café?
7. ¿Cuánto pagaste por tus libros este semestre (trimestre)?
8. ¿Por qué luchó Jorge Washington?
9. ¿Prefieres viajar por auto o por tren? ¿Por qué?
10. ¿Hay una biblioteca por aquí?

CAPITULO 15

Resumen de estructuras

■ Simple Prepositions

a	*in, to, at*	durante	*during*	para	*for, to, in order to*
ante	*before, in the presence of*	en	*in, into, on, upon, at*	por	*for, to, through, by*
bajo	*under, below*	entre	*between*	salvo	*except*
con	*with*	excepto	*except, but*	según	*according to*
contra	*against*	hacia	*toward*	sin	*without*
de	*of, from, by, about (concerning)*	hasta	*as far as, until, up to*	sobre	*on, upon, about (concerning)*
desde	*from, since*	mediante	*by means of*	tras	*after, in succession (one _____ after another)*

■ Compound Prepositions with de

a causa de	*because of*	alrededor de	*around, encircling*	en cuanto a	*as for*
a fin de	*in order to*	antes de	*before (in time)*	en lugar de	*instead of*
a fuerza de	*by force of, by dint of*	cerca de	*near*	en vez de	*instead of*
a pesar de	*in spite of*	debajo	*under*	encima de	*above, on top of*
a través de	*across, through*	delante de	*before (place), in front of*	enfrente de	*in front of, across from, facing*
acerca de	*about, concerning*	dentro de	*within, inside of*	fuera de	*outside of*
además de	*besides*	después de	*after (in time or order)*	lejos de	*far from*
al lado de	*alongside of*	detrás de	*behind, after (in place)*		

■ Compound Prepositions with a

camino a	*toward, in the direction of*	junto a	*next to, close to*
conforme a	*according to*	respecto a	*in regard to*
en cuanto a	*as for, as to*	tocante a	*in regard to*
frente a	*opposite, facing*		

Lectura

*Novels usually chronicle the evolution of one or several major characters over a period of time. The novelist, unlike the short story writer, has hundreds of pages in which to portray the thoughts and actions of protagonists. In "**Novela en nuez**" Enrique Anderson Imbert[1] writes a novel-in-a-nutshell. The first terse sentences set the scene: Pedrín, the young protagonist, is orphaned when he is only nine years old. In three ensuing compact paragraphs, Anderson Imbert briefly sketches the changes in Pedrín's environment and in his perceptions of that environment. The resulting short story is a sharply focused tale with a haunting sense of irony that gently warns its readers not to judge new people and places solely on the basis of first impressions.*

Novela en nuez

Pedrín: nueve años. Queda huérfano.° Lo recogen unos tíos desconocidos que viven en un país contiguo en la geografía pero tan atrasado° que, en la historia, parece separado por siglos. Primer choque: la casa, ruinosa y fea. Las paredes disimulan su sarna° detrás de cuadros donde se agrietan santos.° Por todos lados, cachivaches.° ¡Qué diferencia con la vida de niño rico que había llevado hasta entonces, en su rico país! Sus tíos no tienen automóvil ni dan fiestas ni pertenecen a ningún club ni van al cine. Son buenos pero ¡qué decaídos!: ni con la criada se atreven a levantar la voz, visten modestamente, comen con sencillez y en vez de trabajar se pasan las horas muertas manoseando libracos agusanados.°

Pedrín se avergüenza de la nueva pobreza—la pobreza es para él lo único nuevo en ese ambiente en que todo es viejo—y en la escuela teme que le hagan sentir su humilde condición: ¿no era lo que él, en su rico país, había hecho antes con los niños pobres?

Pasados los primeros días algunos de sus compañeros, los más orgullosos, empiezan a invitarlo a tomar el té. Advierte° que son las madres de sus compañeros quienes en realidad lo invitan; y por los halagos° y preguntas que ellas le hacen Pedrín va averiguando que sus tíos son los vecinos más distinguidos de ese barrio histórico, que su casa—mansión solariega,° siempre en la familia desde el siglo XVIII—guarda antigüedades y tesoros de arte.

°orphan
°backward

Las... The walls hide their manginess / **se**... (pictures of) saints are cracking
junk

manoseando... thumbing through worm-eaten books

He observes
flattery

mansión... ancestral home

---

[1]See the introduction to Anderson Imbert in **Capítulo 5.**

Comprensión

¿Cierto o falso? Corrija las oraciones falsas.

1. Los padres de Pedrín mueren cuando tiene nueve años.
2. Pedrín va a un país lejano para vivir con sus tíos.
3. Sus tíos viven en una mansión solariega que ha pertenecido a la familia desde el siglo XVIII.
4. Pedrín piensa que sus tíos son pobres y decaídos.
5. Nadie lo invita a tomar el té porque es un niño pobre.
6. Los tíos de Pedrín son los vecinos más distinguidos de ese barrio histórico.

ANSWERS: 1. Cierto   2. Falso   3. Cierto   4. Cierto   5. Falso   6. Cierto

Vocabulario

el **ambiente**   *atmosphere*
avergonzarse (ue) (de)
  to feel ashamed (of, about)
averiguar   *to find out*

el **cuadro**   *painting*
el **choque**   *shock; collision*
llevar una vida (de)   *to live a life (of)*

orgulloso/a   *proud*
recoger   *to take in, gather up*

Gramática

Prepositions are words that establish relationships (temporal or spatial) between words. Note how the indicated words are "linked" by prepositions in these sentences.

El libro está **en** la mesa. *The book is **on** the table.*

Vamos a comer **después de** estudiar. *We're going to eat **after** studying.*

El campesino se arrodilló **ante** el rey. *The peasant knelt **before** the king.*

■ *Uses of Common Simple Prepositions*

A. The preposition **a** expresses *to* or *at*. In addition, it has these uses.

1. The preposition **a** is always used to introduce indirect objects. (See **Capítulo 4.**)

     Les dio toda su herencia a los pobres.
     He gave his entire inheritance to the poor.

2. The *personal* **a** introduces direct objects that refer to specific persons. (See **Capítulo 4.**)

     Ayer vi a Raúl en la librería.
     Yesterday I saw Raúl in the bookstore.

     ¿A quién secuestraron los terroristas?
     Whom did the terrorists kidnap?

     The *personal* **a** is also used before the indefinite pronouns **alguien, nadie, alguno,** and **ninguno** when they are used as direct objects. (See **Capítulo 4.**)

     Cuando iba al café siempre veía a alguien que conocía.
     When I went to the cafe I always saw someone I knew.

3. **Al (a + el)** is used before infinitives to express *on* or *upon* + *present participle.*

     Al salir, resbaló en un peldaño de la escalera.
     Upon leaving, he slipped on a step of the stairs.

4. **A** is used to express price.

     —¿A cuánto se venden las manzanas?   *"How much do the apples sell for?"*
     —A doce pesos el kilo.   *"For twelve pesos a kilo."*

5. **A** is used in a variety of idiomatic expressions in which it may be equivalent to English *on, in, by,* or *to.*

a bordo	*on board*	a pesar de	*in spite of*
a mano	*by hand*	a tiempo	*on (in) time*
a máquina	*by machine*	al contrario	*on the contrary*
a oscuras	*in the dark*	poco a poco	*little by little*

B. The preposition **con** expresses *with.* In addition, it is used before some nouns to form adverbial expressions of manner. In this use **con** + *noun* is synonymous with an adverb ending in **-mente.** (See **Capítulo 13.**)

con frecuencia/frecuentemente   *frequently*
con cuidado/cuidadosamente   *carefully*

C. The preposition **de** expresses *of* or *from.* In addition, it has these uses.

1. **De** shows possession (equivalent to *'s*). (See **Capítulo 3.**)

La raqueta es de Carlos.   *The racket is Carl's.*
Es la moto de mi hermano.   *It's my brother's motorcycle.*

2. **De** shows the material of which something is made. Note that English requires no preposition.

Le regalaron un reloj de oro.   *They gave him a gold watch.*

3. **De** expresses the use to which a thing or place is put.

Es el laboratorio de biología.   *It is the biology lab.*
Lola quiere una máquina de coser.   *Lola wants a sewing machine.*

4. **De** expresses *in* after the superlative degree of the adjective. (See **Capítulo 3.**)

Felipe es el niño más alto de su clase.   *Felipe is the tallest boy in his class.*

5. **De** is used idiomatically in a number of adverbial phrases.

de memoria	*by heart*	de repente	*suddenly*
de pie	*standing up*	de todos modos	*in any case*
de pronto	*suddenly*		

D. The preposition **en** refers to location and time in instances where English might use *in, at,* or *on.*

1. **En** expresses location (*in, at, on*).

No creo que esté en casa.
I don't believe he is at home.

Pasan mucho tiempo en su casa en Puebla.
They spend a lot of time at their house in Puebla.

El libro está en el escritorio.
The book is on the desk.

2. **En** is used in time expressions in which English uses *at*.

En este momento estamos almorzando.
At this moment we are eating lunch.

E. The prepositions **por** and **para** express *for, by,* and *through,* in addition to a number of other equivalents. Some of their equivalents are contrastive; others are not. (For a detailed treatment of these prepositions, see **Estudio de palabras, Capítulo 14.**)

Can you supply the English equivalents of these sentences? The first sentences are grouped to show contrasts in meaning. Use the headings as a guide in forming the translations.

POR	PARA
Motivation behind an action Lo hizo por su familia.	*Specific purpose: in order to* Lo hizo para ayudar a su familia.
Substitution, mistaken identity Trabajó por Juan.	*Intended recipient* Trabajó para Juan.
Agent in a passive voice construction La carta fue escrita por Carla.	*Intended recipient* La carta fue escrita para Carla.
Approximate place Andábamos por la ciudad.	*Specific destination* Andábamos para la ciudad.
Approximate time Lo hicieron por la mañana.	*Specified future time* Lo hicieron para mañana.
Duration of time Se quedaron (por) tres meses.	*Use or suitability* Es una cesta para pan.
Exchange Quiere cien pesos por el estéreo.	*Implied comparison* Para niño cocina bien.
Velocity, rate, unit Me pagó el diez por ciento.	*Judgment* Para Juan, esto es lo mejor.
Through: via Entró por la ventana.	
Object of an errand Fue por el médico.	
Means of transportation Viajamos por auto.	

[Ejercicios A–H]

■ *Verbs Followed by Prepositions*

Some Spanish verbs can be followed directly by an infinitive or noun. Others require a preposition between the verb and a following verbal or noun complement.

A. Verb + Preposition + Infinitive

There are no rules governing which verbs require a preposition before an infinitive. The necessary accompanying prepositions must be learned with the verb.

Quiero nadar.
I want to swim.

No preposition required after the verb (**quiero**) to connect the dependent infinitive (**nadar**).

Voy **a** nadar.
I'm going to swim.

Trato **de** nadar.
I try to swim.

Insisto **en** nadar.
I insist on swimming.

Prepositions (**a, de, en**) required after the verbs to connect the dependent infinitives.

B. Verbs Followed by *a* Before Infinitive

acostumbrarse a   *to become accustomed to*
aprender a   *to learn to*
atreverse a   *to dare to*
ayudar a   *to help to*
comenzar (ie) a   *to begin to*
decidirse a   *to decide to*
echarse a   *to begin to*

empezar (ie) a   *to begin to*
enseñar a   *to teach to*
invitar a   *to invite to*
ir a   *to be going to*
negarse (ie) a   *to refuse to*
volver (ue) a   *to (do) again*

C. Verbs Followed by *de* Before Infinitive

acabar de   *to have just*
acordarse (ue) de   *to remember to*
alegrarse de   *to be glad to*
arrepentirse (ie, i) de   *to regret*
dejar de   *to stop, fail to*

encargarse de   *to take it upon oneself to*
olvidarse de   *to forget to*
tratar de   *to try to*
tratarse de   *to be a question of*

D. Verbs Followed by *en* Before Infinitive

consentir (ie, i) en   *to consent to*
consistir en   *to consist of*
convenir (ie) en   *to agree to*
insistir en   *to insist on*

ocuparse en   *to busy oneself by*
quedar en   *to agree on*
tardar(se) en   *to delay in, take a long time in*

Spanish verbs often require a preposition before a noun complement where English requires no preposition. Conversely, Spanish sometimes requires no preposition where English demands one.

Necesito cambiar de ropa.
I need to change clothes.

(Spanish requires **de**)
(No preposition in English)

Quiere buscar un libro. (Spanish requires no preposition)
He wants to look for a book. (English requires the preposition *for*)

Such prepositions must be memorized with their accompanying verbs.

E. **Verbs Followed by Prepositions Before Nouns**

acercarse a (la ciudad) *to approach* (*the city*)
alejarse de (la ciudad) *to go away from* (*the city*)
aprovecharse de (la oportunidad) *to take advantage of* (*the opportunity*)
cambiar de (ropa) *to change* (*clothes*)
casarse con (su novia) *to marry* (*his girl friend*)
consistir en (varias cosas) *to consist of* (*various things*)
contar (ue) con (su apoyo) *to count on* (*his support*)
cubrir de (nieve) *to cover with* (*snow*)
cuidar de (la niña) *to look after, take care of* (*the girl*)
despedirse (i, i) de (su amigo) *to say good-by to* (*his friend*)
encontrarse (ue) con (su amigo) *to run into* (*his friend*)
entrar en/a (el cuarto) *to enter* (*the room*)
escaparse de (la cárcel) *to escape from* (*jail*)
fijarse en (el letrero) *to notice* (*the sign*)
gozar de (buena suerte) *to enjoy* (*good luck*)
jugar (ue) a (las cartas) *to play* (*cards*)
olvidarse de (los problemas) *to forget* (*the problems*)
parecerse a (su mamá) *to resemble* (*his mother*)
pensar (ie) en² (las deudas) *to think about* (*the debts*)
pensar (ie) de² (la película) *to think about* (*the film*)
quejarse de (su profesor) *to complain about* (*his professor*)
reírse (i, i) de (la burla) *to laugh at* (*the joke*)
salir de (la sala) *to leave* (*the living room*)
soñar (ue) con (la gloria) *to dream of* (*glory*)

F. **Spanish Verbs *Not* Followed by Prepositions but Whose English Equivalent Does Require a Preposition**

agradecer (su ayuda) *to be grateful for* (*his help*)
buscar (un libro) *to look for* (*a book*)
esperar (un camión) *to wait for* (*a bus*)
mirar (una foto) *to look at* (*a photo*)
pagar (la cena) *to pay for* (*dinner*)
pedir (i, i) (un bolígrafo) *to ask for* (*a pen*)

[Ejercicios I–K]

---

²**pensar en** = *to think about, consider, focus attention on*
pensar de = *to think about, have an opinion about*

Ejercicios

A. **¿Lo sabía Ud.?** Complete las siguientes oraciones con una preposición simple.

1. Bernal Díaz del Castillo escribió una historia _____ (*about, on*) la conquista de México en el siglo XVI.
2. _____ (*Between*) Hernán Cortés y Francisco Pizarro gran parte del territorio latinoamericano fue conquistada.
3. _____ (*According to*) la historia, Veracruz fue la primera cuidad fundada por Cortés en México.
4. Al principio, Cortés no tuvo que luchar _____ (*against*) los indios.
5. Cortés no se habría podido comunicar con los indios _____ (*without*) la ayuda de doña Marina (la Malinche).
6. A Cristóbal Colón le mandaron comparecer _____ (*before*) un tribunal porque dijo que el mundo era redondo.
7. _____ (*Until*) el siglo XV, los árabes ocuparon gran parte de España.
8. Pero los españoles reconquistaron las ciudades principales, una _____ (*after*) otra.
9. Muchos autores españoles emigraron y otros fueron ejecutados_____ (*during*) la Guerra Civil Española de los años treinta.
10. _____ (*Since*) la muerte de Francisco Franco, España es un país gobernado por una monarquía constitucional.

B. Dé las preposiciones compuestas que significan lo opuesto de las siguientes.

1. antes de
2. fuera de
3. cerca de
4. enfrente de
5. debajo de

C. Con otro estudiante, haga y conteste las siguientes preguntas.

1. ¿Cerca de qué calle principal queda tu casa?
2. ¿Hay otra casa enfrente de la tuya? ¿Hay un edificio de apartamentos? ¿Otra cosa?
3. En tu barrio, ¿hay muros (*walls*) alrededor de las casas?
4. ¿Te gustaría vivir más cerca o más lejos de la universidad? ¿Dónde? ¿Por qué?
5. ¿Manejas mucho a pesar del costo de la gasolina? ¿O manejas menos a causa del precio tan alto?
6. Además de la matrícula, ¿qué otros gastos tienes que hacer para estudiar aquí? ¿los libros? ¿el alquiler? ¿la comida?
7. ¿Cómo se puede aprender más acerca de la economía?
8. Después de haber aprendido todo lo posible, ¿qué cambiarías dentro de tu propia vida, en cuanto a la parte económica?
9. ¿Esconderías el dinero debajo de tu cama?
10. En vez de ahorrar dinero, ¿lo gastarías todo en vivir a lo máximo?

D. **Héctor y su perro maleducado.** Use la **a** personal donde sea necesario para completar la triste historia de Héctor y su perro.

1. Héctor es tan distraído que a veces no recuerda saludar _____ sus amigos.

2. Cuando regresábamos del café ayer, vimos _____ Hector con su perro.
3. El pobre llamaba _____ el perro, pero el animal seguía corriendo tras los autos.
4. Luego el perro cruzó la calle y amenazó _____ los peatones que esperaban el cambio del semáforo.
5. ¿Conoces _____ alguien que pueda enseñar al perro a obedecer?

E. Exprese en inglés.

1. ¿Quién llamó a Juan por teléfono anoche?
2. ¿A quién llamó Juan anoche?
3. ¿A quiénes va a enviar el telegrama el director?
4. ¿Quiénes van a enviar el telegrama al director?
5. No hay nadie a quien pueda quejarse.

F. **En el autobús.** Complete las siguientes oraciones, expresando en español las palabras entre paréntesis.

1. Se dice que _____ (*little by little*) se va lejos.
2. Espero que lleguemos _____ (*on time*).
3. No quedaron asientos en el autobús y muchos tuvieron que ir _____ (*standing up*).
4. Todos gritaron cuando _____ (*suddenly*) sintieron el choque del autobús con un coche pequeño.
5. _____ (*Upon seeing*) que nadie estaba herido, el conductor siguió su ruta normal.
6. En _____ (*my boss's neighborhood*) todas las casas son mansiones.
7. Todos los vecinos pertenecen a un _____ (*tennis club*) exclusivo.
8. No les gusta quedarse _____ (*at home*) los fines de semana.
9. Muchos insisten en llevar ropa hecha _____ (*by hand*).
10. _____ (*In any case*), los que viven allí no toman el autobús.

G. **¿Economía falsa?** Exprese en español, usando **a, de, en** o **con.**

1. Marta bought a wool dress for winter.
2. It was the most expensive dress in the neighborhood store.
3. She bought it because her sewing machine is broken.
4. How much does a new machine sell for?
5. You should examine the prices carefully before buying anything.

H. Vuelva a leer «Novela en nuez» y conteste estas preguntas según el cuento.

1. ¿Por cuánto tiempo vivió Pedrín con sus padres?
2. ¿Por qué se fue a vivir con sus tíos?
3. Para Pedrín, ¿cómo era la casa de sus tíos?
4. ¿Qué había por todos lados en la casa?
5. Según Pedrín, ¿para qué servían los libros agusanados?
6. ¿A qué fue invitado a la casa de sus compañeros de clase?
7. ¿Por qué fue invitado, en realidad?
8. ¿Qué averiguó Pedrín por los halagos y preguntas que las madres de sus compañeros le hicieron?

I. **Cambio de opinión.** Complete este resumen del cuento «Novela en nuez» con las preposiciones apropiadas.

Cuando Pedrín quedó huérfano, fue _____ vivir _____ sus tíos. Al principio pensaba mucho _____ regresar _____ la casa _____ sus padres. Pero después _____ un rato, dejó _____ pensar _____ eso y empezó _____ acostumbrarse _____ vivir _____ una casa que le parecía ruinosa y fea. Los otros chicos _____ su escuela no tardaron _____ invitarlo _____ tomar el té. Pedrín no se atrevía _____ creerlo, pero parecía que sus tíos eran los más distinguidos residentes _____ su nuevo barrio. ¡Pedrín comenzó _____ gozar _____ su vida nueva!

J. Complete las siguientes oraciones de varias maneras. Use **a**, **de** o **en** cuando sea necesario.

1. No me gusta pensar _____ .
2. Siempre me duermo cuando empiezo _____ .
3. Acabo _____ .
4. Cuando salgo de mi casa por la mañana, siempre me olvido _____ .
5. Mi amigo y yo nos quedamos _____ .
6. Mi hermanito siempre trata _____ .
7. El sábado me ocupo _____ .
8. Cuando comemos al aire libre siempre empieza _____ .
9. Espero que alguien me invite _____ .
10. ¿Te atreves _____ ?

K. **Entrevista/Discurso.** ¿Cómo han cambiado Uds. desde que entraron a la universidad? Entreviste a un compañero (una compañera) de clase, usando las siguientes preguntas como guía. Luego escriba un ensayo o dé un discurso sobre las semejanzas y diferencias que se notan entre Ud. y la persona entrevistada, usando el modelo como guía.

PRIMER PARRAFO

En cuanto a la carrera, ¿qué te interesaba más cuando eras más joven? ¿Tienes ahora la misma meta (*goal*) profesional? ¿Qué carrera te interesa más ahora? Antes de entrar a la universidad, ¿pensabas mucho en tu propio futuro? Y ahora que has empezado los estudios aquí, ¿piensas más o menos en el porvenir?

SEGUNDO PARRAFO

¿Cómo pasabas el tiempo hace dos o tres años? ¿Pertenecías a un club (equipo deportivo)? ¿Te reunías con tus amigos a menudo? ¿Pasabas mucho tiempo fuera de tu casa? ¿Te quedabas en casa con frecuencia? ¿Preferías estar solo/a o con otros? ¿En qué pasabas la mayoría del tiempo cuando asistías a la escuela secundaria? ¿en mirar la televisión? ¿en practicar un deporte? ¿en un pasatiempo como la música o el arte? ¿en hablar por teléfono?

¿Te consideras ahora una persona madura (inmadura) para tu edad? ¿Fue un choque tremendo cuando de repente te diste cuenta de que ya eras mayor y que tenías responsabilidades? ¿O te fuiste dando cuenta poco a poco? Si hubieras sabido a la edad de doce años lo que ahora sabes, ¿habría sido diferente tu vida? ¿Cómo? ¿Habrías llevado una vida más (menos) sana? ¿más (menos) intrépida (*daring*)?

CUARTO PARRAFO

Y ahora que asistes a la universidad, ¿dónde pasas el tiempo? ¿en la biblioteca? ¿en otro lugar? ¿Lo haces por necesidad o por gusto? ¿para sacar buenas notas o por diversión? Si estuviera en tus manos, ¿en qué pasarías más (menos) tiempo? ¿Con quién pasarías más (menos) tiempo? ¿Por qué?

QUINTO PARRAFO

En general, ¿has tenido buena suerte a través de los años? ¿Has cambiado de actitud ante las dificultades de la vida? ¿Eres más paciente (impaciente) ahora? ¿más (menos) filosófico/a? ¿Bajo qué circunstancias cambiarías tu vida por otra? A pesar de todo, ¿estás más o menos contento/a con la vida que llevas ahora?

MODELO   En cuanto a carreras, a (<u>nombre</u>) le interesaba mucho _____ cuando era más joven, pero ahora, en lugar de eso, le interesa más _____ . Al contrario, a mí me interesa la misma cosa que me interesaba cuando tenía _____ años: _____ . Etcétera.

Temas para libre expresión

■ *Temas literarios*

A. En una novela, el autor puede mostrar la evolución de sus personajes. El lector ve cómo cambian a lo largo del período de tiempo que abarca la novela. El *cuento* de Enrique Anderson Imbert se titula «Novela en nuez» porque describe—de una manera muy sumaria—un cambio fundamental en el protagonista, Pedrín.

1. ¿Qué tipo de vida había llevado Pedrín antes de los nueve años?
2. ¿Cómo viven sus tíos?
3. ¿Qué piensa Pedrín de sus tíos?
4. ¿Por qué cambia de opinión?
5. ¿Por qué es irónica su primera impresión?

B. El primer juicio que formó Pedrín de sus tíos fue equivocado. ¿En qué cosas se basó su primera opinión? Para Pedrín, ¿eran más importantes las cosas materiales o las espirituales en el juicio que formó de sus tíos? ¿y para la gente de su nuevo barrio?

■ *Temas personales*

A. Cree Ud. que, por lo general, basamos nuestra opinión de otros en las cosas materiales más que en las espirituales? Si no está seguro/a, piense en uno (una) de sus compañeros de clase y trate de contestar las siguientes preguntas sobre él (ella).

   1. ¿Dónde vive su amigo (amiga)?
   2. ¿Tiene hermanos?
   3. ¿Qué estudia?
   4. ¿Qué tipo de coche tiene?
   5. ¿Cuál es su novela favorita?
   6. ¿Dónde trabaja?
   7. ¿Cómo se viste usualmente su amigo (amiga)?
   8. ¿Ha escrito un poema? ¿Le gusta pintar? ¿Toca un instrumento musical?
   9. ¿Qué le gusta hacer para divertirse?
   10. ¿Qué cosa le parece más injusta?
   11. ¿A quién admira más?

   De las preguntas anteriores, ¿cuáles pudo Ud. contestar? ¿Qué preguntas revelan más de la vida espiritual de su compañero/a? ¿En qué basó Ud. la opinión que tiene de su amigo (amiga)?

B. ¿Le parece que los nuevos vecinos de Pedrín en realidad valorizan más la vida espiritual que los vecinos de sus padres o que solamente han sustituido un tipo de esnobismo por otro? ¿Por qué? ¿Por qué cree Ud. que «Novela en nuez» es un comentario irónico sobre nuestra manera de valorizar a otros?

C. ¿A qué cosas damos un valor más alto nosotros? Haga una lista de las cinco cosas o ideas a que Ud. aspira más. Después, con los otros miembros de la clase, compare todas las listas. ¿Qué ideal se menciona con más frecuencia?

D. Es natural que un niño cambie de opinión sobre muchos asuntos mientras va madurando.

   • ¿Qué cosas materiales valorizaba Ud. más de niño? ¿y ahora?
   • ¿A quiénes admiraba mucho entonces? ¿y ahora?
   • De niño, ¿creía en algunas cosas que ahora no apoya? ¿Cuáles?

Estudio de palabras

Pasar and **gastar** both mean *to spend,* but in different contexts.

■ *Pasar* = to spend (time)

Pasar is equivalent to *to spend* when referring to time.

Pasaba mucho tiempo mirando los peces en el acuario.
He spent a lot of time looking at the fish in the aquarium.

Pasar is also frequently used in these expressions:

pasarlo bien   *to have a good time*
pasar un buen (mal) rato   *to have a good (bad) time*
pasar el rato   *to kill time, pass time*

Vamos a pasarlo bien en el campo.
We're going to have a good time in the country.

Durante la sequía los campesinos pasaron un mal rato; muchos no tenían qué comer.
During the drought the country people had a bad time; many of them had nothing to eat.

¿Cómo vamos a pasar el rato que nos queda hasta que salga el camión?
How are we going to kill the time we have left until the bus leaves?

■ *Gastar* = to spend (money)

Gastar expresses *to spend* when referring to money.

Carlos es un aficionado a la música; gasta todo su dinero en discos.
Carlos is a music fan; he spends all his money on records.

The verb **quedar(se)** has a number of different uses in Spanish.

■ *Quedar* = to remain, be left

Quedar usually indicates that a person or thing has been left in a certain state because of another's actions.

Los libros quedaron en los estantes donde los alumnos los dejaron.
The books remained on the shelves where the students left them.

■ *Quedarse* = to remain, stay

Quedarse indicates that a person remains in the same place as the result of his/her own decision or will.

Yo me quedé en el hotel cuando los otros se fueron a comer.
I stayed in the hotel when the others went to eat.

■ *Quedar (quedarse)* = to be

Quedar (quedarse) indicates that the state in question is the direct result of another action or circumstance that has left the subject in its current condition.

A las cinco de la mañana las calles $\left\{ \begin{array}{l} \text{se quedan} \\ \text{quedan} \end{array} \right\}$ vacías.
At five in the morning the streets are empty.

Quedar can also refer to the location of places or things. In this use, it is synonymous with the verb **estar**.

La panadería queda en la calle Colón, cerca del café Belgrano.
The bakery is on Colón Street, near the Belgrano Cafe.

■ *Quedar (quedarse)* = to become or be left

Quedar (quedarse) is used with an adjective or noun to mean *to become*, especially when deprivation or loss is involved.

El viejo $\left\{ \begin{array}{l} \text{se quedó} \\ \text{quedó} \end{array} \right\}$ ciego después del accidente.
The old man became (was left) blind after the accident.

Angela $\left\{ \begin{array}{l} \text{se quedó} \\ \text{quedó} \end{array} \right\}$ pálida cuando oyó el tiro.
Angela became pale when she heard the shot.

■ *Quedar* = to have left, remain

Like **gustar** (see **Capítulo 4**), **quedar** is used with indirect object pronouns in this meaning.

Sólo nos queda un momento.
We only have a moment left.

Sólo nos quedan unos momentos.
We only have a few moments left.

A. Conteste las siguientes preguntas.

    1. ¿Cuántas horas pasas en la clase cada semana?

    2. Mañana es sábado. ¿Te vas a quedar en casa o vas a una fiesta, al cine o a otro lugar?

    3. ¿En qué gasta Ud. mucho dinero?

    4. ¿Dónde queda la biblioteca?

    5. ¿Cuántos minutos nos quedan de clase?

B. Complete las siguientes oraciones con la forma apropiada de **pasar, gastar** o **quedar(se).**

    1. El perro _____ afuera cuando su amo entró en la peluquería.

    2. Cuando estábamos en España, _____ un mes en Barcelona.

    3. Me _____ atónito cuando me dijo que había _____ mil dólares en ese vestido tan cursi.

    4. Vayan Uds. a ver las otras exhibiciones si quieren; yo _____ aquí en este banco. Estoy cansado.

    5. ¿Dónde _____ el Museo de Oro?

    6. El _____ inválido como resultado de las heridas que sufrió en el choque.

    7. Todo el mundo debe _____ en su asiento cuando aterrice el avión.

    8. Hemos _____ billones de dólares en la exploración del espacio.

    9. ¿Dónde vas a _____ las vacaciones?

    10. Me gusta el cenicero de ónix, pero no puedo comprarlo. Sólo me _____ diez pesos.

Lectura

In "**Sistema de Babel**" *Salvador Elizondo*[1] *explores the concept of language as a communicative system. Each language is, of course, based on a grammatical system that governs the formation and ordering of the individual units of meaning. In* "**Sistema de Babel**" *the narrator, like God at the tower of Babel, deliberately confuses language, changing his language in the name of innovation. He finds the old language boring and, by changing the words used to designate things or concepts, he changes the way in which he perceives them. He creates a confusion (Babel) of words, but his language maintains its underlying system. Without this system, the narrator's new language would be impossible to learn, and Elizondo's story would be impossible to read.*

Sistema de Babel

Ya va a hacer un año que decreté° la instauración de un nuevo sistema del habla en mi casa. Todos somos considerablemente más felices desde entonces. No hay que pensar que lo hice porque el lenguaje que habíamos empleado hasta entonces no me pareciera eficaz y suficiente para comunicarnos. Prueba de ello es que lo estoy empleando aquí para comunicar, aunque sea en una medida° remota e imprecisa, la naturaleza de esta nueva lengua. Además, su materia es esencialmente la misma de que estaba hecho el otro, ahora desechado° y proscrito.° Pero fueron justamente esa eficacia y esa suficiencia del antiguo lenguaje las que me lo hicieron, al final, exacto, preciso y, sobre todo, extremadamente tedioso.° ¡Qué estupidez trágica, me dije, qué aberración tan tenaz° de la especie es la de que las palabras correspondan siempre a la cosa y que el gato se llame gato y no, por ejemplo, perro!

    Pero basta con no llamar a las cosas por su nombre para que adquieran un nuevo, insospechado sentido que las amplifica o las recubre con el velo de misterio de las antiguas invocaciones sagradas. Se vuelven otras, como dicen. Llamadle flor a la mariposa° y caracol° a la flor; interpretad° toda la poesía o las cosas del mundo y encontraréis otro tanto de poesía y otro tanto de mundo en los términos de ese trastrocamiento° o de esa exégesis;° cortad° el ombligo° serpentino que une a la palabra con la cosa y encontraréis que comienza a crecer autónomamente, como un niño; florece luego y madura cuando adquiere un nuevo significado común y transmisible. Condenada, muere y traspone el umbral° hacia nuevos avatares° lógicos o reales. Digo reales porque las metamorfosis de las palabras afectan a las cosas que ellas designan. Para dar un ejemplo sencillo: un perro que ronronea° es más interesante que cualquier gato; a no ser que se trate de un gato que ladre,° claro. Pensemos, si no, un solo momento, en esos tigres que revolotean° en su jaulita° colgada del muro,° junto al geranio.°

Glosses (right margin):
- I decreed
- manner
- rejected / forbidden
- tedious
- tenacious
- **Llamadle**... Call the butterfly flower / snail / interpret transposition / explanation / cut / umbilical cord
- threshold / existences
- purrs
- barks
- flutter / cage
- wall / geranium

---

[1]See the introduction to Elizondo in **Capítulo 10.**

Todos aquí ayudamos a difundir la nueva lengua. Concienzudamente° nos afanamos en° decir una cosa por otra. A veces la tarea es ardua. Los niños tardan bastante en desaprender el significado de las palabras. Diríase que nacen sabiéndolo todo. Otras veces, especialmente cuando hablo con mi mujer de cosas abstractas, llegan a pasar varias horas antes de que podamos redondear° una frase sin sentido perfecta.

Conscientiously

nos... we work at

to formulate

Comprensión

¿Cierto o falso? Corrija las oraciones falsas.

1. El narrador ha creado su propia lengua e insiste en que toda la familia la use en casa.
2. No le gusta el lenguaje normal porque le parece insuficiente para la comunicación.
3. Cuando inventa su propio lenguaje, cambia todos los nombres.
4. Cuando cambia el nombre de una cosa, le parece que también cambia la esencia de la cosa.
5. Los niños aprenden fácilmente el lenguaje nuevo.
6. Cuando el hombre y su esposa hablan de cosas abstractas, no es fácil usar el lenguaje nuevo.

ANSWERS: 1. Cierto   2. Falso   3. Cierto   4. Cierto   5. Falso   6. Cierto

Vocabulario

crecer *to grow*	el **habla** (*f.*) *speech, language*	el **significado** *meaning*
designar *to designate*	el **lenguaje** *language*	**unir** *to unite*
difundir *to spread*	el **sentido** *sense*	el **velo** *veil*

Gramática

■ Sequence of Tenses: Indicative

	PAST	PRESENT (NOW)	FUTURE
• perfect forms	• preterite • imperfect • past progressive	• present • present progressive	• future • future progressive • conditional • conditional progressive

A. *Present tense* indicates that an action or condition exists now (see **Estructuras básicas**).

La lengua es un sistema arbitrario.   *Language is an arbitrary system.*
Hablamos francés en casa.   *We speak French at home.*

B. *Progressive tenses* indicate that the action or condition is actually in progress at the time referred to (see **Capítulo 14**).

   • *Present progressive*

   Estamos preparándolo ahora.
   We are preparing it now.

   • *Past progressive*

   Estábamos cenando cuando sonó el teléfono.
   We were having dinner when the phone rang.

   • *Future progressive*

   ¡Qué suerte! Mañana estarás nadando en el Mediterráneo.
   What luck! Tomorrow you'll be swimming in the Mediterranean.

   • *Conditional progressive*

   Si hubiera ido pronto al dentista, no estaría sufriendo tanto ahora.
   If he had gone to the dentist right away, he wouldn't be suffering so much now.

C. *Past tense* indicates that the action or condition took place or existed at some time in the past—before now. Spanish uses both the preterite and imperfect tenses to express past actions. (For a discussion of the distinction between preterite and imperfect, see **Capítulo 7.**)

   El hombre inventó su propia lengua.
   The man invented his own language.

   Pensaba que era menos aburrida que la vieja.
   He thought that it was less boring than the old one.

D. *The future* indicates that an action or condition will take place or exist at some time in the future. (See **Capítulo 11.**)

Mañana decretará la instauración de la nueva lengua.
Tomorrow he will decree the institution of the new language.

Todo el mundo la aprenderá fácilmente.
Everyone will learn it easily.

E. *The conditional* (see **Capítulo 11**) indicates a future action that is dependent on another action. This other action is usually in the past. The conditional has the same relationship to the past as the future has to the present: it tells what will happen later. Compare:

Siempre me dice que me ayudará, pero nunca lo hace.
He always tells me that he will help me, but he never does it.

Siempre me decía que me ayudaría, pero nunca lo hacía.
He always told me that he would help me, but he never did it.

The conditional is also used with the past subjunctive in contrary-to-fact constructions to tell what *would happen* if something else were to occur.

Si fuéramos a Toledo, visitaríamos la catedral.
If we went to Toledo, we would visit the cathedral.

Si tuviera un hijo, lo llamaría Manuel.
If I had a son, I would name him Manuel.

F. *Perfect forms* may be used in the present, past, future, and conditional. (See **Capítulo 10.**) The perfect form usually indicates that the action or condition referred to by the compound or perfect verb occurred *before* the actions or conditions indicated by the other verb(s) in the sentence.

1. *Present perfect* indicates that an action or condition began in the past and has just been completed. In contemporary usage, the present perfect is interchangeable with the preterite in many parts of the Spanish-speaking world.

   He leído la novela pero no vi la película.
   I $\left\{ \begin{array}{l} \textit{have read} \\ \textit{read} \end{array} \right\}$ *the novel but I didn't see the movie.*

   No creo que nos haya visto.
   I don't think he $\left\{ \begin{array}{l} \textit{has seen} \\ \textit{saw} \end{array} \right\}$ *us.*

2. *Past perfect* indicates that an action or condition began at some point in the past and was completed at some point in the past. It presupposes some other action or condition expressed in the past.

   El ladrón ya se había escapado cuando llegó el policía.
   The thief had already escaped when the police arrived.

Huyó por la misma ventana que había roto al entrar.
He fled through the same window that he had broken upon entering.

3. *Future perfect* indicates that an action or condition began in the past or begins in the present and will be completed at some future time, stated or implied.

Habremos visto las cinco catedrales más grandes de España cuando visitemos la de Toledo mañana.

We will have seen the five largest cathedrals in Spain when we visit the one in Toledo tomorrow.

Cuando termine este libro, habré leído todas las novelas de García Márquez.
When I finish this book, I will have read all of Garcia Marquez's novels.

4. *Conditional perfect* is usually used in combination with the past perfect subjunctive to tell what would have happened if some other action or condition had taken place or existed earlier (see **Capítulo 8**).

Si hubiera tenido más tiempo habría ido a Málaga.
If I had had more time I would have gone to Malaga.

Consuelo habría aprobado el examen si hubiera estudiado.
Consuelo would have passed the test if she had studied.

■ *Sequence of Tenses with the Subjunctive*

Most uses of the Spanish subjunctive occur in dependent clauses (see **Capítulo 8**). The tense of the subjunctive verb is therefore determined by the time reference of the main-clause verb. The normal sequence of tenses can be outlined as follows:

MAIN VERB	SUBORDINATE VERB
Future Future perfect Command	Present
Present Present perfect	Present perfect
Preterite Imperfect Past perfect (Pluperfect) Conditional Conditional perfect	Imperfect Past perfect (Pluperfect)

A. When the main verb is in the future, future perfect, or command form, the subordinate verb is usually in the present or present perfect subjunctive, depending on the time relationship between the two verbs.

1. If the subordinate action takes place *at the same time or after* the action of the main verb, the *present subjunctive* is used:

Dame el libro cuando lo termines.
Give me the book when you finish it.

Te mandaré un telegrama cuando llegue.
I will send you a telegram when I arrive.

2. If the subordinate action takes place *before* the action of the main verb, the *present perfect subjunctive* is used.

Agradécele que me haya ayudado.
Thank her for having helped us.

María dudará que lo hayamos creído.
Mary will probably doubt that we (have) believed him.

B. When the main verb is in the present or present perfect, the subordinate verb may be in the present, present perfect, imperfect, or past perfect (pluperfect) subjunctive, depending on the time relationship existing between the two verbs.

Dudo que $\left\{ \begin{array}{l} \text{crea} \\ \text{haya creído} \\ \text{creyera} \\ \text{hubiera creído} \end{array} \right\}$ eso.

I doubt that he $\left\{ \begin{array}{l} \textit{believes} \\ \textit{has believed} \\ \textit{believed} \\ \textit{would have believed} \end{array} \right\}$ *that.*

En otros casos nos hemos quedado hasta que $\left\{ \begin{array}{l} \text{salgan} \\ \text{hayan salido} \\ \text{salieran} \\ \text{hubieran salido} \end{array} \right\}$ los otros.

In other cases we stayed until the others $\left\{ \begin{array}{l} \textit{leave.} \\ \textit{have left.} \\ \textit{left.} \\ \textit{had left.} \end{array} \right.$

C. When the main verb is in the preterite, imperfect, past perfect (pluperfect), conditional, or conditional perfect, the subordinate verb is usually expressed by the imperfect or pluperfect subjunctive.

Me avisó que lo mandara por correo aéreo.
He advised me to send it air mail.

Buscábamos una finca que tuviera un buen granero.
We were looking for a farm that had a good barn.

¿Te habían pedido que mintieras? ¡Increíble!
They had asked you to lie? Unbelievable!

¿Irías al baile con Paco si te invitara?
Would you go to the dance with Paco if he invited you?

¿Habrías ido con Paco si te hubiera invitado?
Would you have gone with Paco if he had invited you?

Temía que $\left\{ \begin{array}{l} \text{perdiera} \\ \text{hubiera perdido} \end{array} \right\}$ mi dirección.

I was afraid that you $\left\{ \begin{array}{l} \textit{might lose} \\ \textit{might have lost} \end{array} \right\}$ *my address.*

Tomás se había ido sin que nadie $\left\{ \begin{array}{l} \text{se diera cuenta.} \\ \text{se hubiera dado cuenta.} \end{array} \right.$

Tomás left without anyone $\left\{ \begin{array}{l} \textit{noticing.} \\ \textit{having noticed.} \end{array} \right.$

Ejercicios

A. Complete las siguientes oraciones, expresando en español las palabras entre paréntesis. Use el tiempo presente, el progresivo o el infinitivo.

1. El Sr. Elizondo _____ (*is changing*) el sistema del lenguaje.
2. Su familia _____ (*is using*) palabras distintas para nombrar las cosas ya familiares.
3. Dice que _____ (*is not going*) a cambiar el sistema gramatical ni el sistema sintáctico.
4. _____ (*In talking*) con su esposa, el autor _____ (*is having*) problemas en expresar los conceptos abstractos.
5. Los niños _____ (*are speaking*) una lengua en casa, pero _____ (*are going*) a tener que hablar otra lengua afuera.
6. ¿Cómo _____ (*is turning out:* **salir**) el experimento?

B. Complete las siguientes oraciones, expresando en español las palabras entre paréntesis. Use las formas del perfecto en el pasado, presente, etcétera, según el contexto.

1. Toda la casa ya _____ (*had learned*) la nueva lengua cuando los niños entraron a la escuela por primera vez.
2. El maestro dice que los niños _____ (*have adapted*) muy bien a la situación bilingüe.
3. Me dijo que el más pequeño ya _____ (*has begun to*) inventar una tercera versión.
4. Si yo la hubiera sabido, te la _____ (*I would have taught*) también.
5. La hija mayor ya _____ (*has probably applied for:* **solicitar**) una beca para seguir el estudio de las lenguas.

C. **¿No cambió nunca?** Cambie estas oraciones al pasado.

1. Siempre me dices que me ayudarás mañana.
2. Luego nos avisas que no llegarás hasta el día siguiente.
3. Mis amigas opinan que el matrimonio te reformará.
4. Mis padres piensan que no nos casaremos de todos modos.
5. Creo que será mejor quedarme sola que casarme con un perezoso.
6. Pero tú sigues prometiéndome que seremos felices para siempre.
7. ¿Qué puedo hacer? O llegas a tiempo o buscaré otro novio.

D. **¿Qué haces?** Conteste la pregunta empleando la forma progresiva sugerida por el contexto.

MODELO   *¿Lavas* los platos?   →
          Sí, *estaba lavándolos* cuando llegaron mis abuelos.
          No, no *estoy lavándolos* en este momento.

¿Estudias para el examen?

1. Sí, _____ ahora mismo.
2. Sí, _____ cuando Pedro me llamó.
3. No, _____ mañana a las ocho.
4. Sí, _____ mientras escucho la radio.
5. No, pero si no tuviera que trabajar, _____ .
6. Si no _____ , ¿para qué contestaría estas preguntas?
7. No, no _____ , pero hago los ejercicios como si _____ .

E. Con otro estudiante, haga y conteste las siguientes preguntas afirmativamente o negativamente. Use el modelo como guía.

MODELO   ¿Es importante que conservemos la energía? ¿y antes?   →
          Sí, ahora es importante que conservemos la energía.
          No, antes no era importante que la conserváramos.

1. ¿Es necesario que encontremos nuevas fuentes de energía? ¿y antes?
2. ¿Es preferible que las naciones limiten las armas nucleares? ¿y hace 25 años?
3. ¿Es preciso que las mujeres sigan una carrera? ¿y en el pasado?
4. ¿Es natural que la mujer cosa la ropa para su familia? ¿y hace 50 años?
5. ¿Es importante que tú sepas cocinar? ¿y cuando tenías 13 años?

F. Con otro estudiante, haga y conteste la siguiente pregunta según las indicaciones.

MODELO   Cuando eras más joven, ¿qué tipo de amigo buscabas?
          (jugar a los naipes [*cards*] conmigo)   →
          Buscaba un amigo (una amiga) que jugara a los naipes conmigo.

¿Qué buscabas tú en un amigo (una amiga)?

1. ... tener un coche
2. ... ayudarme con el álgebra
3. ... gustar los deportes
4. ... querer viajar a muchos países
5. ... ser inteligente

G. Con otro estudiante, diga qué tipo de amigo busca ahora. Dé cinco oraciones originales.

MODELO ¿Qué buscas en un amigo (una amiga) ahora?
(practicar el español conmigo) →
Busco un amigo (una amiga) que practique el español conmigo.

H. **¿Para qué busca (buscaba) amigos de este tipo?** Para cada oración de los ejercicios F y G, dé una razón para querer tener un(a) amigo/a así.

MODELOS Buscaba un amigo que jugara a los naipes para que jugáramos juntos. →
Busco una amiga que hable español conmigo para que yo pueda hablar mejor.

I. **Imagínese que es un día precioso de primavera.** ¿Qué quiere Ud. que haga el profesor (la profesora) hoy en la clase? Conteste según las sugerencias o con oraciones originales.

MODELO Quiero que el profesor (la profesora) nos dé la clase afuera (en el parque, en la playa) para dar la clase al aire libre.

1. ... darme buenas notas sin que yo estudie
2. ... cancelar la clase
3. ... en primavera, no dar clase los viernes
4. ... traer revistas españolas a clase
5. ... llevar la clase a Acapulco
6. ... ayudarme con el subjuntivo
7. ... poner transparencias de sus viajes a España
8. ___?___

J. **Se buscaba secretaria.** Usando las siguientes sugerencias, diga lo que quisiera el jefe (la jefa) que hiciera un secretario (una secretaria).

MODELO ¿Qué quisiera el jefe que hiciera una secretaria? (llegar a tiempo) →
El jefe quisiera que la secretaria llegara a tiempo.

1. ... preparar el café
2. ... hablar cuatro lenguas
3. ... ser flexible (adaptable, serio/a)
4. ... comprarle regalos para su esposo/a
5. ... limpiar la oficina
6. ... mantenerse al tanto de los asuntos del negocio
7. ... hacer las llamadas de larga distancia
8. ... saber usar una computadora

K. **Se encontró.** Pero un secretario moderno (una secretaria moderna) no querría hacer todo lo que pidiera su jefe (jefa). De la lista del ejercicio J, ¿qué cosas querría o no querría hacer?

MODELO   La secretaria sí querría llegar a tiempo.

L. Exprese en español.

1. I doubt that he is going to buy that car.
2. I doubt that he has bought that car.
3. I doubt that he bought that car.
4. I doubt that he would have bought that car.

M. Cambie la siguiente narración al tiempo pasado, prestando atención especial a la secuencia de los tiempos.

LA TORRE DE BABEL

En el principio toda la tierra tiene sólo una lengua con pocas palabras. Los habitantes de Shinar quieren fundar una ciudad grande con una torre tan grande que toque el cielo. Piensan así inmortalizarse para que todo el mundo conozca su nombre. Todos empiezan a construir la gran torre. Pero Dios viene del cielo para ver la ciudad y la torre y, cuando las ve, se pone furioso. Decide castigar a los de Shinar. Le parece que son demasiado orgullosos porque creen que pueden llegar al cielo—el sitio privilegiado de Dios. Para castigar a los hombres, Dios confunde su lengua para que no se entiendan los unos a los otros y así no puedan ayudarse en la construcción de la torre. Después, los habitantes de Shinar migran por toda la tierra. De ese modo, Dios crea todas las distintas lenguas y prohíbe que los hombres construyan la torre de Babel.

Syllabication and Accentuation

■ Syllabication

All Spanish words are divided into as many syllables as they have separate vowel sounds. The following rules govern the placement of consonants when dividing words into syllables.

1. A single consonant between two vowels goes with the following vowel. (**Ch, ll,** and **rr** always function as a single consonant and are never separated.)

   A-mé-ri-ca   Mé-xi-co   mu-cha-cha   po-llo   pe-rro

2. If the second consonant of a consonant pair occurring between vowels is **l** or **r,** the consonant pair goes with the following vowel.

   a-gra-da-ble   o-tro   pa-la-bra   ha-blar

3. Other consonant pairs occurring between vowels are divided. The first consonant goes with the preceding vowel, the second with the following vowel.

   nor-te   can-tar   par-te   gran-de

4. Three consonants occurring between vowels are also divided. If the last two are a pair ending in **l** or **r,** they go with the following vowel. If not, only the third consonant goes with the following vowel.

   san-gre   em-ple-a-do   in-fluen-cia   ins-tan-te

Vowels are classified as strong (**a, e, o**) or weak (**i, u**). For syllabication, the following rules govern the placement of vowels.

1. Two adjacent strong vowels form two separate syllables.

   hé-ro-e   le-e   le-ón   ma-es-tro

2. Adjacent strong and weak vowels or two weak vowels usually combine to form a single syllable. This combination of two vowels is called a *diphthong.*

   es-ta-tua   cau-sa   go-bier-no   ciu-dad

   A written accent mark on a weak vowel breaks the diphthong into two separate syllables.

   pa-ís   rí-o   con-ti-nú-a

■ *Accentuation*

The spoken stress on a Spanish word is governed by rules that involve syllabication.

1. Words ending in a consonant other than **-n** or **-s** are stressed on the last syllable.

   ca-pi-*tal*   ciu-*dad*   tra-ba-*jar*   es-pa-*ñol*

2. Words ending in a vowel or in the consonants **-n** or **-s** are stressed on the next-to-last syllable.

   par-te   cul-*tu*-ra   *jo*-ven   e-di-*fi*-cios

3. Words whose stress does not conform to these rules have a written accent on the stressed vowel.

   ár-bol   *pú*-bli-co   tam-*bién*   *fá*-cil

Vocabulario

This vocabulary does not include any Spanish words that are exact cognates of English words. The gender of nouns is indicated (by *m* or *f*) except for nouns ending in **-o, -a, -tad, -dad, -tud,** and **-ión.** Adverbs ending in **-mente** are not listed if the adjectives from which they are derived are included. Verbs show stem- and spelling changes (unless they involve mere accentuation), but for a complete listing of verb irregularities, students should see the **Resumen de estructuras** in **Estructuras básicas.**

Abbreviations

adj adjective
adv adverb
f feminine
inf infinitive

m masculine
n noun
pp past participle
pl plural

pret preterite
pron pronoun
sing singular

---

abajo down
abarcar (qu) to contain, comprise
abierto/a *pp* open; opened
abogado/a attorney, lawyer
abono time payment
abrazar (c) to embrace
abrigo coat
abrir to open
abuelo/a grandfather, grandmother; *m pl* grandparents
aburrir to bore; **aburrirse** to become bored
acá there
acabar to finish; **acabar de** +*inf* to have just (*done something*); **acabarse** to end, be finished
acaso perhaps
acción action, act
aceptar to accept
acerca (de) about, concerning
acercarse (qu) to draw near, approach
acompañante *m* or *f* companion
acompañar to accompany
aconsejar to advise, counsel
acontecimiento event, happening
acordarse (ue) to remember
acostar (ue) to put to bed; **acostarse** to go to bed
acostumbrarse to become accustomed to
acreedor(a) creditor
actitud attitude

actividad activity
actriz *f* (*pl* **actrices**) actress
actual current, present, contemporary
actuar to act, act as
acuario aquarium
acudir to come
acuerdo accord, agreement; **estar de acuerdo** to agree
acurrucarse (qu) to curl up, to huddle
acusar to accuse
adaptar to adapt
adelantar to go before, ahead of
adelgazar (c) to become thin
además besides, in addition; **además de** in addition to
adiós goodbye
adivinanza riddle; **jugar a las adivinanzas** to play guessing games
adjetivo adjective
admirar to admire
admitir to admit
adonde *adv* where, to where; **¿adónde?** where?
adornar to adorn
adorno adornment, decoration
adquirir (ie) to acquire
aduana customs, customs office
adverbio adverb
advertir (ie, i) to warn
aéreo/a aerial; **correo aéreo** air mail

aeropuerto airport
afanarse to work hard
afectar to affect
aficionado/a fan, enthusiast
afilado/a sharp, keen
afirmar to affirm
afirmativo/a affirmative
afuera outside; **las afueras** the suburbs
agencia agency, bureau
agente *m* or *f* agent; **agente de viajes** travel agent
agitar to agitate; to flutter
agonía agony
agosto August
agradable agreeable, pleasant
agradecer (zc) to thank
agresivamente aggressively
agricultor(a) farmer
agrietar to crack
agrio/a sour, rude, unpleasant
agua (*f* but: **el agua**) water
aguamanil *m* finger bowl
aguantar to put up with, bear
aguardar to wait for
agudo/a sharp
águila (*f* but: **el águila**) eagle
aguja quill, needle
agusanado/a worm-eaten
ahí *adv* there, over there
ahogarse (gu) to drown
ahora now
ahorrar to save

aire *m* air; **al aire libre** open-air
aislado/a isolated
ajedrez *m* chess
ala (*f* but: **el ala**) wing
alacena cupboard, closet
alazo blow with a wing
alcalde *m* mayor
alcanzar (**c**) to reach
aldea village
alegoría allegory
alegrarse to be happy, glad; **alegrarse de** to be glad about
alegre happy, glad
alejarse to leave, move away
alemán *m* German (*language*)
Alemania Germany
alfabéticamente alphabetically
alfiletero pincushion
alfombra rug
alga (*f* but: **el alga**) alga; seaweed
algo something; *adv* somewhat
alguacil *m* constable
alguien *m* someone
algún, alguno/a some; someone; **alguna vez** sometime; **algunos/as** some
aliento breath
alimentar to feed, nourish
alma (*f* but: **el alma**) soul, spirit
almohada pillow
almorzar (**ue**) (**c**) to eat lunch
alojar to lodge; **alojarse** to take lodging
alquilar to rent
alquiler *m* rent
alrededor (**de**) around
alto/a high, tall
aludir to allude, refer to
alumno/a student
allá there, yonder, over there
allí there, in that place
amable friendly, amiable, nice
amanecer (**zc**) to get up at dawn
amar to love
amargarse (**gu**) to become bitter
amargo/a bitter
amarillo/a yellow
amarrar to tie
ambiente *m* atmosphere, environment, surroundings
ambos/as both
ambulancia ambulance
amenazar (**c**) to menace, threaten
amigo/a friend
amo/a master, mistress; **ama de casa** housewife
amonestar to advise, counsel; to admonish
amor *m* love
amplificar (**qu**) to amplify, extend
análisis *m* analysis

analizar (**c**) to analyze
anciano/a ancient
ancla (*f* but: **el ancla**) anchor
andar to go, walk, move
anfitrión, anfitriona host, hostess
angustia anguish
anillo ring
ánima (*f* but: **el ánima**) soul
animarse to cheer up, feel encouraged
anoche last night
antaño last year, long ago
ante before, in front of
anteayer (the) day before yesterday
antemano: de antemano beforehand
anteojos eyeglasses
antes (**de**) before, earlier
anticipación anticipation; **con anticipación** in advance
anticipar to anticipate
antigüedades antiques
antiguo/a ancient, old, former
antropología anthropology
antropólogo/a anthropologist
anunciar to announce
anuncios news
anzuelo fishhook
añadir to add
año year
apagar (**gu**) to put out
aparecer (**zc**) to appear
apariencia appearance
apartado/a distant, remote
apartamento apartment
apartar to part, separate
apasionadamente passionately
apetito appetite, hunger
aplaudir to applaud
aplausos applause
apostar (**ue**) to bet
apoyar to support
apoyo support
aprender to learn
aprobar (**ue**) to pass (an exam)
apropiado/a appropriate
aprovecharse (**de**) to take advantage (of)
aproximado/a approximate
apuesta bet
aquel, aquella that; **aquello** *pron* that; **aquellos/as** those
aquí here, at this place
árabe *n m* Arabic language; *adj m* or *f* Arabic
araña spider
arbitrario/a arbitrary
árbol *m* tree
arca (*f* but: **el arca**) ark
arco arc; **arco iris** rainbow
arduo/a difficult, arduous
arete *m* earring

arma (*f* but: **el arma**) weapon, arm
armamento armament
armario closet
arqueólogo/a archaeologist
arquitecto/a architect
arquitectura architecture
arrastrar to drag along
arreglar to arrange, put in order
arrepentirse (**ie, i**) to repent
arrodillarse to kneel
arrojar to throw
arroz *m* rice
arruguado/a wrinkled
arruinar to ruin
arte *m or f* (but: **el arte**) art
artefacto artifact
artículo article
artífice *m or f* artificer, artist
artista *m or f* artist
asalto assault
ascender (**ie**) to ascend
ascensor *m* elevator
asedio siege
asegurar to assure
así so, thus, in this way
asiento seat
asistir to attend
asociar to associate
asombro surprise
aspecto aspect, appearance
aspiración aspiration
aspirante *m or f* aspirant, candidate
aspirina aspirin
astro star
asunto matter, subject, concern
asustar to frighten; **asustarse** to become frightened
ataque *m* attack
atención attention
aterrizar (**c**) to land
atlético/a athletic
atómico/a atomic
atónito/a astonished
atraer to attract
atrasado/a late, slow (*clock*); backward
atreverse to dare
aturdido/a giddy, confused
augurar to augur, foretell
aumentar to increase
aumento increase
aun *adv* even
aún still, yet
aunque although, even though
autobiografía autobiography
autobús *m* bus
automóvil *m* car
autónomamente autonomously
autor(a) author
avanzar (**c**) to advance
ave (*f* but: **el ave**) bird

aventura   adventure
aventurar   to venture
avergonzarse (ue) (c) (de)   to be ashamed (of)
averiguar   to investigate; to find out
aviación   aviation
avión *m*   airplane
avisar   to inform, announce
aviso   warning
ayer   yesterday
ayuda   help, aid
ayudar   to help, aid
azafata   stewardess
azúcar *m*   sugar
azul   blue

baba   spittle
bailar   to dance
baile *m*   dance
bajar   to go down (*stairs*); to come down; to lower
bajo/a   short, low; **bajo** *adv*   beneath, under
banco   bank
bañar   to bathe; **bañarse**   to take a bath
baño   bath; bathroom
barato/a   inexpensive
bárbaro/a   barbarian
barco   boat
barra   bar
barrio   neighborhood, district of a city
basar   to base
base: a base (*f*) de   on the basis of
básquetbol *m*   basketball
bastante   *adj* enough, sufficient; *adv* sufficiently; quite, rather
bastar   to be enough, suffice
basura   garbage
batalla   battle
baúl *m*   trunk
beber   to drink
bebida   drink, beverage
beca   scholarship, grant
béisbol *m*   baseball
belleza   beauty
bello/a   beautiful
bendición   blessing
beneficio   benefit
bestia   beast
Biblia   Bible
bíblico/a   biblical
biblioteca   library
bibliotecario/a   librarian
bien *adj*   well, fine; **llevarse bien**   to get along with
bienes *n pl*   riches
bilingüe   bilingual
billete *m*   ticket, bill
billetera   billfold

biografía   biography
biología   biology
biónico/a   bionic
bizantino/a   Byzantine
blanco *n m*   the color white; target; **tiro al blanco**   target shoot; **blanco/a** *adj*   white
blusa   blouse
bobada   foolishness
bobo/a   fool, clown
boca   mouth
boda   wedding
bola   ball
boleto   ticket
bolígrafo   pen
bolsillo   pocket
bombero/a   firefighter
bonito/a   pretty, attractive
borda   gunwale; **saltar sobre la borda**   to jump overboard
bordo: a bordo   aboard ship
bosque *m*   forest
bota   boot
botar   to vote or kick out
bote *m*   small boat
botella   bottle
botón *m*   button
boxeador(a)   boxer
brasileño/a   Brazilian
brazo   arm
breve *adj*   brief
brillante   brilliant
brillar   to shine, glisten
broche *m*   locket, brooch
broma   joke
bronce *n m*   bronze
bronceado/a   suntanned
bruja   witch
bruscamente   abruptly
buen, bueno/a   good
bufanda   scarf
bufón *m*   fool
burla   joke
burlar   to joke: **burlarse de**   to make fun of
buscar (qu)   to look for, seek

caballería   chivalry
caballero   horseman, gentleman
caballo   horse
cabecear   to toss, pitch
cabellera   long hair
cabello   hair
caber   to fit
cabeza   head
cabo   end
cachivache *m*   junk
cada   each
caer   to fall; **caer de rodillas**   to fall to one's knees
café *m*   coffee; cafe

cafetal *m*   coffee plantation
cafetera   coffeepot
caja   box
cajero/a   cashier
cal *f*   whitewash, lime
calavera   skull
calcinado/a   calcinated
calculador(a)   calculator
calcular   to calculate
cálculo   calculus
caldo   broth
calendario   calendar
caliente   warm
calmarse   to calm down
calor *m*   heat; **hace calor**   it is hot
callarse   to keep quiet
calle *f*   street
cama   bed
cámara   camera
camarero/a   waiter, waitress
cambiante *adj*   changing
cambiar   to change, substitute
cambio   change
caminar   to travel, walk
camino   road
camión *m*   bus
campana   bell
campesino/a   country person
campo   country, rural area
cancelar   to cancel
canción   song
canela   cinnamon
cansado/a   tired
cansar   to tire; **cansarse**   to get tired
cantar   to sing
canto   song
caña   cane
capaz (*pl* capaces)   capable
capital *m*   investment money; *f*   capital of a country or state
capítulo   chapter
cara   face
caracol *m*   seashell
carácter *m*   character, personality
característica   characteristic
caracterizar (c)   to characterize
carbón *m*   coal
carcajada   loud laugh
cárcel *f*   jail
cargarse (gu)   to be laden with
caribe *m*   Caribbean
caricatura   caricature
caricaturesco/a   caricatural
caricaturista *m* or *f*   caricaturist
caridad   charity
cariño   affection
carne *f*   meat
carnicería   meat shop
caro/a   expensive, dear
carpintero/a   carpenter
carrera   career; race

carro   car
carta   letter
cartón *m*   cardboard
casa   house; **en casa**   at home; **ama de casa**   housewife; **estar en casa** to be at home
casar   to marry; **casarse (con)**   to get married (to)
cascabel *m*   small bell
casi   almost
casimir *m*   cashmere
caso   case, instance; **en caso de**   in case of
castigar (gu)   to punish
casualidad   chance
catálogo   catalog
catedral *f*   cathedral
católico/a   Catholic
causa   cause; **a causa de**   because of
causar   to cause
caverna   cavern
cebada   barley
celebración   celebration
celebrar   to celebrate
célebre   famous, celebrated
celeste   celestial
cementerio   cemetery
cena   dinner
cenar   to dine, eat dinner
cenicero   ashtray
ceniza   ash
centro   center; downtown
cerca   close; **cerca de**   close to
cerebro   brain
ceremonia   ceremony
cerrar (ie)   to close
cerro   hill
cerveza   beer
cesta   basket
cesto: **cesto para papeles**   waste basket
ciego/a   blind
cielo   sky; **cielo raso**   ceiling
cientos/as   hundreds
ciencia   science
científico/a   scientist
cierto/a   certain, true; **es cierto**   it is true
cigarro   cigarette
cine *m*   movies; movie theater
cínico/a   cynical
circo   circus
circular   to circulate
circunstancia   circumstance
cirugía   surgery
cirujano/a   surgeon
cisne *m*   swan
cita   date, appointment
ciudad   city
civilización   civilization
clamar   to call or cry for

claridad   clarity
claro/a   clear; **¡claro!**   of course!; **es claro**   it is clear
clase *f*   class
clásico/a   classic
cláusula   clause
clavel *m*   carnation
cliente *m* or *f*   client, customer
clima *m*   climate
cocina   kitchen
cocinar   to cook
cocinero/a   cook
coche *m*   automobile; coach
codazo   blow with the elbow
codo   elbow
coexistir   to coexist
coger (j)   to take, pick up
cohete *m*   rocket, skyrocket
cola   tail; **hacer cola**   to stand in line
colección   collection
colgar (ue) (gu)   to hang
colina   hill
colmado/a   filled with
colmo   top; **para colmo**   to top it off
colocación   placement
colocar (qu)   to put, place
colombiano/a   Colombian
columna   column
combatiente *m* or *f*   combatant
combatir   to fight
combinar   to combine
comentar   to comment on
comentario   commentary
comenzar (ie) (c)   to begin, start
comer   to eat
comercial *adj*   commercial
comestible *m*   food, edible substance; *pl* foodstuff, provisions
cometa *m*   kite, comet
cómico/a *adj*   comic; **tiras cómicas**   comics
comida   meal
comisión   commission
como   as, like; how; about; **¿cómo?** how?; what?
cómodo/a   comfortable
compañero/a   friend, companion; **compañero/a de cuarto**   roommate
compañía   company, companionship
comparación   comparison
comparar   to compare
compartir   to share
competir (i, i)   to compete
complacer (zc)   to please
complemento   object, complement
completar   to complete
completo/a   complete
complotar   to plot
comportamiento   conduct
comportarse   to behave oneself

comprador(a)   buyer
comprar   to purchase, buy
comprender   to understand
comprensión   comprehension
comprobar (ue)   to compare
compuesto/a *adj*   compound
computador(a)   computer
común   common
comunicación   communication
comunicar (qu)   to communicate
comunidad   community
comunista *m* or *f*   communist
con   with
concepto   concept
concienzudamente   conscientiously
concierto   concert
concluir (y)   to finish, conclude
concha   shell
condado   county
condenar   to condemn
condescender   to condescend
condición   condition
condicional   conditional
conducir (zc)   to drive
conductor(a)   driver
conferencia   conference
confesión   confession
confianza   confidence
confirmar   to confirm
conflicto   conflict
conformidad   conformity
confundir   to confuse
congreso   congress, meeting
conjugar (gu)   to conjugate
conmigo   with me
conocer (zc)   to know, be acquainted with; to meet
conocimiento   knowledge
conquista   conquest
conquistador(a)   conqueror
conquistar   to conquer, defeat
consecuencia   consequence
conseguir (i, i)   to achieve, get
consejero/a   advisor
consejo   advice
consentir (ie, i)   to consent, agree
conservar   to conserve
considerablemente   considerably
considerar   to consider
consistir (en)   to consist (of)
constante   constant
constar (de)   to consist of
constitucional   constitutional
construcción   construction
construir (y)   to build, construct
consultar   to consult
consumo   consumption
contador(a)   accountant
contaminar   to contaminate
contar (ue)   to count; to tell; **contar con**   to count on
contemplar   to contemplate

contemporáneo/a contemporary
contento/a happy, content
contestar to answer
contexto context
contigo with you
contiguo/a contiguous, close
continuación continuation; a continuación following
continuar to continue
continuo/a continuous
contra against
contradecir to contradict
contradicción contradiction
contrario *n m* contrary; al contrario on the contrary; contrario/a
  adj contrary
contraste *m* contrast
controlar to control
convenir en to agree to
conversación conversation
convertir (ie, i) en to convert into;
  convertirse en to become
convivencia *n f* cohabitation
copa glass
copia copy
copiosamente copiously, abun-
  dantly
corazón *m* heart
cordialmente cordially
corona crown
correcto/a correct, right
corredor(a) runner
corregir (i, i) (j) to correct
correo mail; correo aéreo airmail
correr to run
corresponder to correspond
correspondiente corresponding
corriente *n f* current of air, water;
  adj running
cortar to cut
cortés courteous
cortesía courtesy
cortina curtain
corto/a short
cosa thing
cosecha harvest
cosechar to harvest
coser to sew
costa coast
costar to cost
costo cost
costoso/a costly, expensive
costumbre *f* custom
cotidiano/a daily
creación creation
crear to create
creativo/a creative
crecer (zc) to grow
creer (y) to believe
crema cream
criado/a servant
criatura creature, small child

crimen *m* crime
crítico/a critic
crucigrama *m* crossword puzzle
crudo/a raw
crujir to creak
cruz *f* (*pl* cruces) cross
cruzar (c) to cross
cuaderno notebook
cuadro picture, painting
cual which; as; like; ¿cúal?
  which? which one?; el (la) cual
  who, the one who
cualidad quality, virtue, good fea-
  ture
cualquier(a) *pron* any, whichever,
  any one
cuando when, whenever; ¿cuándo?
  when?; de vez en cuando from
  time to time
cuanto/a as much as; *pl* as many
  as; ¿cuánto? how much?; *pl* how
  many?
Cuaresma Lent
cuarto room; quarter; cuarto/a *adj*
  fourth; compañero/a de cuarto
  roommate
cubano/a Cuban
cubierto/a *pp* covered
cubrir to cover
cuchillo knife
cuenta bill, tab; darse cuenta de to
  realize
cuentista *m or f* storyteller
cuento story, tale
cuerno horn
cuero leather
cuerpo body
cuestión question, matter
cuidado care; tener cuidado to be
  careful
cuidadosamente carefully
cuidar (de) to take care (of)
culpa blame; tener la culpa to be
  to blame
cultura culture
cumpleaños *m sing* birthday
cumplir to comply with, fulfill
cura *m* priest; *f* cure
curar to cure
curiosidad curiosity
curioso/a curious
cursi vulgar, in poor taste
curso course

champaña champagne
chamuscado/a charred
chapa bottlecap
chaqueta jacket
charlar to chat, talk
chavo/a guy, girl
cheque *m* check
chico/a boy, girl; *adj* small

chiflar to whistle
chileno/a Chilean
chino/a Chinese
chiquillo/a little boy, girl
chofer *m* driver, chauffeur
chovinista *m or f* chauvinist

daño: hacer daño to harm
dar to give; dar gritos to shout;
  dar la gana to want to; dar la
  mano to shake hands; dar la
  vuelta to turn around; dar las
  doce to strike twelve; dar un
  paseo to take a walk; dar vueltas
  to turn; darse cuenta de
  to realize; darse por vencido/a
  to accept defeat; darse prisa
  to hurry
datos data
debajo (de) under
deber to owe; must, ought to; *n m*
  debt, duty, obligation
débil weak
decaído/a languid, weak
decidir to decide; decidirse a +
  inf to make up one's mind (*to do
  something*)
décimo/a tenth
decir to say, speak
declaración declaration
decoración decoration
decorador(a) decorator
decretar to decree
dedicar (qu) to dedicate
dedo finger; dedo meñique
  little finger
defender to defend
definido/a definite
dejar to leave; dejar de + *inf*
  to stop (doing something)
delante (de) in front of
deleite *m* delight
deletrear to spell
delfín *m* dolphin
delgado/a thin
deliberadamente deliberately
delicado/a delicate
delicia delight
demás the rest (of the)
demasiado *adj* too much; *adv* too,
  too much
demócrata *m or f* Democrat
demostrar (ue) to demonstrate
demostrativo/a demonstrative
dentista *m or f* dentist
dentro (de) in, into, inside (of)
deparado/a offered
dependiente *m or f* salesperson
deporte *m* sport
deportivo/a sporting, pertaining to
  sports
deprimido/a depressed

derecho *n m* right (*as legal right*);
   m pl tax, duty; *f* right hand; **de-
   recho/a** *adj* right, right-hand
derivado/a derived
derribar to demolish, knock down
desabotonar to unbutton
desafiar to dare, defy
desagradable disagreeable
desaparecer (zc) to disappear
desaparición disappearance
desapreciar to depreciate, under-
   value
desaprender to unlearn
desarrollo development
desastre *m* disaster
desastroso/a disastrous, miserable
desatar to untie
desayunar to have breakfast
desayuno breakfast
desbordar to overflow
descansar to rest
descanso rest
descarrilado/a derailed
descarrilamiento derailment
descender to descend
desconectar to disconnect
desconfiar to distrust
desconocer (zc) to fail to remember
desconocido/a unknown
describir to describe
descripción description
descubridor(a) discoverer
descubrimiento discovery
descubrir to discover
desde since, from
desdicha misfortune, calamity
desdoblarse to replicate oneself
desear to want, desire
desechado/a refused, cast aside
desembarcar (qu) to disembark
desempleo unemployment
deseo desire, wish
desfile *m* parade
desgracia misfortune
desgraciadamente unfortunately
deshacer to undo
desierto *n m* desert, wilderness; **de-
   sierto/a** *adj* deserted
desigualdad inequality
designar to designate
designio design, plan
desilusionar to disillusion
desmontar to dismount
desnudo/a naked, bare
desoír to ignore
despacio slow; slowly
despacho office
despedida goodbye
despedir(se) (i, i) to say goodbye
despegar (gu) to take off
despejado/a clear
despertador *m* alarm clock

despertar (ie) to awaken (someone);
   despertarse to wake up
desplegado/a unfurled, unfolded
desplegar (ie) (gu) to unfurl
desprender to unfasten
después (de) after, afterwards
destapar to uncover
destino destiny
destruir (y) to destroy
desventaja disadvantage
detalladamente in detail
detalle *m* detail
determinado/a specified, fixed
detrás (de) behind, in back of
devolver (ue) to return
día *m* day; **día de gracias**
   Thanksgiving; **hoy en día**
   nowadays; **todo el día** all day;
   todos los días every day
diabólicamente diabolically
dialogar (gu) to talk (to another)
diálogo dialogue
diario *n m* newspaper; **diario/a** *adj*
   daily
dibujar to draw
dibujo drawing
diccionario dictionary
diciembre December
dictador(a) dictator
dictar to dictate
diente *m* tooth
diferencia difference
diferente different
difícil difficult
dificultad difficulty
difundir to spread
difunto ghost, dead person
dignarse to condescend, deign
diluvio flood
dineral *m* large sum of money
dinero money
Dios God
diosa goddess
dirección direction; address
directo/a direct
director(a) director
dirigir (j) to direct, address
disco record
disculpa excuse, apology
discurso conversation, speech
discutir to discuss, argue, debate
diseñar to design
diseño design
disfrazar (c) to disguise
disgregar (gu) to disperse
disimular to dissemble, feign
disminuir (y) to decline (in number)
disparar to fire a shot
dispuesto/a willing
distancia distance
distinguido/a distinguished

distinguir to distinguish
distinto/a distinct, different
distraído/a forgetful
divertido/a funny, entertaining
divertir (ie, i) to amuse; **divertirse**
   to enjoy oneself, have a good time
dividir to divide
divino/a divine
doblar to turn
doble *m* double
doce: dar las doce to strike twelve
doctorado doctorate
documento document
dólar *m* dollar
doler (ue) to ache
dolor *m* ache, pain, sorrow
doma *n* taming
doméstico/a domestic
domicilio home
domingo Sunday
donde where, in which; **¿dónde?**
   where?
dormir (ue, u) to sleep; **dormirse**
   to fall asleep
drama *m* drama, play
dramático/a dramatic
droga drug
dudar to doubt
dudoso/a doubtful
dueño/a owner
dulce *n m* candy; *adj* sweet
durante during
durar to last
duro/a hard

ebanista *m* or *f* cabinetmaker
economía economy
económico/a economical
echar to throw; **echarse a** to begin
   to
edad age
edificio building
educación education
educado/a educated, trained
efecto effect
eficacia efficiency
eficaz effective
Egipto Egypt
egoísta *m* or *f* selfish, egoistic
ejecutar to perform
ejemplo example; **por ejemplo**
   for example
ejercicio exercise
elección election; choice
electricista *m* or *f* electrician
eléctrico/a electric
elefante *m* elephant
elegancia elegance
elegante elegant
elegir (i, i) (j) to choose, elect, select
elemento element
elevado/a high, elevated

elevar   to elevate, send up
elogiar   to praise
embajada   embassy
embajador(a)   ambassador
embarcar (qu)   to embark
embargo: sin embargo   nevertheless
emborracharse   to get drunk
emboscada   ambush
embriaguez *f*   rapture
emergencia   emergency
emigrar   to emigrate
emitir   to emit, send forth
empavesado/a   decorated
emperador(a)   emperor
empezar (ie) (c)   to begin
empleado/a   employee, worker
emplear   to employ
enamorado/a *adj*   in love; **estar ena-
   morado/a de**   to be in love with
enamorarse (de)   to fall in love
   (with)
encantado/a   enchanted
encargar (gu)   to order; **encargarse
   de**   to take charge of, look after
encarnar   to incarnate
encender (ie)   to burn; **encenderse**
   to light (itself)
encerrar (ie)   to close up, contain
encierro   enclosure
encontrar (ue)   to find oneself; to be
encrucijada   crossroads
encuentro   meeting
enemigo/a   enemy
energía   energy
enfadarse   to get angry
énfasis *m*   emphasis
enfático/a   emphatic
enfermarse   to get sick
enfermedad   illness
enfermo/a   sick, ill
enfocar (qu)   to focus
enfrente   in front of, opposite
engordar   to get fat
enhebrar   to string, thread
enjaular   to encage
enojarse   to get angry
enorme   enormous
ensartado/a   strung, hung from
ensayo   essay
enseñar   to teach
ente *m*   being
entender (ie)   to understand
entero/a   whole, entire
entonces   then
entrada   ticket
entrar   to enter
entre   among, between
entregar (gu)   to deliver, hand in
entrenado/a   trained
entretanto   meanwhile
entrevista   interview
envejecer (zc)   to get old

envenenar   to poison
enviar   to send
envidiar   to envy
envidioso/a   envious
envuelto/a   wrapped
época   time, epoch
equipaje *m*   baggage, luggage
equipo   team
equivalente   equivalent
equivaler   to be equivalent to
erguirse (i, i)   to stand or sit up
   straight
erizar (c)   to bristle
erizo   hedgehog
esa, esas   that, those
escalera   stairs
escama   fish scale
escándalo   scandal
escapar(se)   to escape
escaparate *m*   display window
escena   scene
esclavo/a   slave
escoger (j)   to choose
esconder   to hide
escondite *m*   hiding place; **jugar al
   escondite**   to play hide-and-seek
escondrijo   hiding place
escribir   to write
escritor(a)   writer
escritorio   desk
escuchar   to listen
escuela   school
escurrir   to trickle, leak
ese, esos   that, those
esencia   essence
esencialmente   essentially
esfera   sphere
esforzado/a   strong, valiant
esnobismo   snobbery
eso *pron*   that; **por eso**   therefore
espacial *adj*   space
espacio *n m*   space
espanto   terror
España   Spain
español(a)   Spanish
especialización   specialization
especializarse (c)   to specialize
especia   spice
especial   special
especie *f*   species, kind
espectáculo   spectacle
espectador(a)   spectator
espejo   mirror
esperar   to hope, expect; to wait for,
   await
espina   spine, thorn
espíritu *m*   spirit
espiritual   spiritual
esposo/a   husband, wife
esqueleto   skeleton
esquema *m*   outline
esquiar   to ski

esquina   corner
esta, estas   this, these
establecer (zc)   to establish
estación   season; station
estadística   statistic
estado   state
estadounidense *m* or *f*   person from
   the U.S.
estallar   to explode
estante *m*   bookshelf
estar   to be; **estar a favor de**   to be
   in favor of; **estar de acuerdo**   to
   agree; **estar de vacaciones**   to be
   on vacation; **estar en casa**   to be
   at home; **estar enamorado/a de**
   to be in love with
este   this
estéreo   stereo
estereotipado/a   stereotyped
esterilizar (c)   to sterilize
estilo   style
estirar   to stretch
este, estos   this, these
esto *pron*   this
estos   these
estrago   ravage, ruin
estrella   star
estudiante *m* or *f*   student
estudiantil *adj*   student
estudiar   to study
estudio   study
estudioso/a   studious
estupidez *f*   stupidity
estúpido/a   stupid
eternidad   eternity
eterno/a   eternal
etiqueta   etiquette, rule
Europa   Europe
evidente   evident
evitar   to avoid
evocar (qu)   to evoke, call up
evolución   evolution
exacto/a   exact
exageración   exaggeration
exagerar   to exaggerate
examen *m*   exam, test
excelente   excellent
excéntrico/a   eccentric
excepto   except
exclamación   exclamation
exclamar   to exclaim
exclusivo/a   exclusive
excusa   excuse
exhibición   exhibit
exigente   demanding
exigir (j)   to demand, require
existencia   existence
existir   to exist
éxito   success; **tener éxito**   to be
   successful
exótico/a   exotic
experiencia   experience

experimentación experimentation
experimento experiment
experto/a expert
explicación explanation
explicar (qu) to explain
exploración exploration
explorador(a) explorer
explorar to explore
explosión explosion
explotar to exploit
exportador(a) exporter
exportar to export
expresar to express
expresión expression
extender (ie) to extend
extranjero/a *n* foreigner; *adj* foreign
extraño/a strange
extraordinario/a extraordinary
extraterrestre *m or f* extraterrestrial
extremadamente extremely

fábrica factory
fabricar (qu) to make, manufacture
fábula fable
fabuloso/a fabulous
fácil easy
facilitar to facilitate
falda skirt
falso/a false
falta: hacer falta to need, be lacking
faltar to lack
fama fame
familia family
familiar *n m* family member; *adj* familiar; pertaining to the family
famoso/a famous
fanal *m* large lantern
fantasía fantasy
fantasma *m* ghost
fantástico/a fantastic
farmacéutico/a pharmacist
farmacia pharmacy
fastidiar to annoy
favor *m* favor; **estar a favor (de)** to be in favor (of); **por favor** please
favorito/a favorite
fecha (calendar) date
felicidad happiness
felicitar to congratulate
feliz (*pl* **felices**) happy, content
feo/a ugly
feria *n* fair
fervorosamente fervently
fiera wild beast
fiesta party, celebration
figura figure
fijar to fix; **fijarse en** to notice
fijo/a fixed, unchanging
filosofía philosophy
filosófico/a philosophical
filósofo/a philosopher

fin *m* end, goal; **a fin de que** so that; **fin de semana** weekend; **por fin** at last
financiero/a financial
finca ranch, farm
fingir (j) to pretend
fino/a *adj* fine
firmar to sign
físico/a physical
flaco/a thin
flor *f* flower
florecer (zc) to flourish
florero/a florist
flotación flotation
flotante *adj* floating
flotar to float
follaje *m* foliage
folleto pamphlet
fomentar to encourage
fondo background
forma form
formación formation
formar to form, make
formato format
formular to formulate
forzoso/a obligatory
foto *f* photograph, photo, picture; **sacar fotos** to take pictures
fotografía photograph
fotógrafo/a photographer
frágil fragile
fragmento fragment
francés, francesa French
Francia France
frase *f* phrase; sentence
frecuencia frequency
frecuentemente frequently
frente a in front of
fresco/a cool, fresh
fruta fruit
fuego fire
fuente *f* fountain
fuera (de) outside (of)
fuerte strong
fumar to smoke
funcionar to function
fundar to found
furioso/a furious
fútbol *m* soccer, football
futuro future

gacela gazelle
galleta cookie; biscuit
gallina hen
gana: dar la gana to want to
ganado cattle
ganador(a) winner
ganar to win; **ganarse la vida** to earn a living
garaje *m* garage
garantizar (c) to guarantee
garganta throat

garra claw
gasolina gasoline
gastar to spend
gato cat
gazpacho cold soup
gemelo/a twin; **gemelos de teatro** theater glasses
gemido moan
generalmente generally
género kind, type
gente *f* people
geografía geography
geranio geranium
gerente *m or f* manager
gimotear to cry, moan
gobernado/a governed
golpe *m* blow; **golpe de vista** glance
golpeteo repeated beating
gordo/a fat; **perra gorda** coin
gozar (c) to enjoy
gracias *f pl* thanks; **día de gracias** Thanksgiving
graciosamente gracefully
grado degree (*temperature*)
graduarse to graduate
gramática grammar
gramatical grammatical
gran (grande) great, large, big
grandote/a very large
granero barn
gratis free, for nothing
gratuito/a gratuitous
gravedad gravity
greguería *metaphorical "one-liner" written by Ramón Gómez de la Serna*
griego/a Greek
grimorio magic book
gritar to shout
gritos: dar gritos to shout
grosero/a gross, vulgar
grotesco/a grotesque
grupo group
guante *m* glove
guapo/a handsome, good looking
guardar to keep, contain
guerra war
guía *m or f* guide; *n f* guidebook
guijarro pebble
guitarra guitar
guitarrista *m or f* guitar player
gustar to be pleasing, like; **gustarle a uno** to like
gusto taste; pleasure

haber + *pp* to have (*auxiliary verb*) + *pp*; **haber de** + *inf* to be (about) to, be supposed to (do something)
habilidad ability
habitación room

habitante *m or f* inhabitant
hábito habit
hablar to speak, talk
hacer to do, make; **hace buen tiempo** the weather is good; **hace calor** it is hot; **hacer cola** to stand in line; **hacer daño** to harm; **hacer el papel de** to play the role of; **hacer falta** to need, be lacking; **hacer una pregunta** to ask a question
hacia toward
halago flattery
hallar to find
hallazgo act of finding
hamaca hammock
hambre (*f* but: **el hambre**) hunger; **tener hambre** to be hungry
hamburguesa hamburger
hasta until, to, up to, even
hay there is, there are
hecho *n* fact; *pp* done, made
helado ice cream
hembra female
hemisferio hemisphere
herencia inheritance
herida wound
herir (ie, i) to wound
hermana sister
hermano brother; *pl* brothers; brothers and sisters
hermoso/a beautiful
héroe *m or f* hero
heterogéneo/a heterogeneous
hielo ice
hierba grass
hija daughter
hijo son; *pl* sons; sons and daughters
hipopótamo hippopotamus
hipótesis *f* hypothesis
hispánico/a Hispanic
híspido/a bristly
historia history, story
historiador(a) historian
histórico/a historic
hojalata tin plate
hojear to leaf through
holocausto holocaust
hombre *m* man; **hombre de negocios** businessman
hombrón *m* large man
honesto/a honest
hongo mushroom
hora hour; **¿qué hora es?** what time is it?
horario timetable, schedule
horizonte *m* horizon
hoy today; **hoy en día** nowadays
huérfano/a orphan
huevera egg cup
huevo egg
huir (y) to flee

humanidad humanity
humano/a human
humilde humble
humillar to humiliate
humo smoke
humorista *m or f* humorist
humorístico/a humorous
huracán *m* hurricane

idealizar (c) to idealize
identidad identity
identificar (qu) to identify
ideología ideology
idioma *m* language
iglesia church
ignorar to ignore
igualdad equality
ilógicamente illogically
imagen *f* image
imaginable imaginable
imaginar to imagine
imitar to imitate
impedir (i, i) to impede, prevent
imperfecto *n* imperfect tense; **imperfecto/a** *adj* imperfect
imperio empire
impermeable *m* raincoat
implicar (qu) to imply
implícito/a implicit
importador(a) importer
importancia importance
importante important
importar to be important; to import
imposibilidad impossibility
imposible impossible
impreciso/a imprecise
impresión impression
impresionar to impress
impresionista *m or f n* impressionistic painter or artist; *adj* impressionistic
imprimir to print
impuesto tax
inaccesible inaccessible
inalcanzable unattainable
incapacidad incapacity
incendiar to burn
incendio fire
incertidumbre uncertainty
incesante incessant
incidente *m* incident
inclinarse to bow
incluso/a including
incómodo/a uncomfortable
incomprensible incomprehensible
inconsistente inconsistent
incrédulo/a incredulous
increíble unbelievable
indefenso/a defenseless
indefinido/a indefinite
independencia independence
indicación indication

indicado/a indicated, appropriate
indicar (qu) to indicate
indicativo indicative
indio/a Indian
indirecto/a indirect
indomable untamable
indudablemente undoubtedly
inédito/a unedited; unpublished
inesperado/a unexpected
inestable unstable
infame infamous
infancia childhood
infección infection
infeliz (*pl* infelices) unhappy
infinitivo infinitive
infinito infinite
inflación inflation
información information
informante *m or f* informant
informe *m* report
ingeniería engineering
ingeniero/a engineer
inglés, inglesa *n* English person; *adj* English
ingrediente *m* ingredient
inicial initial
injusto/a unjust
inmaduro/a immature
inmediatamente immediately
inmolación sacrifice
inmolar to sacrifice
inmortalizarse (c) to immortalize oneself
inocente innocent
inquietante disquieting
inquietud restlessness, uneasiness
insistir (en) to insist (on)
insospechado/a unsuspected
inspección inspection
inspector(a) inspector
instante *m* instant
instauración establishment
instrucción instruction
instrumento instrument
insuficiente insufficient
íntegro/a integral
inteligencia intelligence
inteligente intelligent
intenso/a intense
intentar to try
interés *m sing* interest
interesante interesting
interesar to interest
interlocutor(a) speaker
internacional international
interpretar to interpret
interrogativo/a interrogative
inundarse to flood
inútil useless
inválido/a invalid
invención invention
inventar to invent

investigación   investigation
invierno   winter
invitación   invitation
invitado/a   guest
invitar   to invite
invocación   invocation
ir   to go; **irse**   to go away
iris *m*   iris; **arco iris**   rainbow
Irlandia   Ireland
ironía   irony
irónico/a   ironic
irregularidad   irregularity
irremediable   incurable, helpless
irritable   irritable
isla   island
Italia   Italy
italiano/a *n*   Italian person; *adj* Italian
itinerario   itinerary
izquierdo/a   left; **izquierda**   left
   (*direction*)

jabón *m*   soap
jactarse   to boast of
jamás   never, ever
Japón   Japan
jardín *m*   garden
jaula   cage
jefe/a   boss, chief
jerga   slang
joven *n*   young person; *adj* young
joya   jewel
juez *m* (*pl* **jueces**)   judge
jugador(a)   player
jugar (ue) (gu)   to play; **jugar a las
   adivinanzas**   to play guessing
   games
juguete *m*   toy
juicio   judgment, opinion
junto/a   together
justo/a   just
juventud   youth
juzgar (gu)   to judge

laberinto   labyrinth, maze
laboratorio   laboratory
lado   side
ladrar   to bark
ladrón, ladrona   thief
lago   lake
lana   wool
lanzar (c)   to let loose, throw
lápiz *m* (*pl* **lápices**)   pencil
largo/a   long
lástima   pity, shame
lata   can
latino/a   Latin
latinoamericano/a   Latin American
lavandera   laundress, washerwoman
lavar   to wash
lección   lesson
lector, lectora   reader

leche *f*   milk; **leche malteada**
   malted milk
leer (y)   to read
legendario/a   legendary
lejano/a   distant
lejos (de)   far, far away (from)
lengua   language
lenguaje *m*   language
lentejuela   spangle
lento/a   slow
león *m*   lion
letra   words (*to a song*); letter of the
   alphabet
letrero   sign
leucemia   leukemia
levantarse   to get up
ley *f*   law
liberación   liberation
libertad   liberty
libre   free, independent; **al aire libre**   open-air
librería   bookstore
libro   book
licencia   license
liebre *f*   rabbit
limitación   limitation
limitar   to limit
limón *m*   lemon
limosna   alms
limpiar   to clean
limpieza   cleanliness
limpio/a   clean
línea   line
lirio   lily
Lisboa   Lisbon
lista   list
listo/a   clever; ready
literario/a   literary
literatura   literature
lobo   wolf
loco/a   crazy
locutor(a)   speaker, announcer
lógico/a   logical
lona   canvas
Londres   London
loro   parrot
lote *m*   lot, fortune, destiny
lotería   lottery
lucir (zc)   to show, shine
luciérnaga   firefly
luchar   to fight, struggle
luego   then
lugar *m*   place
lujo   luxury
luminoso/a   luminous
luna   moon
lunes *m sing*   Monday
luz *f* (*pl* **luces**)   light

llamada   call
llamar   to call
llave *f*   key

llegar (gu)   to arrive
lleno/a   full
llevar   to take, transport, carry; to
   wear; **llevar una vida**   to lead a
   life; **llevarse bien**   to get along
   with
llorar   to cry
llover (ue)   to rain
lluvia   rain

machismo   manliness
macho   male
madre *f*   mother
madurar   to mature
madurez *f*   maturity
maduro/a   mature
maestro/a   teacher
mágico/a   magic
magnífico/a   magnificent
maíz *m*   corn
mal *adj* and *adv*   bad, badly; sick
maleducado/a   poorly educated
maleta   suitcase
maletero/a   porter
malhumorado/a   bad-tempered
malo/a   bad
malteada: leche malteada   malted
   milk
mamarracho   poorly drawn figure
mamífero   mammal
mandar   to order, command; to send
mandato   command
manejar   to drive
manera   manner, way
manifestar (ie)   to manifest, show
mano *f*   hand; **dar la mano**   to
   shake hands
mantener (ie)   to maintain; **mantenerse**   to support oneself
manuscrito   manuscript
manzana   apple
mañana   tomorrow
mapa *m*   map
máquina   machine
maquinista *m* or *f*   machinist
mar *m*   sea
maravilloso/a   marvelous
marca   brand
marchar(se)   to go away
marido   husband
marinero   sailor
mariposa   butterfly
mariscos   shellfish
mas   but
más   more, most; **más de, más que**
   more than; **más tarde**   later
masculino/a   masculine
mástil *m*   mast
matar   to kill
materia   material; school subject
matorral *m*   thicket
matrícula   university fees

matrimonio marriage
máximo maximum
mayor greater, older
mayoría majority
mecánico n mechanic; mecánico/a *adj* mechanical
mecanógrafo/a typist
mechón m lock of hair
medianoche f midnight
medias hose, stockings
medicina medicine
médico/a doctor
medida manner
medio middle
medio/a half
mediodía m noon
medir (i, i) to measure
meditabundo/a pensive, thoughtful
meditar to think, meditate
mediterráneo Mediterranean
mejor better, best
mejorar to improve
melancólico/a melancholy, sad
memoria memory
mencionar to mention
mendigo/a beggar
menor younger
menos less, least; minus; a menos que unless; por lo menos at least
mentir (ie, i) to lie
mentira lie
menudo: a menudo often
meñique: dedo meñique little finger
mercado market
merecer (zc) to deserve
mes m month
mesa table
meta goal
metáfora metaphor
metafóricamente metaphorically
metamorfosis f sing metamorphosis
meter to put
método method
metrópolis f metropolis
mexicano/a Mexican
miedo fear; tener miedo to be afraid
miembro member
mientras while
miércoles m sing Wednesday
migrar to migrate
mil thousand
militar *adj* military
millón m million
millonario/a millionaire
mimbre m wicker
ministro/a minister
mirar to look, look at
misa Mass

mismo/a same; lo mismo que the same as; sí mismo oneself
misterio mystery
misteriosamente mysteriously
mítico/a mythical
mito myth
mitológico/a mythological
modelo model
moderno/a modern
modestamente modestly
modo way; de todos modos at any rate
mojado/a wet
molestar to bother
momento moment
monarquía monarchy
moneda coin
monótono/a monotonous
monstruo monster
montaña mountain
montañoso/a mountainous
montar to mount
montón m pile, large quantity
moraleja moral
mordedura bite
moreno/a brown-haired
morir (ue, u) to die
mosca fly
mostrar (ue) to show
moto f motorcycle
mover (ue) to move
movimiento movement
muchacha girl
muchacho boy; *pl* boys; boys and girls
mucho/a much, a lot of, a lot; muchas veces many times, often
mudar(se) to move
muebles m pl furniture
muerte f death
muerto/a dead, dying
mujer f woman
multa fine
mundial *adj* world
mundo world; todo el mundo everyone
muñeca doll
muralla wall
murciélago bat
murmurar to murmur
muro wall
museo museum
música music
músico/a musician
musitar to mutter
mutilado/a mutilated
muy very

nacer (zc) to be born
nacimiento birth
nación nation
nada nothing; anything

nadar to swim
nadie no one, nobody; anyone
naipes m playing cards
narración narration
narrador(a) narrator
narrar to narrate
naturaleza nature
naufragar (gu) to shipwreck
naufragio shipwreck
náufrago/a shipwrecked person
nave f ship
navegante m or f navigator
Navidad Christmas
necesario/a necessary
necesidad necessity
necesitar to need
negar (ie) (gu) to deny, refuse
negativo/a negative
negocios business; hombre de negocios businessman
negro/a black
nevar (ie) to snow
ni not even; ni... ni neither . . . nor
nido nest
nieta granddaughter
ninguno/a (ningún) none, not any, not one
niñez f childhood
niño/a child; *pl* children
noche f night; toda la noche all night
nombramiento n naming
nombrar to name
nombre m name; nombre propio proper noun
noria n Ferris wheel
norma norm, guide
norte m north
nota grade; sacar buenas (malas) notas to get good (bad) grades
notablemente notably
notar to note
noticia (piece of) news
notoriamente notoriously, glaringly
novedoso/a in the latest style
novela n novel
noveno/a ninth
noviembre November
novio/a boyfriend, girlfriend
nube f cloud
nublado/a cloudy
nuevo/a new
nuez f (*pl* nueces) nut
número number
nunca never
nupcial nuptial

obedecer (zc) to obey
obesidad obesity
objeción objection
obligado/a obligated
obra work, labor

obrero/a   worker
observar   to observe
obsesionar   to obsess
obtener (ie)   to obtain
obvio/a   obvious
ocasión   occasion
occidental   western
octavo/a   eighth
octubre *m*   October
ocular   ocular; **testigo ocular**   eye-witness
ocultar   to hide
ocupado/a   occupied
ocupar   to occupy
ocurrir   to occur
oeste *m*   west
ofendido/a   offended
ofensivo/a   offensive
oficina   office
oficio   work, occupation
ofrecer (zc)   to offer
oído   ear
oír   to hear
ojalá   God grant; I hope that
ojo   eye; **rabillo del ojo**   corner of one's eye
ola   wave
oleoducto   oil pipeline
oler (ue)   to smell
olvidarse (de)   to forget
olla   large kettle
ombligo   navel
operación   operation
opinar   to think
opinión   opinion
oportunidad   opportunity
optar   to choose
opuesto/a   opposite
oración   sentence
orador(a)   orator
orden *m*   order (*position, rank*); *f* order (*command*)
ordenado/a   well-ordered
ordenar   to order
oreja   ear
orgulloso/a   proud
oriente *m*   east
origen *m*   origin
orilla   shore
ornamentar   to decorate
ornamento   ornament
oro   gold
orquesta   orchestra
ortografía   spelling
oscurecer (zc)   to get dark
oscuro/a   dark; **a oscuras**   in the dark
ostra   oyster
otoño   autumn
otro/a   another, other

paciente *n* and *adj*   patient

padre *m*   father; *pl*   parents
padrenuestro   Lord's prayer
pagar (gu)   to pay
página   page
país *m*   country
paisaje *m*   countryside
pájaro   bird
palabra   word
palidecer (zc)   to pale
pálido/a   pale
pan *m*   bread
panadería   bakery
panal *m*   wax
papel *m*   paper; **cesto para papeles**   waste basket; **hacer el papel de**   to play the role of
paquete *m*   package
par *m*   pair
para   for, in order to; toward; by; **para colmo**   to top it off; **para que**   so that
parachoques *m sing*   bumper
parado/a   standing up
paraguas *m sing*   umbrella
paraíso   paradise
paraje *m*   place
parecer (zc)   to seem, appear; **parecerse a**   to resemble
parecido/a   resembling, like
pared *f*   wall
pareja   couple
paréntesis *m*   parenthesis
pariente/a *n*   relative
parlanchín/parlanchina   talkative
párpado   eyelid
parque *m*   park
párrafo   paragraph
parte *f*   part
participar   to participate
participio   participle
particular   private
partido   game, match
partir   to leave
pasado/a   last, past
pasaje *m*   fare (for passage)
pasajero/a   passenger
pasaporte *m*   passport
pasar   to happen; to spend time; to pass
pasatiempo   pastime, amusement
paseo   stroll, walk, drive; **dar un paseo**   to take a walk or ride
pasillo   hall
pasivo/a   passive
paso   footstep
pastel *m*   pastry
pastilla   pill
patético/a   pathetic
pato   duck
patria   country
patrocinar   to sponsor
pavesa   ember

pavo   turkey; **pavo real**   peacock
payaso/a   clown
paz *f*   peace
peatón *m*   pedestrian
pecado   sin
pecho   breast, chest
pedazo   piece
pedir (i, i)   to ask for, request, solicit
pegado/a   fastened to
pegar (gu)   to fasten to; **pegarse un tiro**   to shoot oneself
peldaño   step
pelear   to fight
película   film, movie
peligro   danger
peligroso/a   dangerous
pelo   hair
pelota   ball
peluquería   barber shop
peluquero/a   barber, hairdresser
pensamiento   thought
pensar (ie)   to think; **pensar + *inf***   to intend to (*do something*)
peor   worse, worst
pequeño/a   small
perder (ie)   to lose
perezoso/a   lazy
perfeccionar   to perfect
perfecto/a   perfect
periódico   newspaper
período   period
perla   pearl
permanecer (zc)   to remain, stay
permitir   to permit
pero   but
perplejidad   perplexity
perro   dog; **perra gorda**   coin
persona   person
personaje *m*   (literary)   character
perspectiva   perspective
pertenecer (zc)   to belong
peruano/a   Peruvian
pesadilla   nightmare
pesar: a pesar de   in spite of
pescadería   fish market
pescadero/a   fisherman, fisherwoman
pescado   fish, seafood
pescar (qu)   to fish
peso   monetary unit; weight
pestaña   eyelash
peste *f*   plague
petición   petition
petróleo   oil
pez *m* (*pl* peces)   fish
pianista *m* or *f*   pianist
picazo   *blow with a beak*
pico   beak
pie *m*   foot
piedra   rock
piel *m*   skin, hide
pierna   leg

piloto/a pilot
pintar to paint
pintor(a) painter
pintoresco/a picturesque
pintura picture, painting
pirámide *f* pyramid
pirata *m* or *f* pirate
piscina swimming pool
piso floor, story
pistola pistol
placer *m* pleasure
planear to plan
planeta *m* planet
planta plant
plantar to plant
plástico/a plastic
plata silver, money
plátano plantain
plato plate; dish
playa beach
plomero/a plumber
pluma feather
pluscuamperfecto pluperfect
población population
poblar to populate
pobre *n* poor person; *adj* poor
pobreza poverty
pocilga pigsty
poco *n m* a little bit; *adj* little, scanty; *pl* a few, some; *adv* a little, somewhat, slightly
poder (ue, u) to be able to, can; *n m* power
poderoso/a powerful
podrido/a rotten
poema *m* poem
poesía poetry
poeta *m* poet
policía *m* or *f* policeman/policewoman; *f* police force
político/a political
polvo dust
pollo chicken
poner to put, place; to become, turn; **ponerse** to put on (oneself)
por by, through; for, for the sake of; because of; **por ejemplo** for example; **por eso** therefore, for that reason; **por favor** please; **por fin** at last; **por lo menos** at least; **por lo tanto** therefore; **¿por qué?** why?; **por supuesto** of course; **por tanto** thus
porque because, for, as
porte *m* demeanor, conduct
portero/a porter, concierge
porvenir *m* future
posesivo/a possessive
posibilidad possibility
posición position
posponer to postpone
postre *m* dessert

postura posture
practicar (qu) to practice
preciar to value
precio price
precioso/a precious, beautiful
precipitar to precipitate, cause
preciso/a necessary; precise; **es preciso** it is necessary
precolombino/a pre-Colombian
predecir to foretell, predict
predilecto/a favorite
preferencia preference
preferible preferable
preferir (ie, i) to prefer
prefijo prefix
pregunta question; **hacer una pregunta** to ask a question
preguntar to ask, to question
preguntón/preguntona inquisitive
prehistórico/a prehistoric
premio prize
preocupado/a worried
preocupar to worry
preparar to prepare
preparativo preparation
preposición proposition
presenciar to witness, be present at
presentación presentation
presentar to present
presente *m* present (time)
presidente *m* president
preso/a prisoner
préstamo loan
prestar to loan
prestigio prestige
pretender to try, attempt
pretérito/a preterite, past
primario/a primary
primavera spring
primer, primero/a first
primo/a cousin
principio beginning; principle; **al principio** at first
prisa haste; **darse prisa** to hurry
privilegiado/a privileged
probabilidad probability
probar (ue) to taste; to prove, test, try; **probarse** to try on
problema *m* problem
proceso process
prodigioso/a prodigious, marvelous
producción production
producir (zc) to produce
producto product
profesión profession
profesional professional
profesor(a) professor
programa *m* program
progresivo/a progressive
progreso progress
prohibir to prohibit
prolongado/a prolonged

prometer to promise
pronombre *m* pronoun
pronto soon, promptly
pronunciar to pronounce
propio/a one's own; appropriate; **nombre propio** proper noun
proponer to propose
proscrito/a forbidden
protagonista *m* or *f* protagonist
protección protection
protestar to protest
provincia province
proximidad proximity
próximo/a near, next
proyecto project
prudente prudent
prueba proof, test
psicología psychology
psicólogo/a psychologist
púa quill
publicación publication
publicar (qu) to publish
pueblo village
puerta door
pues then, since
puesto job, position
pulir to polish
pulmón *m* lung
pulpo octopus
pulsera bracelet; **reloj de pulsera** wristwatch
puntapié *m* kick
punto point, dot, period; **punto de vista** point of view
puntuación punctuation
puñetazo *blow with the fist*
puño fist
puro/a pure

que that, which, who, whom, than; **¿qué?** what? which?; **lo que** that which; **¿para qué?** what for?; **¿por qué?** why?; **el (la, las, los) que** the one(s) who
quebrantar to break
quedar(se) to remain, stay; to be located; to end up
quehacer *m* task, chore
quejarse to complain
quemar to burn
querer (ie) to want
quien who, whom; **¿quién?** who?; **¿a quién?** to whom?; **¿de quién?** about whom?
química chemistry
químico/a chemist
quinto/a fifth
quitar to remove, take away; **quitarse** to take off
quizá(s) perhaps

rabia rage, anger

rabillo: rabillo del ojo corner of one's eye
racimo bunch
radiante radiant
rajita little slice
ramo bouquet
rápido/a rapid, fast
raqueta racket
raro/a strange, rare
rasgado/a torn
raso: cielo raso ceiling
rato time, while, little while
razón *f* reason; **tener razón** to be right
reacción reaction
reaccionar to react
real: pavo real peacock
realidad reality
realista *m* or *f* realist
realización realization
realizar (c) to carry out, realize
reanimar to encourage
rebeldía rebellion
recaer to fall back
receta recipe; prescription
recibir to receive
recibo receipt
recién recently
recientemente recently
recio/a strong, vigorous
recíproco/a reciprocal
recitar to recite
recoger (j) to pick up, gather
recomendación recommendation
recomendar (ie) to recommend
reconocer (zc) to recognize
reconquistar to reconquer
recordar (ue) to remember
recorrer to run over, examine
recrear to recreate
recrecer (zc) to regrow
recubrir to cover
recuerdo remembrance; souvenir
recurso resource
redactor(a) editor
redondear to round; to perfect
redondo/a round
reembarcar (qu) reembark
reemplazar (c) to replace
reencarnar to be reincarnated
referir (ie, i) to refer
reflexivo/a reflexive
reforma reform
reformar to reform
refugiado/a refugee
regalar to give as a gift
regalo gift
régimen *m* diet
registrado/a registered
regla rule, norm
regresar to return

regreso return; **de regreso** on return
regularidad regularity
rehacer to remake
reina queen
reír (i, i) to laugh; **reírse de** to laugh at
relación relation
relatar to relate, tell
relato story, tale
religioso/a religious
reloj *m* watch; **reloj de pulsera** wristwatch
reluciente shining
remedio remedy; **no tener más remedio** to have no other recourse
remero/a oarsman
remo oar
remoto/a remote
renacimiento rebirth
repente: de repente suddenly
repetir (i, i) to repeat
repoblar (ue) to repopulate
reportero/a reporter
representar to represent
reprimenda reprimand
reptil *m* reptile
republicano/a Republican
requerir (ie, i) to require
resbalar to slip
reserva reserve
reservación reservation
reservar to reserve
residencia residence; dorm
residente *m* or *f* resident
resignación resignation
resistir to resist
resolver (ue) to resolve
resonancia resonance
respetado/a respected
respetar to respect
respirar to breathe
responder to respond
responsabilidad responsibility
respuesta response, reply
restaurante *m* restaurant
restos remains
resultar to result
resumen *m* summary
resumir to summarize
reunión meeting
reunir to meet, get together
revelación revelation
revelar to reveal
revés reverse; **al revés** backwards
revisar to review, look through
revista magazine
revivir to revive, return to life
revolotear to flutter, fly around
rey *m* king
rezar (c) to pray

rico/a rich
rigurosamente rigorously
río river
riquísimo/a very rich
risa laugh, laughter
rizado/a curly
robar to steal
robo robbery
rociar to sprinkle
rodeado/a surrounded
rodilla knee; **caer de rodillas** to fall to one's knees
rogar (ue) (gu) to ask, beg
rojo/a red
Roma Rome
romano/a Roman
romántico/a romantic
romper to break
ronco/a hoarse, husky
ronronear to purr
ropa clothes
ropaje *m* clothing
rosa rose
rostro face
roto/a *pp* broken
rubio/a blond(e)
rubor *m* shame
ruido noise
ruidoso/a noisy
ruina ruin
ruinoso/a ruinous
ruso/a Russian
ruta route

sábado Saturday
sábana sheet
saber to know; **saber** + *inf* to know how to (do something); *pret* to find out
sabio/a wise
saborear to savor
sabroso/a delicious
sacar (qu) to take out, remove; **sacar fotos** to take pictures; **sacar buenas (malas) notas** to get good (bad) grades
sagrado/a sacred
sal *f* salt
sala living room
salado/a salt, salty
salir to leave, go out, come out
salón *m* room; **salón de baile** dance hall; **salón de belleza** beauty palor
saltar to jump; **saltar sobre la borda** to jump overboard
salud *f* health
saludar to greet
salvaje savage, wild
salvar to save
salvavidas *f sing* life preserver

salvo/a safe; **salvo** *prep* save, except for
San, Santo/a Saint (Peter)
sandalia sandal
sandía watermelon
sangre *f* blood
sanguinario/a bloody
sano/a sound, healthy
sarna mange
sarta string (of pearls, etc.)
sartén *f* frying pan
sastre *m* tailor
satisfacer to satisfy
satisfactorio/a satisfactory
sección section
seco/a dry
secretaria secretary
secretear to speak in private, whisper
secreto secret
secuencia sequence
secuestrar to kidnap
secundario/a secondary
sed *f* thirst
seda silk
seductor, seductora seducer/seductress
seguida: en seguida immediately
seguidamente immediately
seguir (i, i) to follow; to continue, keep on
según according to
segundo/a second
seguridad security; **con seguridad** surely, with certainty
seguro/a sure, safe
selección selection
sellar to seal
sello stamp
semáforo traffic light
semana week
semejanza resemblance, similarity
semejar to resemble, be like
semestre *m* semester
senador(a) senator
sencillez *f* simplicity
sencillo/a simple
sentar (ie) to seat; **sentarse** to sit down
sentido sense
sentir (ie, i) to feel; to be sorry
señal *f* sign; signal
señalar to signal
separar to separate
septiembre September
séptimo/a seventh
sequía drought
ser to be; *n m* being, creature
serie *f* series
seriedad seriousness
serio/a serious, grave

serpentino/a serpentine
servicio service
servilleta napkin
servir (i, i) to serve; **servir de** to serve as
sexto/a sixth
si if
sí yes
siempre always
siglo century
significar (qu) to mean, signify
significativo/a meaningful
siguiente following
silencio silence
silencioso/a silent
silueta silhouette
silla chair; **sillón** large chair
simbólico/a symbolic
simbolizar (c) to symbolize
símbolo symbol
símil *m* simile
simpático/a nice, likable
sin without; **sin embargo** nevertheless
sino but
sintáctico/a syntactical
siquiera even; **ni siquiera** not even
sirena siren
sísmico/a seismic
sistema *m* system
sitio place
situación situation
sobre *n m* envelope; *prep* over, on, above, about; **sobre todo** above all
sobreabundancia overabundance
sobrealimentar to overfeed
sobrecama bedspread
sobrecargar (gu) to overload
sobreexitar to overexcite
sobrenatural supernatural
sobrepeso overweight
sobreponer to put on top
sobresaliente excelling
sobresaltado/a surprised
sobreviviente *m or f* survivor
sobrevivir to survive
sobrevolar to fly over
socialista *m or f* socialist
sociedad society
sol *m* sun
solamente only
solariego/a ancestral
soldado soldier
soledad solitude, loneliness
soler (ue) + *inf* to be in the habit of, used to, accustomed to (doing something)
solicitar to solicit
solitario/a solitary
solo/a *adj* alone, only, sole

sólo *adv* only
sombra shade
sombrero hat
sombrío/a shady, gloomy
someterse to submit oneself
sonar (ue) to sound
sonido sound
sonreír (i, i) to smile
sonrojar to blush
soñar (ue) to dream
sopa soup
sopor *m* lethargic sleep
sorprendente surprising
sorprender to surprise
subir to rise; to go up; to raise; **subir a** to climb
súbitamente suddenly
subordinado/a subordinate
suceder to happen
suceso happening, event
suegro/a father-in-law, mother-in-law; *pl* in-laws
sueldo salary
suelo ground, floor
sueño dream
suerte *f* luck
suéter *m* sweater
suficiencia sufficiency
suficiente sufficient
sufijo suffix
sugerencia suggestion
sugerir (ie, i) to suggest
suicidarse to commit suicide
suicidio suicide
sujeto subject
sumamente very, extremely
sumario/a brief, summary
sumir to sink
superlativo/a superlative
supermercado supermarket
supersónico/a supersonic
suplicar (qu) to beg
suponer to suppose
supuesto: por supuesto of course
sur *m* south
surgir (j) to appear; to surge
surrealista *m or f* surrealist; *adj* surrealistic
surtir to supply, provide
suspender to fail a test
sustantivo noun
sustituir (y) to substitute

tacaño/a stingy
taciturno/a taciturn, quiet
tal such, so, as; **tal vez** perhaps
taller *m* shop
tamaño size
también also
tampoco neither, not even
tan so, as

tanto/a so much, as much; *pl* so many, as many; **por lo tanto** therefore; **por tanto** thus

tapado/a covered

taquígrafo/a stenographer

tardar to be late

tarde late; **más tarde** later

tarea work, task

tarjeta card

taza cup

teatro theater; **gemelos de teatro** theater glasses

técnica technique

tecnología technology

techo roof

tedioso/a tedious

tela fabric, material

telefonista *m or f* telephone operator

teléfono telephone

telegrama *m* telegram

telenovela soap opera

tema *m* theme

temer to fear, be afraid

temible dreadful, terrible

temor *m* fear

temperatura temperature

tempestad storm

temprano early

tenaz (*pl* **tenaces**) tenacious, obstinate

tender (ie) to stretch out

tenedor *m* fork

tener (ie) to have, possess, hold; **no tener remedio** to have no other recourse; **tener cuidado** to be careful; **tener éxito** to be successful; **tener hambre** to be hungry; **tener la culpa** to be to blame; **tener miedo** to be afraid; **tener que** to have to; **tener razón** to be right; **tener vergüenza** to be ashamed

tentación temptation

tercero/a third

terciopelo velvet

terminación ending

terminar to end, terminate, finish

término term

terremoto earthquake

territorio territory

terrorista *m or f* terrorist

tesis *f sing* thesis

tesoro treasure

testamento will

testigo: testigo ocular eyewitness

tibio/a warm

tiburón *m* shark

tiempo time; weather; **hace buen tiempo** the weather is good

tienda store

tierra land, earth

tigre *m* tiger

timbre *m* bell

tímido/a timid

tiniebla mist

tintorero/a dry cleaner

tío/a uncle, aunt

tiovivo merry-go-round

típico/a typical

tipo type

tirar to throw, shoot

tira cómica comic strip

tiro shot; **pegar un tiro** to shoot; **el tiro al blanco** target shoot

titubear to murmur

titular to title

título title

tizón *m* firebrand

tocar (qu) to touch; to play a musical instrument

todavía still, yet

todo/a all, everything; *pl* everyone; all of; **de todos modos** at any rate; **sobre todo** above all; **todo el día** all day; **todo el mundo** everyone; **toda la noche** all night; **todos los días** every day

toldito tarp

tomar to take; to drink

tónico tonic

tono tone

tontería foolishness

tonto/a foolish

tormenta storm

tornar to transform

torre *f* tower

tortuoso/a winding

tos *f* cough

toser to cough

trabajador(a) worker; *adj* hardworking

trabajar to work

trabajo work, task

tradición tradition

tradicional traditional

traducción translation

traducir (zc) to translate

traductor(a) translator

traer to bring

tráfico traffic

tragasables *m or f sing* sword-swallower

trágico/a tragic

traje *m* suit (of clothes)

tranquilo/a tranquil

transformar to transform

transmisible transmissible

transparencia slide, transparency

transporte *m* transportation

trapecio trapeze

tras after, behind

trasponer to cross

trastrocamiento change, alteration

tratar to treat; **tratar de** + *inf.* to try; **tratar de** + *noun* to deal with; **tratarse de** to be a question of

través: a través de through

tremendo/a tremendous

tren *m* train

tribu *f* tribe

tribunal *m* court of justice

trigo wheat

trimestre *m* quarter

tripulación crew

triste sad

tristeza sadness

triza shred

trocar (ue) (qu) to change

trombón *m* trombone

tronco trunk

trozo scrap, piece

tubo tube

tumba tomb

turbulento/a turbulent

turista *m or f* tourist

últimamente finally

último/a last

umbral *m* threshold

único/a only; unique

unido/a united; **Estados Unidos** United States

universidad university

universo universe

usar to use

uso use

usualmente usually

útil useful

utilizar (c) to use

uva grape

vacación vacation; **estar de vacaciones** to be on vacation

vacío/a empty

vagar (gu) to wander

vago/a vague

vagón *m* wagon, railway coach

vainilla vanilla

valer to be worth

valiente valiant, brave

valor *m* value

valorizar (c) to value

valle *m* valley

variado/a varied

varios/as various, several, some, a few

vaso glass

vasto/a vast

vecino/a neighbor

vegetación vegetation

vela candle

velamen *m* canvas, sail

velo veil
vencedor(a) conqueror
vencible conquerable
vencido/a conquered; **darse por vencido/a** to accept defeat
vendedor(a) salesperson
vender to sell
venerar to venerate
venir (ie) to come
venta sale; market
ventaja advantage
ventana window
ver to see
verano summer
veras: de veras really, indeed
verdad truth
verdadero/a true
verde green
vergüenza shame; **tener vergüenza** to be ashamed
verso verse
vestido dress
vestir(se) (i, i) to dress
vez *f* (*pl* **veces**) time, turn; **a su vez** in its turn; **alguna vez** sometime; **de vez en cuando** from time to time; **en vez de** instead of; **tal vez** perhaps; *pl* **veces** times; **muchas veces** many times, often
viajar to travel
viaje *m* trip; **agente** (*m* or *f*) **de viajes** travel agent
viajero/a traveler
víbora snake
víctima *f* victim
victimario/a victimizer
vida life; **ganarse la vida** to earn a living; **llevar una vida** to live a life
viejo/a old
viento wind
viernes *m sing* Friday
vigía watch, vigil
vigilante *m* watchman, guard
vino wine
violación violation
violar to violate
violeta violet
violín *m* violin
violinista *m* or *f* violin player
virar to veer
visitar to visit
vista view; **punto de vista** point of view; **golpe de vista** glance
vivir to live
vocabulario vocabulary
volar (ue) to fly
voltear to turn around
volumen *m* volume
volver (ue) to return
vórtice *m* vortex, whirlpool
votante *m* or *f* voter
votar to vote
voz *f* (*pl* **voces**) voice
vuelo flight
vuelta turn; **dar la vuelta** to turn around; **dar vueltas** to turn

ya already, right away, now

zapatería shoe store
zapato shoe
zarpa claw
zarpazo blow with a claw
zoología zoology
zurrar to flog, beat

Index

Shirley A. Williams is Associate Professor of Romance Languages at The Ohio State University, Lima Campus. She received her Ph.D. in Romance Languages from The Ohio State University in 1972. Professor Williams has been awarded NEH seminar grants at the University of Texas at Austin and Yale University. She is coauthor of *Exploraciones chicano-riqueñas* and has written several reviews and articles on literature and language teaching.